京大生小野君の
占領期獄中日記

小野信爾 著
Ono Shinji

宇野田尚哉
西川祐子
西山 伸
小野和子
小野潤子
編

京都大学学術出版会

口絵1　京都大学文学部卒業（1954年）の頃の小野信爾

口絵2　大阪拘置所で使用していたノート（口絵6左端）の表紙裏に貼られた誓約書

口絵3　当時の京都大学吉田分校正門。旧第三高等学校の正門を引き続き使用していた（写真提供：京都大学大学文書館）

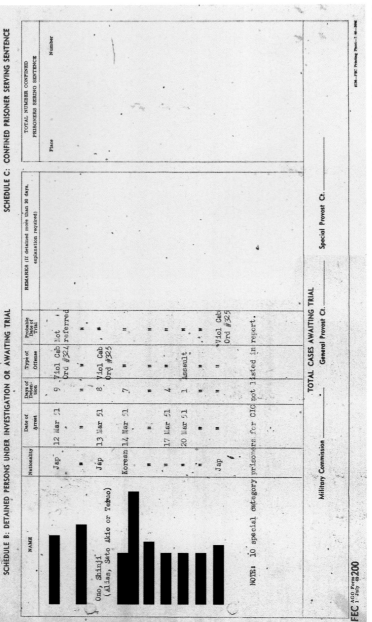

口絵4 小野信爾（Ono, Shinji）の名前が記された軍事占領裁判所月例報告（公判前）。国立国会図書館憲政資料室所蔵 GHQ/SCAP 文書「Monthly Occupation Courts Statistics, 21 February thru 20 March 1951」（請求記号：LS 13490–13491）より。原資料は米国国立公文書館所蔵。本書22頁に翻刻・対訳データを掲載した。

SCHEDULE A: CASES COMPLETED FROM 21 ___ thru 20 ___ 19__   MONTHLY OCCUPATION COURTS STATISTICS

(5)

(COMMAND)   (APO)

REPORTS CONTROL SYMBOL GTA-04

Docket No.	Name of Accused	Nationality of Acc.	Date of Arrest or Confinement *	Date Fact of Sheet Rec'd trial by Ct Conf.	Days of Conf.	CHARGE	SPECIFICATION (list separately)	Tried by Mil. Com. Gen. or Sp. Provost Ct.	PLEA as to each spec.	FIND-ING	Sentence or adm. Rec	Date of Sentence	Action by Rev'g authority	Place of Confinement	Release Date based only on Sentence
1870	▮▮▮	Japanese	19 Feb 51	9 Mar 51	33 days	1. Art No.130 Japanese Criminal Code 2. Art.No.235 Japanese Criminal Code	1. Unlawful entering the dwelling of a member of the Occupation Forces 2. Larceny	General	G	G	2 yrs CHL	24 Mar 51	Approved 13 Apr 51	Osaka Prison	23 Mar 53
1871	Ono Shinji aliases Sato Akio, Sato Teruo	Japanese	12 Mar 51	13 Mar 51	30 days	Commission of an offense prejudicial to the security of the Occupation Forces; SCAPIN 16, 10 Sep 45 SCAPIN 33, 19 Sep 45	Unlawful publication and dissemination of subversive handbills	General	NG	G	3 yrs CHL & $1,000 fine	11 Apr 51		Osaka Detention House	10 Apr 54

INCL 6 to OD33 - REV. Nov 1948 - This form may be reproduced locally
* Confinement to include all persons held by Japanese authorities for Occupation Forces.
REMARKS:

口絵5　小野信爾 (Ono, Shinji) の名前が記された軍事占領裁判所月例報告（判決後）。国立国会図書館憲政資料室所蔵 GHQ/SCAP 文書「Monthly Occupation Courts Statistics, 21 April thru 20 May 1951」（請求記号：LS 13492-13495）より。原資料は米国国立公文書館所蔵。本書23頁に翻刻・対訳データを掲載した。

口絵6　小野が服役中に使用していたノート。左端のノートは大阪拘置所にいたときに書き始められたもので、表紙裏にノートと鉛筆を使うことについての誓約書（口絵2）がある。中央の2冊に山科刑務所での日記が綴られている。中央左の日記第1冊には1951年8月7日から11月10日まで、中央右の第2冊には11月11日からサンフランシスコ講和条約発効により釈放された1952年4月28日までの記述がある。左端と右端のノートは雑記帳的に使われている。

口絵7　1950年頃の京都刑務所正門（写真提供：京都刑務所）

口絵8　日記第1冊の冒頭の頁（本書39頁参照）

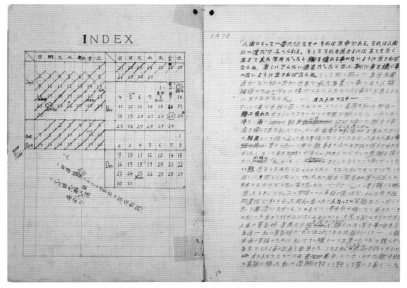

口絵9　冒頭の頁（口絵8）の裏には手書きの暦があり、次の頁から日記が始まる（本書40頁参照）。当初は鉛筆で書かれていた。

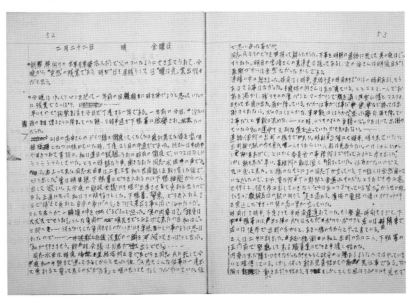

口絵10　日記第2冊の1952年2月22日条（本書169–171頁）では、1年前の同じ日に下鴨警察署前でビラを配って逮捕されたときのことを回想している。万年筆が使用されている。

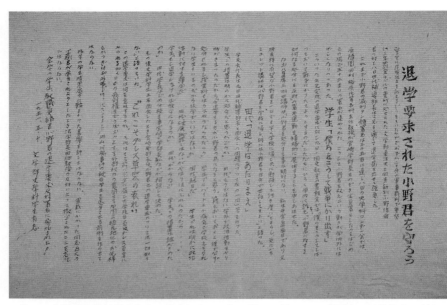

口絵11　文学部史学科学生有志が作成した1951年5月10日付のビラ。「警官に民族独立を訴えるビラをまいたかどで、わずか二十分の軍事裁判で重労働三年罰金千ドルの重刑に処せられた文学部東洋史三回生（新制）小野信爾君に対し八日田代補導部長は父兄を通じて退学届を出せと強要した。」という書き出しで始まり、全学の学生、教職員に退学要求反対署名への参加をよびかけている。（京都大学大学文書館所蔵）

口絵12　小野の逮捕やその後の軍事裁判、救援運動などについて報じたガリ版刷の新聞『京大平和の戦士』とビラ（京都大学大学文書館所蔵）

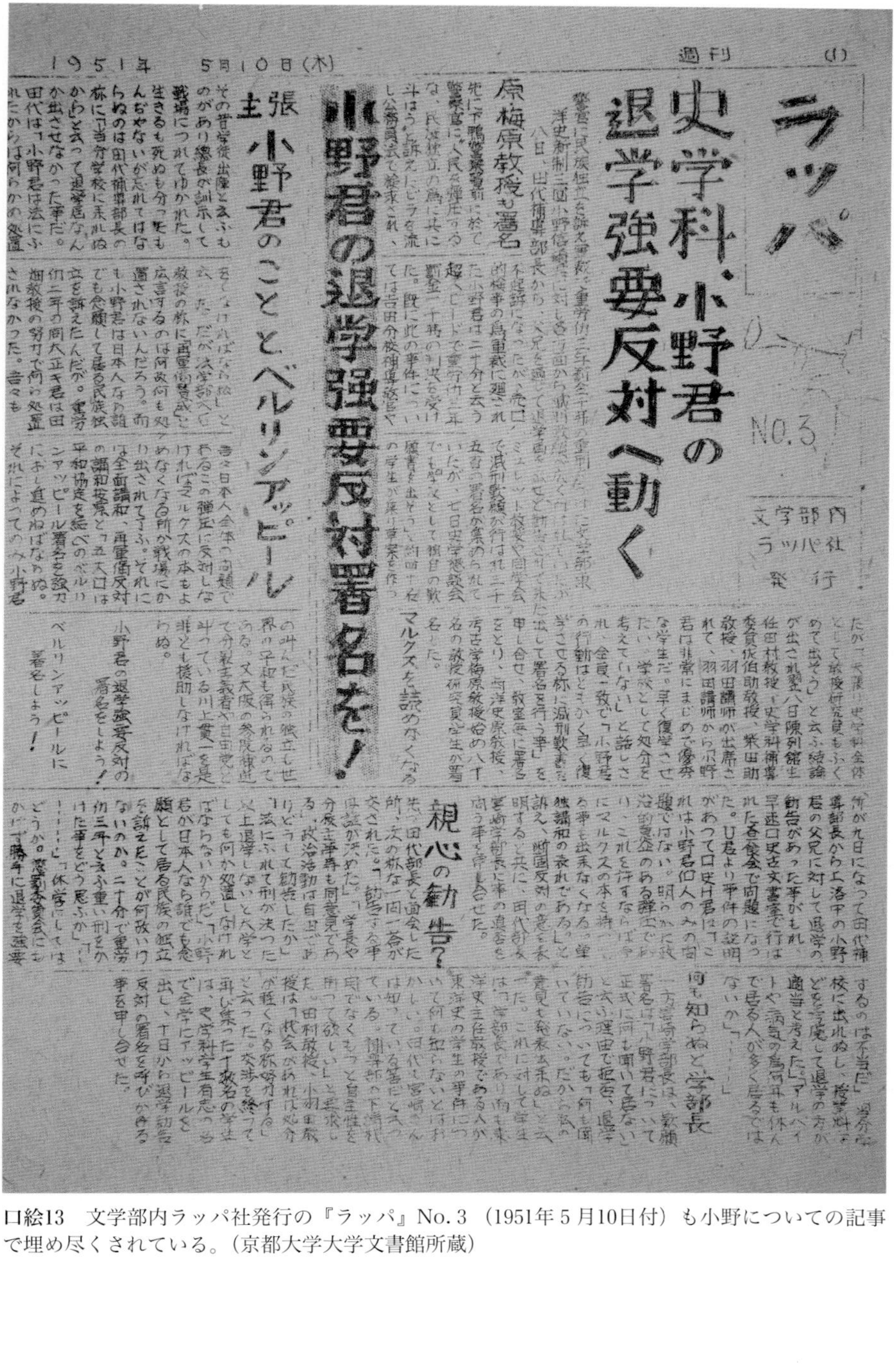

ラッパ

NO.3

週刊　(1)

1951年　5月10日(木)

内　文学部　ラッパ社発行

史学科、小野君の退学強要反対へ動く

原梅原教授ら連署

主張　小野君のこと と ベルリンアッピール

小野君の退学強要反対署名を！

視心の勧告？

ベルリンアッピールに署名しよう！

口絵13　文学部内ラッパ社発行の『ラッパ』No.3（1951年5月10日付）も小野についての記事で埋め尽くされている。（京都大学大学文書館所蔵）

A memo of my reading at Kyoto prison. 読書に関する覚え書

書名	著者名・出版社名	領置年月日	取下年月日	返納年月日	宅下年月日
双解英和辞典	富山房		7月26日		
支和辞典	大求堂	五一年六月八日	同上		
1. 中国史概説 上巻	和田清・岩波全書		8月21日	8月27日	既読済
2. 中国史概説 下巻	和田清		8月27日	8月31日	既済
3. Japanese Literature	Aston		7月15日?	7月27日	
4. 日本文化史序説	西田直二郎	六月三十日	失念	失念	既済
5. 歴史哲学	三木清（岩波）		8月15日	8月21日	
6. 東洋的近世	宮崎市定・文化タイムズ社	7月10日	7月26日	失念	
7. 西域文明史概論	羽田亨		8月31日	9月3日	
8. 支那の社会と経済 上	Wittfogel	7月31日	9月3日	9月14日	既済
9. 同 下			9月14日	9月28日	
10. 風土	和辻哲郎・岩波		10月4日	10月24日	
11. フォイエルバッハ論	エンゲルス・岩波文庫版		10月10日	11月6日	
12. 文化地理学	辻村太郎・岩波全書		10月27日	11月12日	
13. 人文地理学	飯塚浩二・有斐閣	8月10日	10月27日	11月19日	既済
14. 魅せられたる魂 一巻	ロマン・ローラン みすず書房			11月28日	
15. 同上 二巻			11月5日	12月6日	
16. 同上 三巻				12月12日	
独和辞典	三省堂	7月31日	8月15日		
17. 人民文学 6月号					
18. 映書春秋 4月号					
19. 春秋左氏伝 上		8月21日			
20. 同上 下					
21. 書経	漢籍国字解全書		52年 1月8日	52. 1月24日	
22. 明治維新	遠山茂樹・岩波全書	10月16日	11月14日	52. 2月19日	3.11 既済
23. 蜂起する人々	ジョージ・ルフェーブル・三一書房		11月28日	52. 1月18日	

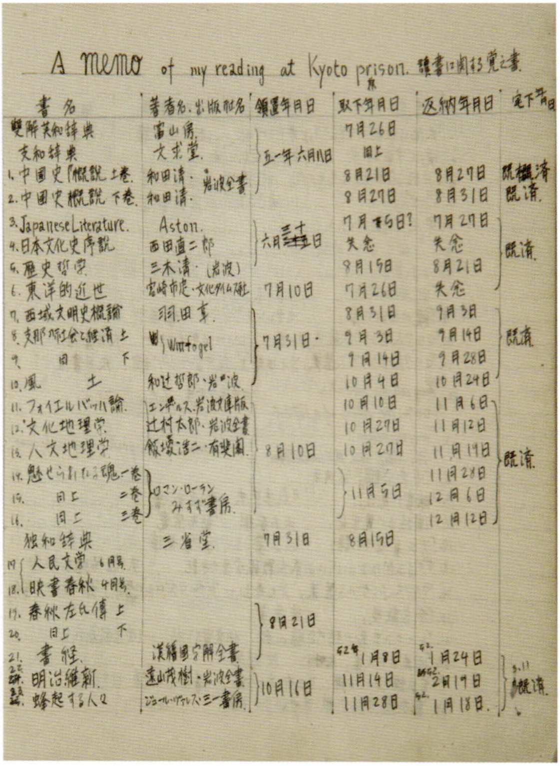

口絵14　小野が書いた京都刑務所での「読書に関する覚え書」（口絵６右端のノートに４頁にわたって記されている）

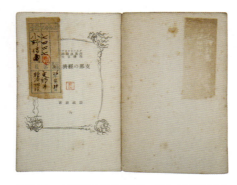

口絵15　小野が大阪拘置所で読んだ岩波新書『支那の経済地理』。左上のシールには「房名七四四七、称呼番号 小野信爾、貸与月日26年４月30日」とある。

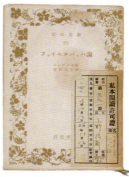

口絵16　京都刑務所の私本閲読許可証が貼られた岩波文庫『フォイエルバッハ論』

序

　本書は、京都大学の学生だった小野信爾が、獄中にいた1951年8月7日から翌1952年4月28日にかけて書いた日記の翻刻である。この日記が書かれるに至った経緯、そしてそもそもなぜ小野が獄中にいたのか、といったことについては、本書に収録した日記の筆者である小野自身の文章をご覧いただきたい。

　いつの時代の、誰のものであっても、そのときを生きた人が残した記録である一次史料が貴重であることは言うまでもない。しかし、米軍を中心とした連合国軍の間接統治下にあった敗戦直後の「占領期」に、正義感に溢れていたとはいえ平凡な一人の「京大生」が、朝鮮戦争反対のビラを撒いたということだけで逮捕され軍事裁判にかけられたあげく「獄中」での生活を余儀なくされた、その記録であるこの日記は、他の史料にはない臨場感、迫力を読む者に示してくれている。『京大生・小野君の占領期獄中日記』とは、正にそうした内容を最も簡潔に表現した書名であるといえよう。

　本書は大きく分けて三つの部分からなる。

　最初に、日記を読む前提として、筆者の小野に「日記のころ」として、日記の由来について語ってもらい、次いで西川祐子「閉じられた日記を開いて占領期を読む」で、本日記の日記としての価値と本書が作られる経緯を論じた。続く第I部は「翻刻編」として、日記本文および獄中で小野が記した他のいくつかの短文を翻刻して収録した。史料には多数の註を付し、読者の便宜を図った。最後に第II部は「解説編」として、西山伸「「小野日記」と京都大学——学生運動を中心に」で小野が獄中にいた頃の京都大学について、宇野田尚哉「東アジア現代史のなかの「小野日記」」で当該期の冷戦構造の形成について、小野潤子「もうひとつの軍事法廷——「占領目的に有害な行為」で裁かれた政治犯たち」で占領期に民間人を裁いた軍事裁判の実態について論じた。こうした解説編を付すことによって、読者がより深く日記を読めるようになることを意図したのである。

　ここ数年、占領史研究の分野において、実証的ですぐれた著作が次々と刊行さ

れている。それはすなわち占領期も本格的な歴史研究の対象になってきた証しだといえるかもしれない。しかし一方では、今もなお東アジアを強く規定する諸要因が形成されたのもこの時期であり、その意味では占領期はまだ「歴史」になっていない、ということもできよう。そして「歴史」になっていないからこそ、この日記のような個別の史料の掘り起こしと刊行が求められているのではなかろうか。占領期、そして現在を考える上で、本書が一石を投じる役割を果たせれば、編者としてこれにまさる幸せはない。

西山　伸

目　　次

序 ………………………………………………………… 西山　伸　　i

日記のころ ……………………………………………… 小野　信爾　　3

閉じられた日記を開いて占領期を読む ……………… 西川　祐子　　13

第 I 部　翻刻編

解　　題 ………………………………………………… 西山　伸　　35

凡　　例 ………………………………………………………………… 38

日記「Atarashiki Ayumi no Tameni」〔第 1 冊〕 ……………… 39

　　「新らしき歩みのために」〔第 2 冊〕 ………………………… 119

雑記部分 ……………………………………………………………… 207

註 ……………………………………………………………………… 217

第 II 部　解説編

「小野日記」と京都大学――学生運動を中心に ……………… 西山　伸　　227

東アジア現代史のなかの「小野日記」 ……………… 宇野田　尚哉　　243

もうひとつの軍事法廷
――「占領目的に有害な行為」で裁かれた政治犯たち ……… 小野　潤子　　265

あとがき ………………………………………………… 小野　和子　　295

索　　引　299

編者紹介 / 著者紹介　　304

写真撮影（カバーの日記、口絵 2・6・8-16）　猪口公一

京大生・小野君の占領期獄中日記

日記のころ

小野　信爾

　中国の文人の日記には、公開を前提として書かれた半ば公的な日記と、公開を意図しない私的な心覚えとしての日記がある。私のこの日記はむろん後者であった。長いあいだ書庫の片隅に眠っていたこの日記ノート「新しき歩みのために」を読み返すきっかけを与えて下さったのは西川祐子さんであった。

　私はアメリカの占領期、GHQ の政令第325号（占領目的阻害行為処罰令）に違反して逮捕され、１年有余、大阪拘置所と山科の京都刑務所に拘禁されたことがある。近年、鋭意、占領期の研究を進めてこられた西川さんは、私の事件について詳しいことを聞かせてほしいという希望であった。2011年、東日本大震災の春のことである。当時、私は脳梗塞を発症して３年あまり、言語こそ失っていなかったものの、往事茫茫、記憶も定かではないままに、少しばかりお話をした。日記ノートはすぐそこにあったが、最初はお見せしなかった。半世紀以上もの昔、二十歳そこそこの私の書いた日記など恥ずかしくて他人さまに見せられる代物ではないと考えた。

　しかし西川さんの熱意にほだされて、この日記２冊の表紙だけをお見せし、占領期研究に多少とも役立ちそうな記事のある２、３頁をコピーして差し上げた。併せて畏友松尾尊兌氏が生前に下さった、京大学内での、救援運動のなかで撒かれたというビラ「ラッパ」もお見せした。西川さんは、これらを丹念に書き起こし、丁寧な註をつけて返して下さり、これは占領期の貴重な第一次史料だから、是非、将来のために書き起こして保存しましょう、と提案して下さった。史料として役に立つなら、と考え直し、ようやく重い腰を上げた次第である。

　日記は、以下に見られるように1951年８月７日から始まり、翌52年４月28日講和発効による釈放で終わっている。事件の推移、逮捕の状況については日記後半、逮捕１年後の２月22日からが「二年日記」の構造になっていて、逮捕当時の

日を逐う詳細な回想があるが、最初から読まれる読者にとっては全貌を理解しにくいであろう。そこで簡単な経歴と逮捕から日記の始まる8月7日までの空白期間について記し、同時にその間、獄中の私自身は知る由もなかった、従って日記には登場しない京都大学学内に於ける減刑署名運動や宮崎市定教授との出会いなどについても述べておきたい。

　私は1930年（昭和5年）、大分県竹田市の碧雲寺という寺に生まれた。豊後岡藩藩主中川公の菩提寺であったが、廃仏毀釈で寺領は没収され、本堂は毀れて広い庫裡とその後再建した小さな本堂だけがのこっていた。庫裡の正面に掲げてあったのは、豊臣秀吉の朝鮮侵略に際して、朝鮮水原から略奪した「碧雲寺」という扁額である。父は旧制竹田中学の国語教師をしながら、檀家は没落士族十三軒、というこの貧乏寺を支えてきた。私はその七人兄弟の長男である。

　敗戦は中学3年の時だった。時代が大きく変わり、田舎町ながら、或いは田舎町ゆえにというべきか、周囲には共産党員や、青年共産同盟に加盟する友人も出てきた。1949年の衆議院選挙で共産党が躍進したとき、友人たちと喜び合った記憶がある。このころ父の蔵書にあったプロレタリア文学の類をむさぼり読んで、いずれ自分も入党することになろうという予感があった。

　竹田高校を卒業し、新制に切り替わったばかりの京都大学文学部に入学したのは同49年である。教育制度の切り替えで、この年の入試は遅れて6月、授業が開始されたのは7月になってからであった。

　上洛後、私は最初、黒谷に下宿したのち、日記にしばしば登場する下鴨の三浦家に下宿することになった。下宿の主人は銀行の組合活動家で、全銀連の幹部であった。妻鈴子さんは当時主婦だったが、二人の幼児を抱える母親だったにかかわらず、何度も山科刑務所の面会に足を運んで獄外から私を支えて下さった。

　私が京都に来たのは、京都大学の中国学の伝統を慕ってのことで、研究者になることを夢見ていた。入学後、2年間は教養課程に属し、吉田分校（旧第三高等学校の校舎）で一般教養を学んだが、そのなかにミュレット師の英語会話があり、学友達の働きかけで、思いがけず、師がGHQとの折衝に当たって下さることになる。但し思想信条が私と異なるのは当然で、私の行動は、師をして「教室でのよい生徒も人生の上では完全に脱落者だ」と嘆かせるものであった。

　当時、学生たちのサークル活動は活発だった。私は歴史学研究会に属したが、

このボックスの隣が「京大作家集団」の看板を掲げた文学サークルで、高橋和巳・小松左京らがたむろして侃々諤々の議論をしていた。高橋も小松も共産党員らしく見えたが、私は都会的なセンスの彼等とはやや肌合いの違いを覚え、何よりこんな所で共産党に入ってはとても勉強できない、と思った。私が入党を決めたとき、京大細胞ではなく下鴨の居住細胞を選んだ所以である。

　入党は1950年の11月。紹介者は三浦鈴子さん。同じ細胞には事件でお世話になる能勢克男弁護士の子息で、京大農学部の学生能勢協君らがいた。

　以下簡単に事件の経過を述べる。

　年が明けて、翌51年の2月22日、共産党地区委員会の指示を受けて、早朝から下鴨署の近くで、「アメリカの朝鮮戦争に協力するな」という趣旨のビラを撒くことになった。入党して早々の危険なしごとであった。しかし、当日ビラを撒き始めるや否や、直ちに警官に囲まれて逮捕。発効したばかりの地方公務員法第三七条「何人も公務員に怠業を扇動してはならない」の違反容疑とされた。地方公務員でもない私を同法違反で起訴なんか出来るはずはない。私は楽観していた。しかし当日は下鴨署留置場泊まりとなった。翌々24日、検事局へ。検事調べ。能勢克男弁護士とはじめて面会する。能勢氏もすぐ釈放されるだろう、とやはり楽観的だった。しかしそのまま今度は五条署保護室へ。25日、裁判所で判事勾留尋問。ここで勾留が決定され、地方公務員法の適用は無理、ビラの内容からして、前年11月発効したばかりの占領法規政令第325号を適用してGHQの軍事占領裁判所に送るということになったらしい。まず、当時京都地方裁判所近くにあった京都拘置所に送られ、3月13日刑務官とともに軍事裁判所のある大阪の拘置所へ移った。

　そして4月11日　大阪御堂筋にあった軍事裁判所法廷で、重労働3年罰金1000ドルの判決を受けた。ビラをたった数枚撒いただけなのに思いがけない重刑であった。法廷は30分ほどだったか。弁護に当たってくださったのは、大阪の山本治雄弁護士であった。同弁護士は後に吹田事件を勝利に導いた方だが、軍事裁判は即決だったと語っておられる。そのせいであろうか、日記には、この裁判について、たいした記録はない。わずかに、無能きわまりないアメリカ人弁護士が、裁判の間も法廷の女性をスケッチしていたという、ふざけた回想だけを記すのみ

である。あっという間に軍事法廷は終わり、再び大阪拘置所に戻され、2ヶ月あまりをここの独房で過ごした。

　京都大学大学文書館に保存されている当時のビラによれば、私を救援する保釈減刑運動が起こったのは、この判決があって間もない、4月中旬か下旬と思われるが、拘置所にいた私にはほとんど何も知らされなかった。後掲の西川祐子さんと西山伸教授の解説にくわしいのでここでは省略する。

　この運動で事情を知った教養課程のミュレット師が、5月3日、わざわざ大阪拘置所に面会に来て下さった。その際、師は「君は共産党員か」と聞かれた。ためらいつつ「そうです」と正直に答えたが、当時の政治状況とカソリック神父という師の立場からすれば、この事実は師を相当に困惑させたにちがいない。しかし恐らく師が拘置所側と交渉して下さったのであろう、翌日からノートと鉛筆の使用が特別に許可された。またディケンズの小説を頂いた。辞書もなしでつたない英語の礼状をミュレット師にしたためた下書きが雑記帳に残っている。

　5月7日、京大大学当局から呼び出されて両親が上京、服部峻治郎分校主事（のち総長）から自主退学の勧告があった。刑が確定した以上、大学当局として何らかの措置をとらざるを得ない。退学ならば、刑期が終わった段階で復学が可能であって、この勧告は本人のためを考えてのことである、と。この席にはおそらく田代秀徳輔導部長も同席したはずで、以後、学友たちは退学勧告の撤回を田代部長と交渉することになる。両親は恐らくこの時がはじめての夫婦揃っての旅だった。せめてもと、父は母を連れて石山寺などに案内したが、「折角なのに、かあちゃんは泣いてばかりだった」とは、後年の父の述懐である。両親は大阪拘置所に二度訪ねてくれた。

　ミュレット師をもまきこんだ減刑嘆願運動が功を奏してか、5月26日再審があり、重労働2年、罰金なし、に減刑された。再審については法廷が開かれたわけではなく、拘置所で結果を聞いただけである。判決が確定したので、大阪拘置所から山科の京都刑務所に押送された。6月8日、刑務官に付き添われて阪急電車で京都に向かう途中、田んぼの田植えが終わってきれいだったという記憶がある。

　一方、大学当局は、再審も終わったので6月20日までに退学届を出すように両親に迫った。学生たちはこれに反対して、提出期限を延期させ、25日に文学部学

生大会を開き、「大学当局は退学勧告を撤回して保釈に努力せよ」という提案を満場一致で可決、「この要求が拒まれるなら、ストをふくむ実力行使を辞せず」としたが、大学側が退学勧告を撤回したため、ストは結局行われなかった。これより前、私は本人不在のまま、自動的に文学部3回生つまり専門課程に進級していた。文学部の学

京都刑務所の構内の展望(「刑務所素描」『月刊刑政』第61巻1号、1950年、46頁より)

部長は、たまたま私が専攻しようとしていた東洋史の宮崎市定教授である。その宮崎教授が山科刑務所まで面会に来て下さったのは、6月末のことであった、と思う。

　後年、宮崎先生が亡くなられて、『東洋史研究』が追悼号を出した時、私は次のような文章を書いて教授を追悼している。

　　「塀の中の初対面」
　　私が宮崎先生にはじめてお目にかかったのは山科刑務所の塀のなかであった。1951年の6月のある日、当時文学部長であった先生が服役中の私に面会に来て下さったのである。〔中略〕判決がでたあと私は休学願いを出してもらったが、京大当局は退学手続きを取れと私の家族に迫った。学友達はこれに抗議して反対運動を展開する。逮捕されたとき私は教養部の二回生であったが、年度をこえた四月には自動的に文学部に籍が移る。したがって、学友たちの矛先は文学部に向けられた。
　　GHQ（アメリカ占領軍総司令部）が絶対権力をもった占領下の話である。しかし、先生は直接本人の意志を確認したうえで休学願いを受理するという決断をなさった。そのころの闘士の一人で東洋史の先輩山田高吉さんが、後年、私を交えた席で先生に「あのときはよくぞ決断してくださった」といい、先生が「君に褒められるとは思わなかったよ」と応酬されるのを聞いていて、当時の緊迫した状況を多少とも実感できた。

そのとき先生は自著『東洋的近世』を差し入れてくださった。私本の所持を原則として許さぬ刑務所だったが、京大の偉い先生が持ってこられたのだからということだったろうか、特別に許可された（そういえば先生とお会いしたのも、いわゆる面会室の金網ごしではなく、ちゃんとした部屋のテーブルごしであったことを思い出す）。しかもそれが引き金になったか、先生がとくに頼んでくださったのか、刑務所内で処遇が変わった。雑居房から独房に替えられ、ほんらい認められぬ「私本閲読」が許可されるようになったのである（私は拘置所から移送されるさい、同教授著『アジア史概説』をふくむ相当数の書籍を持ってきていた）。

52年4月、講和発効によって釈放されたあと私はまた学生運動の隊伍にもどった。しかし、拘置所・刑務所での一年二ヶ月余の読書はその後の私の大きな元手になった。〔以下略〕（『東洋史研究』第54巻第4号、1996年3月、宮崎市定博士追悼録）

宮崎教授の厚意によって、日記のための新しいノートと鉛筆が入手でき、8月7日からこの日記を書き始めた。鉛筆はどんどんちびて筆圧がかからなくなり、文字はうすく、判読不能なほどになったが、9月に万年筆が差し入れられてやっと読むに耐える文字になった。京都刑務所には、おなじく勅令第311号・政令第325号に違反して軍事裁判に付せられた十人余の政治犯が収容されていて、ときにMP（占領軍の憲兵）が巡回してきたようだが、私はMPに会ったことはない。唯一占領軍を意識させたのは、朝鮮戦争の米軍軍服をつくらされていた工場の壁に「Punctual Delivery」（期日厳守）という英文が掲げられていたことくらいか。

以下詳細はすべて日記にゆずるが、52年4月28日の釈放後のことにも簡単にふれておく。講和条約発効の当日すなわち4月28日は、午後10時30分、条約発効と同時に占領は終わり、我々は釈放された。占領法規違反なので前科にはならなかった。釈放まで独房で待機し、刑務官に案内されて別室に入ると、そこに出迎えに来た竹田高校同窓の京大生10人あまりがいた。おそらく竹田の父が出迎えを依頼してくれたのであろう。共産党からは誰も来ていなかった。滋賀県からは日本人だけではなく大勢の在日朝鮮人も出迎えに来て、仲川半次郎氏が政治犯を代表して挨拶をした。もう、夜も遅く、奈良街道を歩いて京津線の山科駅まで着くと、終電は過ぎていた。それよりみんな気持の高ぶりがあって、電車に乗りたいとも思わず、真っ暗な国道1号から、百万遍を通って下鴨神社をぬけ、下宿まで歩いて帰った。若者の足とはいえ、一時間半はかかったであろう。三浦鈴子さんは真夜中にもかかわらず、下宿の部屋を開けて私の帰宅を待っていてくれた。

　滋賀県の因友たちはみんな救援会の今井幸さんのお宅に泊めてもらったという。その晩はさぞ賑やかに一夜が明けたことだろう。

　さっそく大学の事務室に行って、復学を申し出たところ、休学届けは3月までだったので、4月からは自動的に復学していて、手続きの必要はない、といわれ、私は再び学生生活にもどった。後に妻となる和子と出会ったのはこの直後で、彼女は、授業の始まる前、教室の最前列に陣取っている丸坊主の私を見て、どこに行ってもガリ勉はいるものだ、と思ったという。そこに座ったのは、暗い独房の読書で近眼が一挙に進行し眼鏡が間に合わなかったこと、頭の丸坊主は刑務所帰りでまだ髪が伸びていなかったからである。一級下の彼女はそんな事情を全く知らなかった。

　この前後、どの集会であったかは忘れたが、出獄した私に挨拶を求められた。たまたまこれに出席していた江口圭一（国史）が、「出獄の闘士の、火のでるようなアジテーションを期待していたのに、学生服の貧相な男が、ぼそぼそと挨拶らしきものをしゃべったのにはがっかりした」と語ってくれたことがある。そうであろう、私はいまだかつてアジ演説などしたことはなかった。

　だが、復学した京大は、前年の天皇事件以来、あたかも戒厳状態にあった。講和条約後、政府は破壊活動防止法案を提起し、これに反対するデモや集会が相次

いだ。当時、学生大会におけるスト決議は禁ぜられていたが、このとき中国文学の学生だった高橋和巳らが突如、総長室前でハンガーストライキに突入して、緊張が一気に高まった。破防法反対の学生大会のスト決議に議長厳重処分という総長告示に断固たる反対を表明したものだった。破防法は、占領下の治安立法を講和条約発効後に受け継ぐことを意図していた。占領下で捕らえられた経験をもつ私は、学生側に立って文学部教授会代表の吉川幸次郎教授との交渉にあたった。文学部学生大会はストを決議したが、放学処分は行われなかった。

　さて、獄にあった1年有余の間にも、世界の情勢は大きく動いていた。とりわけアジア・アフリカの独立をもとめる民族運動が昂揚した。日記を読むと、狭い独房のなかから私が何とか世界情勢をつかみたい、と努力していたのが知られよう。情報源はNHKのラジオであった。廊下からの館内放送を通して、ニュースを聞くのは刑務所生活の唯一の楽しみで、食器差入れ口にかじりついて一言も聞き逃すまいと必死に聞いたものだ。しかしこの日記を再読して、ニュースに新中国がまったく登場しないことに気がついた。中国と聞けば必ずや日記に書き付けただろうから、ニュース自体が取り上げなかったに違いない。冷戦下において毛沢東の中国は「竹のカーテン」に深く閉ざされたままだったのである。

　じつは、当時、日中関係に少しでも風穴を開けるための活動が、日中友好協会を中心に起こっていた。出獄後、私はこの団体に属して、民間の学術交流を進めるべく活動に参加した。郭沫若を団長とする中国学術代表団の歓迎（1956年）、学術代表団の招請運動（1963年）など、語るべきことは多いが、これはこの「日記」の範疇からはずれよう。しかし、皮肉なことに日中友好協会の分裂をめぐって、私は共産党の方針と対立し、党を離れることになった。以後、共産党との組織的な関係はまったくない。

　さらに付け加えておくならば、日中交流の過程で出て来たのが、アメリカのアジア・フォード財団問題であった。六十年安保反対の闘争が失敗に終わったあと、アジア・フォード財団が、日本の中国近現代史研究に巨額の資金を投じて、アメリカの望む方向に研究者を組織しようとしたのである。このとき、私は「中国現代研究における安保体制——巧言令色鮮矣仁」（『新しき歴史学のために』第77号、1962年）を書いて問題提起をした。これが当時の学界に反響を呼んで全国的

なシンポジウムの開催に至ったことは、中国研究者研究団体連絡協議会編『アジア・フォード財団資金問題に関する全中国研究者シンポジウムの記録』（1962年）に詳しい。

　以後数年、私はいくつかの大学で非常勤講師を転々としたのち、花園大学に職を得て大学の教員をしながら、中国近代史研究と中国との学術交流に尽力した。

　以下、出獄後の簡単な履歴と主要著書のみ掲げる。
　1954年3月　　京都大学文学部卒業
　1957年3月　　京都大学大学院文学研究科修士課程修了
　1960年3月　　同上　文学研究科博士課程満期退学
　1966年4月　　花園大学助教授、次いで教授
　1989年4月　　同上　文学部長
　1994年4月　　同上　副学長
　2001年3月　　花園大学退職
　主著『人民中国への道』（講談社、1977年）、『人民中国への鼓動』（『図説中国の歴史』9、講談社、1977年）、『五四運動在日本』（汲古書院、2003年）、『青春群像――辛亥革命から五四運動へ』（汲古書院、2012年）

　軍国少年であった私たちの世代にとって、敗戦は天地も覆るほどの大きな衝撃であった。ちかしい人たちが次々と戦地に赴き、彼の地に斃れた記憶もまだなまなましかった。そんななかで戦争のない平和で平等な社会をどのように築いていくのか、必死に模索するなかで出会ったのが、私にとっては共産主義であり、毛沢東の中国であった。おそらく当時の平和への熱気は今の人達には想像できないほどのものだった。そのなかで私は反戦のビラを撒いてたちまち占領軍の凶手に捕われた。それがこの日記の一年であった。

　以来65年、ソ連邦は崩壊し、中国の社会主義も今や変質して、世界は大きな変貌を遂げた。日本もまた大きな転換期を迎えて、あらためて戦後の出発点・占領期が問われている。当時20歳になったばかりの、この青い私の日記が、被占領体験の一つとして、この時期の歴史的理解に役立ち、人々の未来への選択につながるならば、老いた私にとって重畳の幸いである。

（小野信爾口述・小野和子整理）

閉じられた日記を開いて占領期を読む

西川 祐子

（1）小野信爾の獄中日記ノートとの出会い

本日記（1951年8月7日から1952年4月28日）は、小野信爾により、山科にある京都刑務所独房において、大学ノート2冊に最初は鉛筆で、後には万年筆で書きつづられた獄中日記である。日記の開始は、彼が1951年2月22日に京都下鴨警察署前で朝鮮戦争反対のビラを配布しようとして逮捕され、連合国軍による日本占領目的妨害を罪に問う政令第325号違反で軍事裁判にかかり、服役するにいたる一連の出来事の半年後である。

表紙に KYOTO UNIVERSITY と印刷された大学ノートにはローマ字でAtarashiki Ayumi no Tameni No 1.（新しき歩みのために）と綴った日記題名、小野信爾961と所有者氏名および囚人番号が小野自身の筆跡で記されている。それとは別に「昭和二十七年四月四日検」という刑務所側の書込みがなされている。日付からみてこちらは同年4月28日のサンフランシスコ講和条約発効の日に釈放が予想されるにつき、その準備のための所有物点検の印か、と推測される。

第2冊目の表紙は第1冊目と同じくローマ字で題名を書きはじめるも訂正して「新らしき歩みのために」NO2と記されている。欄外に4舎78室とあるのが、小野の独房の番号である。日記帳は出獄の際に小野が小脇にかかえていた。その後約60年、人知れず保存されていた小野の日記の公開にいたるまでの経緯は小野自身による「日記のころ」に語られているとおりである。

日記の最初の読者となったわたしは最近10年、『古都の占領』と題して、占領期京都を生活史研究の立場から考えてきた。当時の記憶をもつ人々にたいするインタビュー調査と、京都府立京都学・歴彩館（旧京都府立総合資料館）に保管されている京都府行政文書など日付のある文章の読解、分析の両面から行う占領期研究である。占領期から60年以上を経た住民の記憶を当時の地図の上に落としこみながら比較検討するという方法をとるうちに、わたしは次第に、場所や建物に付

着してきたそれぞれのまち、界隈というべきか、に固有の記憶と、全市にひろがった噂との区別ができるようになった。口コミで伝わった噂はその後も語りつがれて一種の都市伝説になって残る。

その一つが「朝鮮戦争反対のビラをまいた学生さんはみんなアメリカの軍事裁判で重労働の刑になって沖縄送りになった」というものであった。住民が感じていた連合国軍による占領体制にたいする恐怖と、海をはさんだ対岸で燃えあがっている朝鮮戦争の戦火の報道から受ける衝撃、果敢に戦争反対を表明して囚われの身となった若者たちにたいする同情が表現されて伝播したと思われる。しかし京都の地でなされる「沖縄送り」という表現には、聴くものがそれ以上たずねることをさせまいとする、語る側の意思があるかのようで、かすかな違和感が残った。占領軍の軍政が直接統治をおこなっている沖縄に送られた人々は生きて帰ることはなかったであろう、といったニュアンスがこめられているようであった。

ところがある日まちで、「ポツダム〔勅令・政令〕でひっぱられた人が沖縄送りとは限らん、山科の刑務所にいやはりましたがな」と言われた。山科は京のまちはずれとはいえ、近くである。収容されていた人たちは、解放後にその体験を自ら語りはしなかったのだろうか。考えてみれば彼らはその後、わたしと同じ空間でほぼ同時代の時間を生きたはずである。

以前からわたしには、「ポツダム勅令」なる法が存在したこと自体がなかなか信じられなかった。「ポツダム」はアジア・太平洋戦争において連合国軍側が日本にたいして行った降伏勧告であるポツダム宣言に由来する。「勅令」とは旧大日本帝国憲法下において、法律以外で天皇が議会の承認なしで裁可する法令を指した。まるでマッカーサーと天皇、戦後の権力と戦前の権力とが合体してできたような「ポツダム勅令」とは、きっと巷でうまれた俗語にちがいない、とわたしは思っていた。ところが調べるとポツダム勅令は俗称ではなく、法学の論文にも使われる用語であることがわかった。軍事占領裁判所月例報告（Monthly Occupation Courts Statistics）には勅令第311号は Imperial Code #311、政令第325号は Cabinet Order #325と記されている。

その後、人から人へと尋ねてゆき、「連合国占領軍の占領目的に有害な行為に対する処罰等に関する勅令」であるポツダム勅令第311号をひきついだ政令第325号「占領目的阻害行為処罰令」でとらわれたひとりである小野信爾と同氏の日記に出会うことができた。わたしは大学院生時代から小野信爾、和子夫妻を先輩研

究者として知っていた。また偶然、京都の岡崎にある平安徳義会保育園の親の会で一緒だった。しかし若い未熟な親であったわたしたちは、三歳未満の幼児をかかえて働く日々の生活のやりくりで頭がいっぱいであった。親の会で戦時期体験、占領期体験が話題にのぼった記憶はない。小野夫妻に再会したのは半世紀後、2011年4月14日であった。

その後、小野家を二度目に訪問したさい、日記ノートをひろげ、1951年には20歳であった小野青年が「人生の黄昏時、真赤な夕陽を浴びながら静かにほゝ笑む事の出来る生涯——私に黄昏時があり得るか、それは問題外として——」と書いた頁をみつけた。2011年当時、81歳であった小野信爾とその家族、そしてわたしはどんなに愉快に笑いさざめいたことか。「お父さん、今これ読んでどんな気持ちですか」と長女潤子に尋ねられた小野信爾は介護用車椅子に坐っており、無言のまま顔を赤らめた。赤面は折しも縁側からさしこんだほんものの夕陽の反映だけではなさそうだった。数秒後に「青春、恥多し」の一言が口から洩れたように思ったがよく聞き取れなかった。

占領期当時のノートブックの紙質はよくなく、劣化が早い。大切に保存されていたにもかかわらず、2冊のノート自体はすでに解読可能の限界をこえているとみえた。さっそくパソコンにテキストを入力する作業にとりかかり、各頁の画像をデータ化して入力テキストとつきあわせる、日記の記述の傍証をさがす等の作業にとりかかった。これをつづけるうちに4年、5年と時は過ぎた。わたしにとっては日記テキストという命綱をたよりに歴史の現場におりるような貴重な学習時間であった。しかし長期にわたった作業がいちおう終わるころ、小野信爾、和子それにわたしも、加齢と発病による入院、退院をくりかえす新たな状況がはじまった。そこで次世代、小野潤子の積極的介入が必要とされた。潤子は戦後70年にあたる2015年夏、日記テキストと説明注の整理、登場人物の把握に時間をかけた。

（2）小野日記の特徴
小野日記には、以下のような特徴がある。
1）内面の日記
かつて日記論である『日記をつづるということ——国民教育装置とその逸脱』（吉川弘文館、2009年）を刊行しており、わたしは「内面の日記の創出」という章

を設け、「青春という時間——旧制高校文化」他の文章を書いた。東京の旧制第一高校と、京都の旧制第三高校の学友会誌の分析から、内面の日記というジャンルは旧制高校のホモソーシャルな集団のなかで創出され伝播していったことを述べている。戦後に書かれた日記であるにもかかわらず、小野日記には旧制高校文化としての内面の日記の伝統が生きているようだ。内省と自己修養の意志、教養主義、知識人としてのエリート意識、秘匿性の固持などである。内面の日記成立条件のひとつは、自分だけのためにつかう時間と空間の確保、つまりは個室の獲得なのだが、監獄の独房は究極の個室となるのではないだろうか。

　小野信爾は日記の私性、秘匿性を前提とし、獄中日記が話題にのぼるまでは家族にも日記帳を積極的に読ませることをしてはいない。しかしその一方で獄中では手紙、日記に検閲があった。現実には獄中では私物の秘匿が許されない。検閲が前提であるから、小野青年は日記の、とくに回想部分に登場する友人たちの名前をしばしば変更して被害が波及しないよう配慮した。逆に検閲のさいに読まれるようにわざと待遇改善要求の架空対談を書いておいたりする。検閲を前提とした内面の日記という矛盾した性格、韜晦や隠蔽と、率直な激情がいりまじるところに小野日記の魅力と特徴があるだろう。

　２）獄中日記

　そして内面の日記のさらに矛盾的な性格は、秘匿性を強調する同じ日記作者が同時に、強いコミュニケーション欲求を抱くことである。獄中日記の執筆者は幽閉の身であるからこそよけいに強く、自分の言葉が獄の壁を貫いて他者に届き、受信されたいと願う。ナチスの追求をのがれるために自らを隠れ家に閉じ込めたアンネという少女の日記には、架空の友キティによびかける、まるで手紙形式のような日記文がみられる。小野日記の場合は、誰によびかけているのだろう。同級生、親兄弟、神でも仏でもないが、自分の良心のような存在にたいして述べる告白のごとき文がみうけられる。一日の日記の記述を終える時にはしばしば「では同志達よ、おやすみなさい」と書いて鉛筆を擱いているのだから、「同志達」が獄中日記における呼びかけの宛先と言えるであろうか。

　しかし小野青年は渡されたビラをまいて逮捕される僅か３ヶ月前に入党したばかりであり、現実の同志達に深く接してきたとは思えない。彼は「同志達」という言葉によって、たとえば同じ細胞に所属するひとりひとりを思い浮かべるだけでなく、歴史上の革命のたびに若くして死んだ、獄につながれた人たちあるいは

巷に志をいだいて生きた無名の義人たち、さらには日記の未来の読者を抽象化して同志と呼んでいるように思える。

もうひとつ、小野青年には戦前に治安維持法違反で拘禁された河上肇の獄中日記というモデルがあった。「昭和十年二月十二日（火）『自由日記』は『不自由日記』である。私はこれを小菅刑務所拘禁中に認める」という文章ではじまり、昭和12（1937）年6月15日出獄の日におわる河上肇著『獄中日記』（世界評論社、1949年）は、敗戦後にひろく読まれた。小野青年はそのなかのいくつかの文章をそらんじていたほどの愛読者であった。小野日記にはしばしば自分の獄中体験は戦前、戦中の先輩たちの過酷な体験とくらべれば物の数にも入らない、と自分に言い聞かせている。

獄中日記によれば河上肇は獄中で同囚の人からあなたにとって獄中生活は得でしたか、損でしたかと尋ねられて、ここにいなければ知らなかったことをたくさん知って得をした、と答えている。河上肇の獄中日記には獄中で知ったことを後世のために記録しておくという執筆の目的が一貫している。検事、判事、教誨師、看守たちの人物像、死刑囚をふくむ一般犯罪で服役している人々ひとりひとりのポートレートが鮮やかである。収監されていた独房の見取り図も自分で描いている。季節の変化にともなって限られた数の衣服を着替えたこと、獄中の一日の時間割もくわしい。食事の記録は細部にわたる。獄中でおこった諸々の事件、外界からもたらされたニュースにたいする獄中の反応、自分の意見を述べる。獄中の読書が貪欲になされている様がみてとれる。日記には腰折れと称する自作の和歌、漢詩も記されている。

横書き大学ノートと縦書き自由日記という枠組みの違いはあるものの、小野日記は河上日記の内容、文体を意識して踏襲し、そのことを自覚していたのであった。

3）青春日記

しかし、河上肇日記と小野信爾日記のあいだにある違いも大きい。日記作者ふたりの日記執筆当時の年齢の違いを無視することはできないであろう。博士と呼ばれた河上肇は獄中日記執筆当時すでに56歳、初老という自己認識であった。小野青年は20歳、青春真っ盛りであった。したがって小野日記では登場人物たちもまた、親世代と指導教授陣をのぞけば、20歳台が多い。年上の同囚は敬意をこめて「親爺さん」と呼ばれている。小野日記はやはり、青春群像が中心なのであ

る。

　一般に青春日記は恋愛日記とほぼ同意語であることが多い。だが入獄までの小野青年は学業と政治に熱中して、恋愛の機会も暇もあまりなかった様子。日記にはちらとしか触れられていないのだが、小野青年と同じ細胞に属していた同志、能勢協は文学的な才能を発揮し、小野青年の許嫁という架空の女性からの減刑嘆願の手紙を創作、その手紙が軍事法廷で読み上げられて大阪拘置所では評判になった。同じ境遇の囚人たちから大いにうらやましがられ、さんざんからかわれたそうである。小野青年が、あれは友人の創作である、と弁明これ努めてもききいれられなかった。二人の青年のいわば共同幻想がつくりあげた恋人の手紙は朗読に立ち会った人びとの印象には残ったが、軍事裁判の結果には影響しなかったようである。

　日記のなかにしばしば登場して、おそらく日記作者が意識する以上に獄中生活の描写に陽光を差し込ませているのは架空の恋人ではなくて、元下宿先の女主人Mさんこと三浦夫人鈴子の存在である。三浦夫妻はふたりとも共産党員であった。小野青年が入党したさいの保証人ないしは推薦人をつとめた。三浦夫妻には息子とまだ幼い娘とがいた。小野青年はMさんと「坊や」といっしょに動物園に行ったことを思い出しては出獄したら坊やを動物園へもう一度つれてゆかなくては、と繰り返している。

　Mさんの姿は、下鴨警察署に勾留されている小野青年に壁越しにエールを送る友人の列のなかにある。検察庁へ護送される車窓からみえる人垣のなかにもいる。山科刑務所では面会日に必ずのようにやってくる。面会は一度に一人と決められているので、Mさんは面会を他の人にゆずって差し入れだけして帰ることもしばしばあった。すると次の面会日の日記文には「二ヶ月振りに見る三浦さん」と書かれている。しばしば幼い娘をだいて面会に来る女性はしかし、小野青年のお袋的存在というわけではなかった。差し入れは主に本である。ついには看守から「お前の本屋さん」なるあだ名をつけられた。

　小野青年をもっとも喜ばせたのは万年筆の差し入れであったようだ。Mさんはペン先を新しくかえ、アテナインクのブルーブラックを添えてくれていた。小野青年が日記に書いているように鉛筆は力をこめて書くとすぐにちびて短くなり、字もうすくなった。もし万年筆の差し入れがなく日記がおわりまで鉛筆で書かれていたとしたら、日記の判読は非常にむずかしくなっていたであろう。小野

青年は日記に「一番好きな丸善アテナのブリュー・ブラック」と書く。古い日記帳のとうに色が褪せたアテナインクの文字から、青春の香りがたちのぼる。

　出獄の日、山科から左京区までを歩き通した小野青年は、出迎えの同郷の友人とともに元下宿へ向かった。小野の語るところによると、Mさんは子どもたちを寝かせ、深夜にもかかわらず風呂をわかし、食事を用意して待っていたそうである。M夫人だけでなくM氏もいたはずだのに、小野青年の記憶からは姿を消しているところが面白い。

　2015年春、小野和子は獄中訪問のころは幼女であった娘さんに付き添われたMさんを訪問した。小野日記公開の場合、日記に表記されたとおりの名前で登場していただいてよいかどうかの確認のためであった。前もってすでに高齢であるMさんの記憶は新しいほうから消えつつあるという説明を受けていたのだが、断片化した記憶がその場で一瞬つながり、承諾がなされた。同時に親族の同意もなされた。和子はMさんの童女のような対応と表情に小野青年が面会所の窓ごしに見た微笑と通じるものを感じたようである。信頼は恋愛よりも長続きするということができそうだ。

（3）日記を開く試み

　さて、わたしの役割は、60年間は書庫に秘匿されており、いわば家族共同体のなかでさえ開かれることのなかった小野日記を、家族の外へむかって開くことであった。家族の外へ、さらには師弟関係、仲間関係、小野夫妻が深くかかわって生涯をすごしたアカデミズム、研究室の外へと日記を開き、未知の読者へとこの日記に記された言葉を届けるにはどうすればいいか。そのことを意識して、以下のような作業をおこなった。

　I）日記記述の裏づけをとる

　日記に記されている出来事をあらためて歴史的事件として読み直し、裏付けをとることを心がけた。裏づけ作業のうち軍事裁判記録の探索にはとりわけ時間がかかった。勅令第311号・政令第325号違反で軍事占領裁判所で実刑判決を受け服役し、講和条約発効時刻に釈放され自由の身となった人たちは前科を負わなかった。日本側には裁判記録が残らないのである。その結果、刑務所にいた期間の存在証明ができないという不思議な事態が生じる。このままだと検閲印の残る獄中日記さえ、本物かどうか誰も証明できないということになる。

捜索は困難であったが、国会図書館の憲政資料室のおかげで、GHQ 文書、軍事占領裁判所月例報告（請求記号：LS 13490-13491、LS 13492-13495）に小野青年の記録をみつけることができた（本書口絵4・5）。その翻刻・対訳表（本書22、23頁）を見ると、取調中または公判待機中の勾留者について作成された書類である資料1の Ono, Shinji（小野信爾）の項には Type of Offense（犯罪の種類）: Viol Cab Ord #325（政令第325号違反）と書かれている。公判後に確定事件を記録している資料2によると、CHARGE（罪状）は Commission of an offense prejudicial to the security of the Occupation Forces（占領軍の安全を脅かす犯罪行為）、SPECIFICATION（詳細）は Unlawful publication and dissemination of subversive handbills（非合法出版と違法ビラの散布）と記されている。なお再審の判決記録はまだ見つかっていない。マイクロフイルムの短い文章に興味深い事実がふくまれている。

第1に氏名の項に Ono Shinji につづいて aliases Sato Akio, Sato Teruo（偽名はサトウアキオないしはテルオ）と記されている。小野日記を参照すると、小野青年は逮捕直後に京都の下鴨警察署で取り調べをうけ、とっさに佐藤昭夫を名乗ったと書いている（本書172頁）。下鴨署が作成した調書は軍事占領裁判所の裁判記録にまで反映されたのであった。

第2に、資料1の Date of Arrest（逮捕日）の日付が下鴨警察署付近で逮捕された1951年2月22日ではなく、3月13日となっている。日記によれば京都拘置所から大阪へ移送された日にあたる。資料2では、Date of Arrest or Confinement（逮捕または拘禁日）は前日の3月12日と記されている。いずれにしろ軍裁送りを前に、容疑者を拘禁する主体が京都府警から占領軍へと代わり、身柄も移されたということであろうか。資料2では Date Fact Sheet Rec'd by Ct（犯罪事実報告書受領日）が3月13日である。受渡手続についてこれ以上は不明である。

第3に、Release Date based only on Sentence: 10 Apr. 54（判決のみにもとづく釈放日は1954年4月10日）とある。現実にはその後の再審において減刑があり、また最終的には講和条約発効の日に釈放された。

第4に PLEA as to each spec.（起訴状に対する答弁）の項に NG＝Not Guilty すなわち無罪、FINDING（認定）は G＝Guilty すなわち有罪と記されている。小野信爾と山本治雄弁護士（後述）は、最初から有罪を認める方針をとったという（本書66頁、213頁）。すると、無罪を主張したのはアメリカ人弁護人ということになろう。信爾青年は日記の中に「俺の左側に座った米人弁護人」は、裁判の間中ス

ケッチないしは落書きばかりしていたと記している。弁護人としては役割どおり被告の無罪を主張する構えであったが、被告が有罪と答えたため、それ以上は弁護を展開せず、時間つぶしをしていたということかもしれない。読者としては、全体として不条理な状況のなかで型どおり演じられる軍事裁判の法廷劇、その一つの場景を見る思いである。

　軍事裁判は大阪で行われたため、裏づけ調査の範囲も大阪までひろげる必要が生じた。60余年前、小野青年は軍事裁判を受けるため、手錠をかけられ京都から刑事同行で大阪へ京阪電車で護送された。電車内では手錠をはずしてくれたそうである。小野は3月の車窓から眺めた春めいた風景をよく記憶している。刑が決まった後、大阪から京都山科にある京都刑務所へ送られた。大阪から京都四条大宮へは阪急電車、その後は護送用のバスで刑務所へ向かったそうである。すでに初夏の気候だったので山科へかかる蹴上浄水場にはつつじが咲いていた。

　大阪拘置所および当時の軍事裁判の法廷がおかれていた建物は大阪市のメインストリートである御堂筋とその近くにあった。京都では、小野と同じ細胞に息子が属していた関係で能勢克男弁護士が相談にのっていたが、彼の紹介で大阪の軍事占領裁判所では、山本治雄弁護士がついた。裁判そのものは短時間であった。山本弁護士は後に軍事裁判の場合はほとんど即決であったと語っていたそうである。山本はその後、1952年6月の「吹田事件」で主任弁護士をつとめ、反戦デモに参加して騒擾罪に問われた人たちの無罪を実現、騒擾罪適用をくいとめたことで知られる。小野和子、潤子とわたしは山本治雄弁護士事務所をひきついだ赤澤敬之弁護士を大阪に訪ねた。弁護士として早くから山本と行動をともにした人である。事務所には小野の裁判にかんする記録は残っていなかったが、朝鮮戦争前後の騒然とした世相や、関西における自由法曹団の結成がその後も多くの人たちの法廷闘争を支えた記録を読む機会を得、さまざまな貴重な史実を教えられた。

　京都大学大学文書館には度々、訪問しては資料を閲覧した。日記の読み込みがすすみ、読む側の知識が整備されると確認したいこと、傍証をえたいことが増える。文書館には獄中にいた小野青年が知る由のなかった小野信爾救援活動の記録が残されている。とくに故松尾尊兊寄贈の1950年代前半における学生運動のビラを中心とした資料678点がふくまれている『戦後学生運動関係資料Ⅰ』からうけた恩恵が大きかった。綿密な解説と目録が付された史料集である。

　松尾尊兊は生前、小野に自分の収集資料のなかから、小野救援活動記録の載る

小野信爾 (Ono, Shinji) の名前が記された軍事占領裁判所月例報告

国立国会図書館憲政資料室所蔵「軍事占領裁判所月例報告」（口絵 4・5 参照）の小野信爾に関わる部分を翻刻し、適宜和訳を併記した。資料 1 は
「Monthly Occupation Courts Statistics, 21 February thru 20 March 1951」（請求記号：LS 13490–13491）より、資料 2 は「Monthly Occupation Courts Statistics,
21 April thru 20 May 1951」（請求記号：LS 13492–13495）より。原資料はともに米国国立公文書館所蔵。翻刻・対訳表作成：小野潤子。

[資料 1]

SCHEDULE B: DETAINED PERSONS UNDER INVESTIGATION OR AWAITING TRIAL
取調中または公判待機中の勾留者

SCHEDULE C: CONFINED PRISONER SERVING SENTENCE
服役中の囚人

NAME 氏名	Nationality 国籍	Date of Arrest 逮捕日	Days of Detention 勾留期間	Type of Offense 犯罪の種類	Probable Date of Trial 公判予定日	REMARKS (If detained more than 20 days, explanation required) 特記事項（勾留期間が20日を超え た場合はその理由の説明）
Ono, Shinji (Alias, Sato Akio or Teruo) 小野信爾 （偽名はサトウアキオた いしはテルオ）	Jap	13 Mar 51	8	Viol Cab Ord #325 政令第325号違反	Not referred 言及なし	

TOTAL NUMBER CONFINED PRISONERS SEVING*1 SENTENCE 服役中の囚人総数	
Place	Number

*1 SEVING は SERVING と思われる。

NOTE: 10 special category prisoners for CIC not listed in report.

注記：対敵諜報部隊に関する特例10人はこの報告書には含まれず

TOTAL CASES AWAITING TRIAL
公判待機総件数

Military Commission _____
軍事委員会

General Provost Ct. _____
一般憲兵裁判所

Special Provost Ct. _____
特別憲兵裁判所

［資料 2］

SCHEDULE A: CASES COMPLETED　　FROM :　　19 ___　thru 20 ___　19 ___　　(5)

19 □□年 □月21日から19□□年 □月20日までの確定事件　　(5)

21 ___　19 ___

MONTHLY OCCUPATION COURTS STATISTICS

軍事占領裁判所月例報告　(5)

(COMMAND)　(APO)

REPORTS CONTROL

SYMBOL □□□□ QJA-04

Docket No. 事件番号	Name of Accused 被告人の氏名	Nationality of Acc. 被告人の国籍	Date of Arrest or Confine-ment* 逮捕または拘禁日	Date Fact Sheet Rec'd by Ct 犯罪事実報告書受領日	Days of Pre-trial Conf. 正式事実審理前協議の日数	CHARGE 罪状	SPECIFICA-TION (List separately) 詳細 (別記)	Trial by Mil. Com. Gen. or Sp. Provost Ct. 軍事委員会、一般または特別憲兵裁判所による裁判	PLEA as to each spec. 起訴状に対する各答弁	FIND-ING 認定	Sentence or Adm. Action Rec 判決または行政措置	Date of Sentence 判決日	Action by Rev'g Authority 再審査	Place of Confine-ment 拘禁場所	Release Date based only on Sentence 判決のみに基づく釈放予定日
1871	Ono Shinji aliases Sato Akio, Sato Teruo 小野信爾 偽名はサトウアキオ、サトウテルオ	Japanese	12 Mar 51	13 Mar 51	30 days	Commission of an offense prejudicial to the security of the Occupation Forces; SCAPIN16, 10 Sep 45; SCAPIN 33, 19 Sep 45 占領軍の安全を脅かす犯罪行為：1945年9月10日付連合国軍最高司令官指令16、1945年9月19日付連合国軍最高司令官指令33*2	Unlawful publication and dissemination of subversive handbills. 非合法出版と違法ビラの散布	General 一般憲兵裁判所	NG 無罪	G 有罪	3 yrs CHL & $1000 fine 重労働3年 罰金1000$	11 Apr 51		Osaka Detention House 大阪拘置所	10 Apr 54

*2 前者は「言論及び新聞の自由に関する覚書」(FREEDOM OF PRESS AND SPEECH)、後者は「プレス・コード」(PRESS CODE FOR JAPAN)

INCL 6 to OD33 – REV. Nov 1948 – This form may be reproduced locally

この様式は作戦命令第33号の付属文書第 6 号 (1948年11月改正) であり、各地方軍政部で作成することが出来る。

* Confinement to include all persons held by Japanese authorities for Occupation Forces.

拘禁は日本官憲が占領軍のために行った者すべてを含む。

REMARKS:

備考

ガリ版刷チラシ、『ラッパ』の複写を提供していた。わたしが小野家を最初に訪問した日、小野はわたしにその題名を指さして「ラッパ」ってわかりますか、と尋ねる身振りをした。わたしがフランス文学専攻の出身だからである。とっさにシュルレアリストからコミュニストへと転身し、ドイツによるフランス占領下でくりひろげられたレジスタンス運動の旗手であったアラゴンの詩からとった題ですね、と答えることができた。そのとたん小野の顔に満足と、はるか昔をおもう回想の表情が浮かんだ。

　大学文書館資料から、文学部の同級生が中心であった救援活動がやがて全学規模のものになる動きを追うことができる。1951年6月21日学友会の出したビラによれば、京大当局は6月20日までに期限を切って退学届けを出すよう小野の家族に迫った。学友会は小野の両親に連絡をとり、両親は学友会に万事を託すということで印鑑まで預けたという。学友会は大学当局に退学届提出期限を一週間延長させ、6月25日学生大会を開き「大学当局は退学勧告を撤回保釈に努力せよ」の提案を満場一致で可決、この要求が拒否されるなら、ストライキをふくむ実力行使を辞せず、と当局へ伝えた。その後、「学部長は処分をしない、保釈に努力する」の意が輔導委員から学生側へ伝えられた。なおこの大会では「大学は原爆展を後援せよ」を協議事項として確認している（『学園新聞』、1951年7月5日）。

　当時は学生大会がスト決議をした場合、議長は放校処分となった。それを承知で議長をひきうけた小畑哲雄は、1951年度、つまり4月からの編入学なので、2月に逮捕された小野その人と個人的な知り合い関係にはなかった。彼は「はじめて私が／この時計台の下にやつて来たとき／君の姿はもうなかつた。」に始まる「小野君に」と題する詩をあかし・ごろうの名前で書いた（本書264頁）。小畑によれば、学生大会でその詩を読み上げた東良睦宏なる演劇青年は、後に大島渚監督の映画に必ずといってよいくらい出演した俳優、戸浦六宏となった（『燎原』、燎原社、第221号、2015年11月15日）。暗く熱い青春を描きつづけた大島映画の一シーンのような演劇的な場面であるが、小野本人は獄中にいて救援活動が高揚したことを詳しくは知らなかった。

　2）小野日記の登場人物たちにたいするインタビューを行う

　日記解読がおわると、文献から裏付けるだけでなく、日記の登場人物たちと連絡をとり、会見を申し入れた。日記には大阪拘置所で出会った人々、京都刑務所内の作業場で働く同囚たちの姿が活写されている。政治犯の囚人のほかに、一般

刑の人々、そのなかには死刑囚もいた。出獄後の交流があったのは、やはり小野と同じく占領目的に有害な行為を犯罪とみなす勅令第311号と政令第325号により逮捕投獄された人々であった。朝鮮戦争関連の反戦ポスターを貼り、チラシを撒いた大学生、労働組合の運動家、そして占領下にさまざまな形の運動をくりひろげ逮捕された在日コリアンの人々が含まれている。じっさい、占領裁判所月例報告の国籍条項を参照すると、コリアンと記入されている人の数が多い。当時は逮捕されると朝鮮半島へ強制送還される可能性があった。

小野が「日記のころ」で述べているように、京都刑務所の場合にはポツダム勅令・政令違反により軍事裁判を受け服役した人たち十数人が、恩赦により釈放された一般囚とは時刻をずらせて、1952年4月28日午後10時半に自由の身となった。ちなみに日本時間では夜中のこの時刻がアメリカではワシントンの午前8時半、官庁が開く時刻であった。講和条約発効時刻はワシントン時間だったのだ。講和条約発効で出所した若者たちは、さまざまな地域や社会層にちらばり、それぞれの人生を送った。老年になってから小野信爾と再会し、細々とではあるが交流をつづけた人もいた。

日記翻刻をきっかけに大阪からは正木通夫さんが、滋賀県からは伊藤清太郎さんが駆けつけてくれた。勅令第311号・政令第325号で獄につながれた多数の青年たちの人生がサンフランシスコ講和条約発効後も変転する政治状況に左右されつづけたこと、彼らがその後も社会変動の波をさけるどころか押し寄せる波頭へと自らを投じることをくりかえして生きてきたことがわかった。

1950年に同志社大学の学生であった正木通夫は大学の正門前で毎日のように自分でつくった朝鮮戦争反対のビラを配布していたが、ある日自宅に京都府警察がふみこみ、逮捕されて軍裁送りとなった。占領裁判所月例報告には勅令第311号違反と記されている。出獄後、大阪港で働く労務者の組合運動を指導、さまざまな社会運動をつづけた。インタビューでは、信頼される同志として描かれた日記の登場人物そのままの豪快、率直でありながら聴く相手を気遣う語りが印象的であった。

伊藤清太郎もまた小野青年の日記に困った人を助けずにいられない人柄として描かれている。彼は国鉄労働者であった。組合運動をおこなって人員整理の対象となり、郷里の滋賀県で会社勤務をしながらアカハタ後継紙のひとつを配布、朝鮮戦争反対のビラを貼るなどしたことが占領目的阻害行為とみなされ、逮捕され

た。地元の警官が英文で書かれた逮捕状を見せてくれたそうである。出獄後は滋賀県に帰り、町会議員をつとめた。

　小野は出獄後に復学、学部を卒業すると大学院に進学した。その間には、京都府北部、天橋立でアカハタの配布を担当した。自転車に約30部の新聞をのせて配りながら橋立の先端まで行き、戻る毎日を送った。先端には結核療養所があって新聞の購読者が４、５人いたそうである。しかし小野青年自身も健康を害して任務から離れざるをえず、郷里で病気療養後に研究者となる道をえらんだ。

　正木、伊藤両氏のインタビューは、一個人の視座から記述される日記に日記登場人物たちの複数の視座を導入するためであった。また日記はその日その日を記録するが、小野信爾が同席しておこなわれたインタビューは登場人物それぞれの60年後の感想が語られる。日記の読者であるわたしにとっては、ともすれば平板になりやすい日記文にさらなる奥行と時間の層を与える証言であった。その後、同じく政令第325号違反で逮捕され、有罪判決をうけるが、未成年であったため山科刑務所ではなく奈良少年刑務所に収監されて、講和条約発効日に釈放された西田清氏の談話を宇野田尚哉と小野潤子とわたしの３人が同席して聴く機会に恵まれた。同氏インタビューは占領軍の大津キャンプの存在が大きかった滋賀県の状況をよく説明した。京都山科刑務所における個人の日記に刻まれた青春群像のそれぞれが読者の想像力により躍動感をもって動き、自ら語りだすことを願ってインタビューのごく一部が各氏の談話として本書第Ⅰ部翻刻編の脚註に生かされている。

　なお中国史研究者となった小野の著作の一つは『青春群像──辛亥革命から五四運動へ』（汲古書院、2012年）と題されている。中にはまだ明けきらぬ革命前夜の中国知識人たちの思想と行動を描いた章がある。わたしは研究書にはめずらしいほど瑞々しい語感のある「青春群像」という表題をえらぶとき、著者は京都刑務所の青春群像を想起していたにちがいない、とさえ思った。小野青年は獄中ですでに辛亥革命と五四運動に関心をいだいている。

　3）社会変動と個人の関係を理解する

　日記は一般読者があることを想定していないため、事実関係、登場人物関係がわかりにくい。最初の読者であったわたしは日記文の文脈を理解するために、メールで日記筆者である小野信爾にたいする質問をくりかえし、小野和子が小野信爾の回答を記録した。公的年表とのつきあわせ作業をすることにより、獄の中

の出来事が外の社会変動と連動しているところがだんだんと鮮明になった。

　小野青年は独房の食器差し入れ口に耳をおしつけて獄舎の廊下に一つだけあるラジオから流される午後七時のニュースを聴き、日記に記録している。日記の記述を当時の新聞報道や年表とつきあわせるたびに、ニュース理解が正確であることに驚かざるをえない。小野青年は翌日の作業場で雑居房にいてラジオ放送をききとることが難しい同囚の質問に答え、前日のニュースを伝える。彼が獄中の仲間のためにひきうけた役割であった。

　日記には「朴さんは革命当時シベリアに居た人だそうだ。北鮮生れだとかで、朝鮮問題には非常な関心のもちようで、毎朝「よんべのニュースはどうだった？」と真剣な面持で聞いてくる――夜間独居は雑居と違ってラジオがよく聞こえるのである――そこで私なりに解説をつけてニュースを報告してあげるのを楽みにもしているわけだ」（日記、1951年8月8日）とある。

　なお、ここに記された「革命」はこのときすでに歴史事件であったはずの1917年のロシア革命を指し、朴はケレンスキーを見たことがあると小野に語っている。アレクサンドル・ケレンスキーは二月革命後、臨時政府首相となったが、十月革命でボリシェヴィキによって倒され、亡命した歴史上の人物である。小野日記には同時代が記録されているだけでなく、群像それぞれの人生の歴史的背景を理解した叙述がなされている。

　政治的事件への言及だけではなく、小野青年の日記には映画や小説、詩の鑑賞を追憶する文章が多い。わたしの本棚にまだある小説、詩集そして記憶に残る映画作品も多かった。ないものは古本でとりよせた。最近は映画も古典的作品がデータ化されている。映画『格子なき牢獄』DVDを小野に送ったところ、同じ作品ながら「昔みた映画のほうがずっとよかった」という面白い感想がかえってきた。それをきいたとたんにわたしは当時の映画館の人混み、人いきれ、ざわめき、笑いと歓声、かすかにただようトイレの臭気さえ思いだした。小説、詩や映画の魅力は時代の文脈のなかで読者・観客たちが読書行為、鑑賞行為によってひきだすものなのだ。インタビューでは正木通夫が、小野青年に届けられたロマン・ロランの小説『魅せられたる魂』を回し読みし、看守は見ぬふりをしてくれたと語った。青年たちは小説に自分たち自身の青春物語を重ねて読んだであろう。

（4）今、占領期を読むことの意味

　ポツダム勅令第311号・政令第325号違反で京都刑務所に服役した青年たちは、敗戦により日本帝国のすみずみまでをおおっていた軍国主義・軍事主義から解放されたのも束の間、敗戦後の日本に戦後憲法と戦後民主主義を導入した同じ占領軍が朝鮮戦争勃発の前後、日本列島においても占領の本質である軍事支配の姿を露骨に現すところを目のあたりにした。

　敗戦後、日本回帰でなくアメリカ追従でもない方向をさがして、青年たちの多くが社会主義、共産主義の理想に希望をかけた。これに対しアカハタの発行停止ほか共産党にたいする弾圧、職場ではレッドパージがあった。そして共産党は武力闘争方針をかかげるにいたる。資本主義陣営と社会主義陣営は対立しながら、しかし共通して以前にもまして強力な軍事化政策をとった。連合国軍による日本占領の目的はしばしば日本の「非軍事化と民主化」とまとめられる。非軍事化と民主化が占領軍の軍事力によっておしすすめられるという矛盾に加えて、同じ占領期に朝鮮戦争を機に再軍事化が始まることが占領期のパラドックスであった。

　小野青年が青春を賭けた朝鮮戦争反対運動とは何だったのか。現在たびたび北朝鮮の拉致問題、北朝鮮の核脅威論が言われるさいにも、朝鮮戦争にまでさかのぼった議論がなされることは少ない。朝鮮戦争は終わってはおらず休戦中であることを思い出させる事件が数年ごとに起こるのであるが、そのたびにまた忘れられる。日本列島にもっとも近い朝鮮半島において、アジア・太平洋戦争の戦後もっとも長い戦争あるいは休戦がつづいている。小野の獄中日記は、朝鮮戦争勃発以来、軍需景気にわこうとする日本列島において戦争反対の声をあげた青年たちと彼らを支援した人たちがいたことを記録している。彼らは戦争にいたる対立のいっぽうに加担したのか、それとも反戦のために戦ったのか、とわたしは日記を読みながら考えつづけていた。考えさせた原因は日記テキストにあっただけでない。日記解読についやした5年間に日本社会の再軍事化が急激に加速する現実があった。

　数あるピカソの作品のなかに、ゴヤが描いたナポレオン軍がマドリード攻略時におこした虐殺事件の画をふまえた「朝鮮の虐殺」がある。遠くのヨーロッパでは朝鮮戦争勃発直後の1951年に「朝鮮の虐殺」が創作されたのだが、戦火に近い日本列島においては同じ画家の作である「ゲルニカ」ほどには、知られていない。ピカソの画において武器をかまえる処刑者たちは甲冑なのか、ロボットの部

品なのかわからない金属板で全身を覆っている。それとは対照的に被処刑者の女子どもたちは裸身をさらし、立ちすくむ。ピカソの作品は朝鮮戦争の報道内容がまだごくかぎられていた時期に、その後、双方の陣営においてくりかえされるであろう大量の虐殺を予見的に描いている。

予見の根拠は、ほんの数年前まで続いていた第二次世界大戦の経験にあった。「朝鮮の虐殺」の直接のモデルとなったといわれる信川虐殺事件については、北朝鮮まで進軍した国連軍がおこなった虐殺という説、住民間のイデオロギー対立から起こったという説など諸説がある。しかし、この絵はどちらかの陣営に加担する戦争画ではない。ロボットに陣営のマークは記されていない。絵の鑑賞者がそこに、戦争というものがくりかえす虐殺と大量死の恐怖を積極的に読もうとするときにはじめて、この絵は反戦画となる。

ポツダム勅令第311号・政令第325号違反により京都刑務所で服役していた青年たちもまた、「朝鮮の虐殺」を描いた時のピカソとほぼ同じく、むろん史実の詳細はまだ未公開、西側が主張する北朝鮮の南侵説、共産主義陣営が唱える韓国軍の北侵説が錯綜し、この先どれほどの惨事が広がるかを知るよしもない状況のなかで予見的な行動に出た。わたしは小野日記を最初に読んで以来、小野青年がわざわざ下鴨警察署前で配布するように指示されたビラの原文を読みたいと願ったがそれはかなわなかった。小野青年には警官にたいして朝鮮戦争に協力することは止めよう、と呼びかけるビラを配っているという自覚があった。しかし内容を読んで検討する時間は与えられなかった。東西対決の冷戦構造のなかで火をふいた朝鮮戦争に反対する運動は主として、北侵説を信じて展開されていた。しかし現在の歴史学は南侵説をとる。その後を生きた元政治犯たちは現在、自分たちの身の上におこったことをどう考えているのであろう。

小野家で行ったインタビューにこたえて正木通夫は、自分がつくったビラに「国際独占資本」批判を書いた、あの一語で軍事占領裁判所送りになったな、と述懐している。すると小野が自分は取り調べ中に挑発にのって「外国帝国主義」批判をした、それがたたったと応じる。伊藤清太郎も自分もほぼ同じであった、と語った。「外国帝国主義」も「国際独占資本」も即「アメリカ帝国主義」の同義語、その批判は現に占領を行っているアメリカ軍の占領目的を阻害する行為である、として軍事法廷で有罪判決をうけたのだった。

それにしても朝鮮戦争の現実をこのような抽象的な用語や反戦平和の理想に

よって理解することが可能だったのだろうか。わたしは朝鮮戦争が彼らにとって、どんなリアリティをもっていたのかを知りたいと思った。正木通夫は「もっと自分の言葉で書かなあきませんな」と悔しがり、また「社会主義をいう者は人間を大切にせなあかん」と述懐した。

これらの言葉をたよりにして何度も日記テキストをよみかえすうちに、わたしは小野青年が朝鮮戦争の現実に直面したのは、裁判や獄中で聞くニュース以上に、刑務所作業場のミシンの上においてだったのではないか、と考えるようになった。重労働の刑とひとくちにいうが刑務所の労働にはいくつかの種類があり、小野青年は縫製工場に配置されて朴老人の指導をうけ、日がな一日ミシンを踏んだ。

材料は米国から送られてくる古着や米軍兵士たちが着古した制服であった。小野青年はこれをほどいて子ども用のズボンに仕立てる仕事に従事した。日記には米軍兵士のズボンは丈が長く、自分の脚にあわせると腰ではなく肩に達したと書いている。インタビュー中に小野が「ポケットにコイン」とつぶやくのがきこえた。米軍兵士がポケットに小銭を直接いれていた残りを発見することがよくあった、いろいろなコインがあって珍しかったそうである。日記のなかの小野青年は、最初、自分が縫い上げたズボンを眺めながら、こんな粗末な服を誰が買うものかと口にだして言うのであるが、それをききとがめた同囚に「共産党が買うよ、貧乏人が」と切り返される。そう言われてはじめて、子どものためにズボンを買い求める貧しい母親の姿をなまなましく想像した小野青年は子ども服を丁寧に仕上げようとする。

だが縫製工場の作業内容は日を追って変化した。日記を辿ると「朝鮮向けの米軍軍衣ズボンで火のついたようにせきたてられて、今晩から突然の残業である。明日も居残りして日曜は免業出役だと云う」(1952年2月22日)、「今、何となく興奮しているようだ。今日の午後中をボタンをつけながら、数日中に迫っている米軍作業衣作業に処すべき私の態度について考えつづけて来、帰房してからは、してからで、同志正木とその事を話し合ったり——おまけに白木担当にそれをききとがめられたりして、」(同2月29日)、「朝飯を食った後、予定通り担当に、就労出来かねる旨を告げた」(同3月8日)と、ある。

たとえ軍服を縫うだけの作業であっても軍需産業の労働には従事できないと就労拒否をした小野青年は、作業場に行かず独房にとどまる。「反戦が至上命令で

ある現在、共産党員である私が断乎として軍需作業を拒否する事は」（3月11日）
と意気軒昂である。同囚の人々からそんなことで仮釈放があっても取り消され、
懲罰記録がのこる損をするのはバカ、大人は清濁あわせのむものだ、等と批判さ
れるが、「しかし、山科刑務所で軍需作業を反戦的立場から、拒否する事によっ
て、人民の平和に対する態度をはっきり示すと云う事は私だけにしか出来ない斗
争」（3月12日）と書く。「私だけにしか出来ない」と自覚したとき小野青年は新
しい境地にいたったのではないか。「私」という一人称単数記述がする発見、そ
のリアリティが日記というテキストの真骨頂である。私的な感覚と体験が公的で
抽象的な「人民の平和に対する態度」からする行動を現実におこさせる。

　軍服生地の色、手触り、圧倒的なその量など感覚的描写が彼の実感を生き生き
と伝える。読書や日記執筆の許可を取り消さないという条件をのんで一週間後に
作業場に復帰した日の日記には、「カーキ色、カーキ色、工場中正にカーキ色の
はんらんである。いい知れぬ屈ジョク感、穴かゞりの針をとりながら、胸をつき
上げて来るもの」（3月15日）と記されている。古着の再生だけでなく、軍服の縫
製作業が始まっていた。「カーキ色の追加千八百着入荷」（3月18日）、そしてつい
に「予備隊軍服用カーキ色服地、50ヤール巻42本入荷」（3月19日）である。日本
駐留の占領軍が朝鮮半島へ出撃する情勢にもなったため、日本政府は米国政府の
要請にこたえて、「進駐軍」にかわるべき警察予備隊を設置し、やがては破防法
を定め、そうすることによって列島の占領体制と半島の戦闘体制が維持されたの
であった。小野青年のささやかな抵抗は、抵抗以前にも増して作業場を埋め尽く
すカーキ色、山のような軍服生地のなかに埋もれてしまう。小野青年はそのこと
を心底くやしく思う。

　小野の持ち物のなかに2冊の日記の他に、雑記帳があり、そこには読書記録、
手紙の下書き、出獄後に党に提出すべき報告書の下書きなどが書きつけてあるこ
とが最近、わかった。雑記帳と位置づけられているので未完、あるいは日記文と
重複する文章が多く、日記出版においては大部分を省かざるをえない。しかし労
農救援会への出獄あいさつとして書いた文章の下書きでは、一年余りの獄中闘争
をまとめる言葉をさがして、自分のたたかいは「反戦・反植民地・全面講和の斗
い」（本書212頁）であったと述べている。「反植民地主義のたたかい」は、正木、
伊藤、小野青年たちがビラに書いた「外国帝国主義」あるいは「国際独占資本」
に反対する闘争と同義であろう。しかし日本はアジア諸国を植民地支配した過去

をもつ。「植民地主義」という言葉をつかうなら反対闘争は自身の歴史をも対象にすることになるだろう。

　ミシンを踏む労働や、平凡な日常生活において知らず知らずに自分自身が同調し、積極的に組みすることさえするかもしれない再軍事化を拒否しようとして、小野青年が「反植民地主義」という言葉をつかったのだとしたら、そのたたかいは出獄や青春とともに終わるのではなく、自己におよぶ批判とそこから生まれる主張とをくりかえしながらつづく。じっさい日記の登場人物たちはインタビューでは、葛藤のつづいたその後の人生を語った。小野の獄中日記は出獄の日付で終わっているのだが、小野は「日記のころ」において「そのころ」以上に「その後」を語っている。

　そして現代の読者たちは70年前の転換期を精一杯、自分で考え行動し、挫折をこえて考えつづけた小野青年たちと同じく、もうひとつの転換点におかれた自分にひきつけてこの本を読むのではないか。小野青年の獄中日記よみ起こし作業中、2015年秋に安保関連法案が国会で成立した。戦後を次の戦前にしてはならない。ひとりひとりに何ができるだろう。獄中でなくとも日常のふつうの生活を生きるそれぞれが「私だけにしか出来ない闘争」をみつけるなら、それが見通しのきかない闇のなかの一灯となり、蝋燭リレーが実現するのではないか。小野日記の出版企画はそのような願いからはじまった。

　付記　西川祐子『古都の占領――生活史からみる京都1945-1952』（平凡社、2017年）は第Ⅷ章「京都の朝鮮戦争」において、本書となる小野日記を翻刻作業中の仮題であった『占領期京大生獄中日記』としてとりあげている。

第 I 部
翻刻編

―――○―――○―――○―――○―――○―――

軍事法廷で俺の左側に座った米人弁護人、至って風采の上らぬ見からに安っぽそうな奴だったが彼は裁判の周中、と云って三十分たらずだが、裁判長席の左手に座った米国の婦人の似顔をボールペンで寫生していた。横目で見てると仲々器用に書いて行く、裁判の進行と共に、似顔絵も完成したが彼は一寸それを放心したように眺めていたかと思うと、いきなり、彼女の鼻を長く下へ顎の辺りまでデフォルメし、そしてそれをくしゃくしゃに丸めてしまったものである。その時はもう裁判は終りに近づいて居た。

後で聞く話によると、この男は無能で鳴り響いている奴だったからふと眼られぬまいに思い出した事だ。

裁判と云へば細川君の例のm嘆願書には、ずい分、この元葉でだいぶと下手を喰らされてしまった。立会ひの番から、拘党連に拡がるし、僕の前に判決をうけ洗君からは、同売達にひろがって、ずい分、からかはれたり、うらやましがられたりした。そうすると変なもので何だか自分が本当に著人のあるかのような気分になってしまって、取消し隊ずいだいの飛手いのとせっかれるのをうしろい気持になって聞いていたものだ。もっとも洗君には後で真相をあかすと、ヘェーそうだったのかと、あきれていたが、季星などは未だ本気にしてる事だらう

解　　題

西山　伸

　小野信爾は、大阪拘置所および京都刑務所にいた間に4冊のノートを残している（口絵6）。

　4冊のノートの表紙には、それぞれ「At Random」「Atarashiki Ayumi no Tameni No 1」「新らしき歩みのために　NO 2」「新しき歩みのために NO 3」とタイトルが記されている。内容としては、日記とそれ以外の記述（本書では便宜上「雑記部分」とした）に分けることができる。以下本稿では、それぞれのノートの形状やそこに書かれている内容などについて、簡単に紹介する。

1　At Random

　本ノートの判型はA5判、紙数は40枚、罫は横罫で24行である。本書冒頭にある小野信爾「日記のころ」に、大阪拘置所にいた1951年5月3日、京大で小野に英語を講じていたミュレットが面会に来て、その翌日から「ノートと鉛筆の使用が許可された」と記されている（本書6頁）が、そのノートである。また、日記本文にも、1951年8月12日条に「ノートは五月から」使用許可になっていたとある（本書57頁。ただしここでは「鉛筆は4月初めから」許可されたと記されている）。表紙をめくった見返しに「誓約」として、ノートと鉛筆の使用は特別許可であるとして、その使用にあたっての条件が定められ、それに1951年5月4日付で小野が署名している（口絵2）のもその事実を裏づける。

　本ノートには、いずれも鉛筆で、ミュレットへの手紙の下書き（英文、和文）、差し入れされたと思われるレーニン『ロシアにおける資本主義の発展』の概要などのほか、5月26日に再審が終わった段階で書かれた祖母宛の手紙の下書きが記されている。ただ、本ノートにある記述は、紙幅の関係などで本書には収録していない。

2　Atarashiki Ayumi no Tameni No 1

　本ノートの判型はB5判、紙数は58枚、罫は横罫で30行である。小野は再審後、6月8日に大阪拘置所から京都刑務所に移されるが、当初は鉛筆やノートの使用は

許されていなかった（本書60頁脚註）。それが6月に面会に訪れた京都大学文学部の東洋史講座の教授で学部長でもあった宮崎市定の厚意によって、新しいノートと鉛筆を手に入れることができた（本書8頁）。本ノートはそのときのノートである。ノートの1頁目に「1951年8月7日使用許可　961番小野信爾」と記されている（口絵8、本書39頁）。また、その裏には1951年9月から12月までの暦が記されている（口絵9）。

　8月7日に書き始められた日記は、本ノートには11月10日まで記されている。日記は最初は鉛筆で書かれたが、その「鉛筆がえらく心細い」（本書60頁）もので、芯の減り方が早かった。書き始めて1ヶ月近く経った9月3日に「やっとインクとペンが房に入」（本書81頁）り、以後万年筆で記されることになる。なお、鉛筆で書かれた日記のところどころに万年筆で文字がなぞられていて（口絵9）、小野が日記を見返して、薄くなっている箇所を書き直しているのが分かる。

　日記としては本ノートでは2枚目から40枚目まで使われており、それ以降は父や宮崎教授宛手紙の下書き、いくつかの随想などが書かれているが、その多くは本書には収録していない。本ノートの雑記部分で本書に収録したのは、サンフランシスコ講和条約調印についての所感（本書207頁）、講和条約調印に関連して広い視野で物事を見ることの重要さを綴った「寸想」（本書208頁）および資本主義諸国における矛盾を箇条書きで記した「基本的矛盾」（本書209頁）の3点である。

3　新らしき歩みのために　NO 2

　本ノートの判型はB5判、紙数は61枚、罫は横罫で28行である。ただし、裏表紙は外れていて現存していない。小野は10月12日に新しいノートを希望する願を提出していたが、手許に届いたのは11月8日のことだった（本書117頁）。10月中下旬の日記の記述量が少な目なのは、日記本文にあるように「本格的に入って来るようになって来た本のおかげで、とても忙しくなって来たため」（本書120頁）だけでなく、新しいノートが届くまで節約していたということもあったかも知れない。

　本ノートの冒頭に「使用許可11月8日」と小野の字で記されており（本書119頁）、その次の頁には「Atarashiki Ayumi no Tameni No 1」と同様、手書きで11月から1952年8月までの暦が記されている。日記は11月11日から釈放される1952年4月28日まで、本ノートで言えば3枚目から47枚目まで、すべて万年筆で書かれている。

　雑記部分には、下宿先の三浦鈴子やミュレットへの手紙の下書き、「ソヴェト経

済制度」「資本主義経済制度」の特質をまとめた箇条書きなどがあるが、本書には収録しなかった。本ノートの雑記部分で本書に収録したのは、作業拒否の理由（本書210頁）と父への手紙の下書き（同）の２点である。前者は、小野が米軍衣料に関する作業を拒否して３月８日に昼夜独居の懲罰房行きとなった（本書182頁）直前に書かれたと考えられ、後者は、内容から１月末に書かれたと推測される。

4　新しき歩みのために　NO 3

　本ノートの判型はＢ５判、１枚目に紙数は26枚と記されているが、脱落があったようで綴じられた形で現存しているのは22枚、他に本ノートから外れたと思われる紙が１枚残されている。また、表紙もすでに外れている。罫は横罫で27行である。小野の手許に本ノートが届いたのは1952年１月16日のことで、日記本文には「ノートが入った。うすっぺらな奴」との記載がある（本書154頁）。

　本ノートには日記は書かれていない。「A MEMO of my reading at Kyoto prison」（口絵14）として、京都刑務所入所以来読んだ本のリストが４頁にわたって書かれている。本書222頁註102、224頁註127にある「読書リスト」とはこのことである。また、英語やドイツ語の勉強にも本ノートは使われているが、これらは本書に収録しなかった。本ノートで本書に収録したのは、労農救援会への出獄あいさつの原稿（本書212頁）と逮捕以来出獄までの経緯を記した報告書（本書213頁）の２点である。小野の回想によると「４月28日に恩赦で出獄できるかどうかは当日朝まで分からなかった」（本書201頁脚註）とあり、この日出獄待機中に房内で書いたとのことである。

　なお、「Atarashiki Ayumi no Tameni No 1」の１枚目（本書39頁）、「新らしき歩みのために　No 2」の37枚目（日記記述で言えば1952年３月11日条に続く箇所、本書187頁）および同ノートの雑記部分である49枚目、「新しき歩みのために　No 3」の３枚目に「昭和27年３月11日」とゴムの日付印が、その右隣に「㊙」と朱印が捺されている。刑務所側がノートの内容を点検したしるしと考えられる。日記本文に関連する記載がないので、なぜ刑務所側がそうしたことを行ったのか正確には分からないが、前述のように小野は３月８日に米軍衣料に関する作業を拒否して独居行きとなっており、それに関連して刑務所側が小野の思想や言動をチェックしようとしたのではないだろうか。ただし、これ以後の日記や雑記部分の記述を見る限り、この点検によって執筆に何らかの制限が加えられたような形跡は感じられない。

凡　例

1　本翻刻編は、小野信爾が獄中で記した日記および雑記部分の一部を翻刻したものである。

2　翻刻は原史料のとおりに行った。ただし、以下の事項は例外とした。

① 漢字は常用漢字を使用した。

② 本文中で筆者が抹消している文字は翻刻しなかった。

③ 明らかな誤字、書き間違いと思われる箇所は修正した。また、必要に応じて編者が正確と考える表記を該当箇所の上に〔　〕で示している場合もある。

④ 脱字は該当箇所に〔　〕であてはまると思われる文字を補った。

⑤ 原史料中、文が中途で切れていると思われる箇所に〔以下原文欠〕と示した。

⑥ 難読と思われる文字には、編者によるルビを振った。原史料でもルビを振っている箇所があるため、編者によるルビは（　）で表記した。

⑦ 一部の人名については、仮名で表記した。

3　日記本文の内容について、筆者の小野信爾および当時の事情を知る伊藤清太郎、伊藤ツユ子、加藤敦美、中屋裕皎、西田清、正木通夫、宮下美智子の各氏が本書編者の求めに応じて後日行った補足は、「（○○談）」として、それぞれの関連の内容とともに脚註にした。また、それとは別に編者が付した註は、翻刻編の最後にまとめた。

4　原史料中には、今日の観点からすれば不適切な表現も存在するが、史料としての性格を考慮し原文どおり翻刻した。

日記「Atarashiki Ayumi no Tameni」

〔第 1 冊〕

1951年 8 月 7 日　使用許可
961番　小野信爾

（大判大学ノート　総頁数　116（58枚））　〔朱印〕

The 7th. Aug. 1951

　permitted by the educational section.*

Mut verloren, Alles verloren!
　Es wär besser, nicht geboren.**

昭和27年3月11日〔日付印〕　㊜〔朱印〕***

---

*　the educational section は教務課。筆墨許可は京都刑務所の教務課が出した。
**　ドイツ語。ゲーテの詩『穏和なクセーニエ』遺稿の一節と思われる。ただし原文は Mut verloren – alles verloren! / Da wär es besser: nicht geboren. である。邦訳は「勇気を失えば――もはや取返しがつかない／生まれてこなかったほうがましだろう」(飛鷹節訳、松本道介・内藤道雄他訳『ゲーテ全集　2』潮出版社、1980年、80頁)。
***　刑務所による検印。

8月7日

「人間にとって一番大切なものそれは生命である。それは人間に一度だけ与へられる。そしてそれを生きるには、あてもなく生きて来た年月だったと胸を痛める事のないように生きねばならぬ。卑しい下らない過去だったと云ふ恥に身を焼く事のないように生きねばならぬ。そして死に臨んで、全生涯が又一切の力が世界で最も美しい事、つまり人類解放のための斗ひに捧げられたと云ひ切る事が出来るように生きねばならぬ。」──オストロフスキー[1]──

やっとの事で手許に届いたこのノートの冒頭を私は那須[2]の贈って呉れたオストロフスキーのこの云葉で飾りたい。二月のあの冷たい雨の朝以来、何時の間にか獄中に半歳を閲(けみ)して来た私だが、その間幾度か不安と焦慮の中に動揺を重ねながらも結果として振り返って見て悔のないコースを辿って来れたことを幸せに思ふと共に、親身も及ばぬ世話を惜しんで[惜しまなかった]呉れなかったし、又して呉れるであらうM夫人*に心からの感謝を捧げたい。同時に「私がもし、コミュニストとして恥かしくない態度をとれたとおっしゃるなら、それは私のせいではなしに雄々しく、キ然として死んで行ったあの幾多の若者達の崇高なお手本のおかげだと云ふ事を忘れないで下さい。」**こう書き残して逝ったレジスタンスの英雄の一人と同じ意味で、私は今大阪拘置所で知り合った同志李***のあの人なつこい笑顔をなつかしく思ひ浮べながら、これからの生命も悔いなく生きたいものだ、いや生きて行かねばならぬのだと決意を新にするのである。

人生の黄昏時、真赤な夕陽を浴びながら静かにほゝ笑む事の出来る生涯──私に黄昏時があり得るか、それは問題外として──人類の本当の幸福のために、私はその礎の一つを置いたのだと誇らかに云ひ切る事の出来る生き方、それを私の

---

*　三浦鈴子。下宿先の三浦家夫人。1925年生まれ。共産党員。逮捕されて以来、面会や差し入れなど献身的に獄中生活を支えた。以下、本日記では「Mさん」「三浦夫人」「三浦さん」などとも表記されている。「日記を書くにあたって匿名にするかしないかの基準はとくになかった。検閲は建前としてあったが、問題が生じないかぎり実際は読んでいなかったと思う」（信爾談）

**　「多分ルイ・アラゴンだろう」（信爾談）

***「李君は政治犯。フルネームはお互い知らなかった。僕の刑が確定し京都刑務所に押送されて以来、再会することはなかった」（信爾談）

人生の最高の目的とする以上、オストロフスキーの云葉を、このさゝやかな獄中日記の冒頭に飾った私の僭越は許して許して貰へる事だらう。

　　2月22日〜23日　　下鴨署留置、

　　2月24日五条署廻し、2月25日〜3月12日京都拘置所、3月13日大阪拘置所移送、4月11日軍事法廷にて、3年一千弗の判決あり*、6月8日再審理にて、2年に減刑さると共に京刑押送**、

　こう書いて来ると、ずい分長い獄中生活のような気もするが、又何だか、あっけなく月日のたってしまった半年だったようでもある。しかしいづれにしてもこの半年が私にとって、二年にも三年にも当る、いやそんな事でははかられぬほどの貴重な人生体験の半年であったと共に、私の本当の意味での人生の最初の半歳でもあったと云へるのである。

　以前の私と、今の私と、自分から云ふのも変なものだが、ずい分生長して来たなとはっきり云ふ事の出来るのは嬉しい。しかしまだまだ克服すべき幾多の欠点のあるのは、自分でも、判りすぎる位、判っている事だ、それを克服して逞しく立上る事、それが今後の私への課題である。

　懲役仲間に、レクチャーする日本古代史の腹案整理に暇どって、えらく晩くなってしまった。先刻から、三度も夜勤看守に注意された始末だ。もう寝る事にするが、家鴨の奴がガアガアと喧しいのがいつもながら耳に障る。

　──では同志達よ、お休みなさい。──

　8月8日　　晴

　朝靄の空を美しく彩って、今日も大宅山の向ふからギラギラと夏の陽が登って来た。又工場は暑いだらうなと思ふと一寸いやになる。

　朝私本取下願を出す***。

　　ウィットフォーゲル、崩壊過程における「支那の社会と経済」****上下

---

*　「重労働3年罰金1000ドルは、政令325号違反、反米ビラを撒いた刑として、とくに重かったわけではない」（信爾談）

**　再審は5月26日。軍事裁判における再審は審査委員による書類審査のみで本人・弁護士の出廷はない。「再審があったことは知らされていたが、結果は押送の日まで知らされなかった」（信爾談）

和辻、「風土」人間学的考察、

羽田亨　「西域文明史概論」

独和辞典　コンサイス

帰房*。

　1週間前に出して置いた私本取上願[下]だのに未だ下りて来ない。ノートが入って呉れたので好いやうなもののどうもしやくになる。何時だったか世間では時間の単位は一時間だが、拘置所になると一日、刑務所では月が単位だなと笑ひ合った事があったが。

　私の帳場**の責任者である朴さん***は革命当時シベリヤに居た人だそうだ。北鮮生れだとかで、朝鮮問題には非常な関心のもちようで、毎朝「よんべのニュースはどうだった？」と真剣な面持で聞いて来る──夜間独居は雑居と違ってラジオがよく聞えるのである。──そこで私なりに解説をつけてニュースを報告してあげるのを楽しみにもしているわけだ。

　所で工場では、休憩時間に例の札つきの反共宣伝雑誌「ダイジェスト」を収容

*** 「囚人は刑務所の図書である「官本」を借りる以外、本を読むことができなかった。私の
前頁　場合、とくに許されて、学習用の「私本」を差し入れてもらった。刑務所が本を預かると
　　　数日後に私に領置通知が届く。それらを「私本取下願」を出して受け取り、自房に持ち
　　　帰って手許において読むことができた。房に置けるのは5冊ほどで、読むと返納して次の
　　　本の取下願をだした」（信爾談）

**** 正しくは『解体過程にある支那の経済と社会──アジア的な一大農業社会に対する科学的
前頁　分析の企図　特にその生産諸力・生産＝流通過程』（ウィットフォーゲル原著、平野義太
　　　郎監訳、中央公論社、1934年）。「治水灌漑の側面から中国社会の構造を解釈し直す通称
　　　「水の理論」。当時、東洋史の学生にとって最先端の理論と見なされていた」（信爾談）

---

* 「ほとんどの囚人は、平日昼間、刑務所内の工場で懲役労働に就いた。私は縫製工場に配
　置され、米軍の中古衣料などをほどいて洋服などを縫った。労働を終えると工場から自分
　の夜間独居房に戻り就寝まで自由にすごした。他に木工所や農場、軍手工場、印刷工場な
　どがあった。日記は朝、出房前と夕方帰房後に書いていた」（信爾談）

** 「縫製工場は100人くらい。4〜5人一組に分けられ、それを帳場と呼んでいた。帳場単位
　に作業の分担やノルマが割り振られていた」（信爾談）

*** 「彼は一般刑法犯。ロシア革命の時シベリヤにいて、ケレンスキーを見たという。1900年
　生まれで当時17歳だったと聞いた。日本語にまったく外国訛りが無く、すでに髪も髭も
　真っ白であった」（信爾談）

者達に読んで聴かせている＊。「シベリヤ流刑十一年」だとか、etc で一寸考へて見れば、簡単にボロの出そうな反共記事、アメリカ礼賛の盛沢山である。おまけに差入許可で雑居房に入るのも「リー・ダイ」だけときていては、ヒットラーの云った嘘も百遍繰り返へせば真実になるではないが、少からぬ宣伝効果もあらうと云ふものだ。

「小野君、君あれを本当と思ふか？」真剣な面持ちで問ひかけて来るのは朴の親爺さんである。「もちろん、あんな事出たらめですよ」と云ふと、「そうだらう。俺もあれはアメリカの宣伝だと思ふな。俺は共産党ぢゃないが共産党にもいゝ所のあるのは知っとる。革命当時のソ連を知って、日本に来て見て、資本家の宣伝が出たらめなのにびっくりした事があるからな」と云った具合である。レーニンは偉かった。スターリンは知らんけどケレンスキー[3]は見た事もある。と云って居た。今日は又今日で、仕事の最中隣りの強殺氏と大きな声で議論している。ソ連は、スターリンの独裁じゃねえか、共産党も云ふ事は好いが、口ばかりだ、日本は資本主義のまゝでいいんだとリーダイ直輸入の Mr 強殺に対する片や朴親方、「ダイジェストに書いちょるような悪い国なら、独ソ戦争の時に革命が起っちょる筈じゃ、モスコーの所までやられながら勝ったのは、ソ連もそう悪くない証拠ぢゃろ？　俺はシベリヤ当時の経験から、宣伝か本当かはよく判る。ソ連じゃ、しょうもない泥棒は二つ三つ叩いて、済ますし、刑務所でも働いただけは出る時ちゃんと呉れよる」とシベリヤ経験談一くさり。

───「真実は何ものより強い。」───

五大国会議の提案[4]をけって、アメリカの動きはいよいよ強引である。停戦問題[5]と云ひ、対日講和を巡る平和勢力と米帝の対立はいよいよ激化の一途である。フランス、インドの微妙な動き、アメリカも鎧の金具のちらつきどころじゃなしに、ごまかしの法衣がそっくり引っぱがれそうなのに気が気じゃあるまいて。

・・

「食ひたきものは、御袋の手料理、こんにゃくの白和へ、ぜんまいの煮〆」こう詩人ひろし、ぬやま[6]は獄中で歌ったが自分自身がそう云ふ環境──もちろん

＊　「看守たちが交代で月刊『リーダーズダイジェスト』を音読していた。占領下で内容が無難だったからであろう。マイクもなく大声を上げなければならないので、時間は20分もなかった」（信爾談）

当時とは比較にならぬ程のものだが——におかれて見るとその気持が実によく共感出来る。わずか幽囚六ヶ月位でこんな事を云ふのは、すこぶる食意地の張った話しだが、でも事実は事実だ。大拘[7] 当時は、書いて来る手紙に酒に関する事のなかった事がない。〔「」よっぽど飲みたいらしいわ。」と M 夫人に云はれたそうだが、最近は全然そんな気の起らなくなって来たのも面白い。同志伊藤[*]は、よく酒を飲む夢を見るよと笑っていたが。

　食ひたいもの、御袋の手料理、里芋の煮附けに、南瓜の甘煮。九州の貧乏寺に生れた私は、小さい頃から贅沢と云ふものにはおよそ縁遠かった。夏ともなれば、開け放った茶の間で、畠を渡って来る涼しい風をうけ、湯上りのさっぱりした気持で母の用意して、呉れた食ゼンに就いたものだった。手作りの里芋や、南瓜が食ゼンを賑はすのは、あれはも少し秋がかった頃だったかも知れない。

　囚人となった私のために陰ゼン（めしうど）を供へて、一家団ランの、しかし一沫の陰影の漂っているであらう夕食の両親や弟妹たちの事を思ふと一寸淋しさを感じるが、しかしその一家の平和を脅かす黒い手、巨大な帝国主義者共の貪ラン飽くなき魔手を思ふ時私は思はず歯ぎしりするのである。

　父の好物は、酒とうどんであった。三里ほど山の中の一軒の檀家に盆の読経に出かけると、父の好みを知ったそこの主人は、必ず供養に焼酎と手打の冷しうどんを出して呉れる。私もよくそれについて行っては、美味しいうどんの御馳走にありついたものだったが、何時の間にか私自身も父の嗜好を全部そっくりそのまゝ受けついでしまったやうである。父の強い碁も中学三年の頃から習ひ始めて今では、人前で私は碁を打ちますと云っても別に気はひけない位の自負は持っているし、酒も沢山はいけないが、好きな方だし、うどんと来ては目がなくなってしまった。

　所でお袋はうどんをうてない。時たま打つとまるですいとんともうどんとも分

---

[*]　伊藤清太郎。1924年滋賀県生まれ。共産党員。「国鉄の組合活動をして人員整理にあい、地元の運送会社に再就職しました。『水口新聞』を発行していたが発行停止処分にあい、『湖東通信』を発行したところ1950年暮れに職場で逮捕された。容疑は朝鮮戦争反対の文書配布。逮捕にきた地元の警官は、私が英語のできることを知っていて英文の逮捕状を見せてくれた。滋賀刑務所内の拘置所をへて大阪拘置所に送られ軍事裁判を受けた。判決は重労働3年罰金5000ドル。検察側証人は地元の女性でした。京都刑務所押送のとき、小野君といっしょだった」（伊藤談）

らないものになってしまふ。一方御袋のお袋、つまり私の母方の御祖母さんは又この手打うどんの飛切りの名手だったのだから妙である。私が母の里へ遊びに行く度にこの祖母はうどんを打って食べさせて呉れた。食べ方は父が南禅寺の僧堂生活で覚えて来たとか云ふ奴で、熱湯を入れた大きな平鉢にうどんを浮かせそれを箸ですくひとっては、薬味ショー油を入れた小さな器に一寸浸して、ツルツルとのみこむのであったが、その薬味にも又仲々細かい註文がある。

　祖母が年を取って元気がなくなると、この役目は、従姉の光子女史の機械打ちの引きうける所となった。祖母の手打うどんの記憶は私の比較的小さい頃のものだったからであらうか、細くて、きちんといはゞ規格のそろった機械打ちの方が、どうも私には、美味しいように思へるのである。この祖母は、私がこの山科在の閑居へ押送になった翌々日孫の私の事を心配しながら永遠の眠りに就いた。

　幼くして両親を失った孤児として、伯父の下へ引とられた祖父といとこ同志結婚して以来、文字通りひたすら働いて働き抜いた祖母は働きつかれて枯木のやうに大地の民としての一生を終へたのだが、晩年には跡取りの孫であった私の従兄の正則兄さんを侵略戦争の犠牲者として、南海の孤島で殺[され]し、死の直前には、又私が、捕へられるなど、何も知らぬまゝに、何かしら慌しい歴史の動きを感じていたに違ひない。

　話しがとんだ横道にそれたが、京都に出て来た後の私にも、うどんはしょっ中つきまとって離れなかった。外食時代には、学食の変な不味いうどんに悩まされたし、M家に入ってからも、私の所望もあって、クーポンのうどんには始終御厄介になっていた*。

　去年の秋、M夫婦と坊やのお伴をして、岡崎の動物園に象を見に行っての帰り、熊野神社の前の小さな店で、同志M[8]におごって貰った玉子うどんと天ぷらうどんの美味かった事も又忘れられぬ一つだが、何と云っても美味さの点では、あの檀家の涼しい座敷で、稲田を渡って来る夕べの風を満喫しながら、食べたあの冷しうどんに止めを刺したい。あれは中学に入ったばかりの年だったか知ら。

　どうも話しが妙な事になってしまったが、「でも毎日こんな事ばかり考へてい

---

*　「当時、京大の吉田分校の食堂か西部食堂で粗末な食事をとるのが常だった。うどんにせよ米にせよ、主食を食べるためには配給の外食券「クーポン」を持参する必要があった」
　（信爾談）

るわけぢゃなく、もっと有意義に実践していますから御安心下さい。」かう書いてあったＡさんの葉書の末尾の文句を私も借用して弁解の労に代へやう。

　鎮静房の方から先刻まで聞えて来た泣き声とも、わめき声ともつかぬ叫び声も、もう静かになった*。墓場のやう[9]であるべき牢獄の静寂をぶちこはすのは、相変らずの家鴨のガアガア声だけである。貴様等も早晩あの時化たすき焼の顕微鏡的存在たる肉の一片となるのだから**、ちったあ静かにしたらどうだい。後生のためにもなるめえぜ。それとも今の中にせいぜい生を楽んどくと行くか。

　「私達は何も持っていないけれど、私達は何でも出来るのだ」。──レジスタンスの言葉──

　８月９日　　木曜日

　朝から快晴である。今日こそ本が入ればよいが、工場に出〔る〕時に、もう一度催促しといて貰はふ。それにしても昨夜の蒸暑さはどうだ。夜明け近くになっても、冷えこんでフトンを被るどころか、じりじりとにじむ汗の気持悪さに何〔度〕も眼が覚め、ろくろく眠れもしなかったほどだ。真夏の夜の夢と云ふ奴は、こんな晩に見る奴を正しく指すのだらうが、何故か見そこねたのは残念だ。

　帰房。

　大山[10]からの葉書、彼奴らしい簡潔なしかし真情のこもった文章、有難かった。「まあ、あまりあくせくせずと、落着いて考へながら読む事も亦いゝのではないかなあ、まあ元気でやれ。」変に分別臭いくせに子供ぽい所のある彼奴を思ひ、又たしかに正鵠を射ている彼の批判に如何にも彼奴らしい重厚さを感じながらなつかしく繰り返し、繰返し読んだ事である。成程そう云はれて見れば近頃の私は確かにあくせくしすぎていたやうだ。本の事、ノートの事、其の他あらゆる事に

---

*　「囚人が興奮して手をつけられない場合、自傷自殺のおそれのある場合は鎮静房に入れられた。中には畳が敷いてあり、壁も頭をぶちつけないよう保護され、首つり自殺防止のため窓に鉄格子もなかったという。政治犯の知り合いで鎮静房に入れられた者はなかった」（信爾談）

**　「刑務所で家鴨を飼っていた。時々家鴨の小さな肉切れの入ったすきやきらしきものが出た。我々は隠語で「楽隊」と呼んでいた」（正木通夫談）

少々以上神経質すぎたかも知れない。何やかやと思ふやうにならぬ事にいくらジタバタした所でどうなるものでもないとは知りながら、イライラ気を使ふのは私の悪い癖だと云はねばなるまい。コミュニストたる第一条件は楽天家たる事だとは徳球[11]の云葉だが、たしかに私のやうに小さな事にまであくせくと気をつかっていたのでは、十八年の獄中生活には、生命が幾らあってもたまった事じゃない。

「神経を太く持つ事」これも今後の私に与へられた課題の一つだ。

「あまりにも小さな事に、泣き笑ふ君よ五月の空を仰がふ。」小田さん*の歌。

....

大山と云ふ人物に知り合へたのは、私の学生生活の最大の収穫の一つだったと思ふ。おっとりした坊ちゃんらしい、一切の打算を知らない男、子供ぽい所のあるくせに変に重厚な感じ。几帳面かと思ふと案外野放途で、謹厳居士の分別屋の癖に茶目な所がありしかしいくらふざけても破目をはずす事のない。全く得体の知れぬ男である。又その得体の知れぬ所に、軽薄で単純で、気の小さいおよそ全く対ショ的な性格の私がたまらなく魅かれるのかも知れない。とにかく私は、彼奴の前では嘘や、はったりは云へない。彼奴はそんな人間だ。

彼を初めて知ったのは24年の秋、三高の汚ない教室、ミュレット[12]の会話の時間だった。ミュレットは初めて教場に集った文学部4組**の面々に、それぞれの出身地、出身校名前を名乗らせたのである。京都、大阪、etc それぞれ名乗る中に、隣の列の私より一つ後の席に座っていた、いがぐり坊主の大柄な男——クヮイ偉と云ふ表現が、西郷南州なんかの表現によく使はれるが、その云葉がぴったりするな〔と〕思へる——が、Atsushi Oyama, Sendai High School, Kagoshima, Kyushu と云ったのに一寸注意を惹かれた。

片田舎から、全くの一人ぼっちで、京の都に笈を負ひ、友達とて一人もあらう筈もなく、学校でも心細い思ひにたえかねていた私には、九州と云っただけで、たまらなくなつかしく感じられたのであらう。私がその時彼をこんなに細かく観察していた筈はもちろんないので、後から隣の列の一列後の席にいた事は知った

---

* 「すでに結婚して幼い子どももあり、「親はなくても子は育つというが本当ですね」と語っていた。「青葉若葉子らには子らの命あり」の句が60年後の今も記憶に残る」(正木通夫談)

** 「文学部4組は、第2外国語がドイツ語のクラスであった。ミュレットの英会話の授業に出たのは1回生からで、逮捕まで2年近く授業を受けていた」(信爾談)

のである。その時は只、私の後の方の、それもあまり遠くない所で鹿児島と云った奴がおるぞ、と思っただけ、小心な私、おまけに最初の時間と来ては、一寸後向いて其奴の顔を見るなど思も及ばなかった。私の順番が来た。Shinji Ono, Taketa High School, Ōita in Kyūshū. 精一杯の声で義務を済ました。終ひ近くになって、又後の方で今度はでかい声で、Kumamoto と怒鳴った奴があったが、五十人近くの級の中で、九州勢はこの三人だけだった。

　彼の方でも、一人ぼっちの田舎者、おや斜め前の奴も九州だぞと矢張り注意したに相違ない。しかも都合のいゝ事に彼は、竹田と云ふ町のある事を知って居り、そこが広瀬中佐*の生地で、滝廉太郎と関係ある所だと云ふ事も覚えていたのである。ミュレットの時間は終った。次の時間も折よく、同じ教室で深瀬さんの英語のある日だった。十分の休憩時間、手持無沙汰にぼんやりしている私に、「竹田って所は広瀬中佐の生れた所でしたね。」と彼の方から話しかけて来たのである。これが、そもそもの初まり、其の後二三度、顔を合はす中に、一人ぼっちの田舎者同士は急速に親密になっていった。彼を岡崎の下宿へ連れて行って、一緒に飯を食ったり、ゲルピン[13] の事とて、肉無しですき焼をやったり、その間に、何時とはなしに村田[14]、大声で Kumamoto と怒鳴った奴も加はって、今の私の最大にして、最良の親友二人が出来上ったと云ふ訳であった。

　2度目にか、教室で落ち合ひ、一緒に渡り廊下を通って運動場の方へ出る時の事だった。まだ他人行儀な口しかきけなかった間だったが、突然彼は、ポケットから二・三箇のキャラメルを取り出し、大きな掌にのせて黙って私の方へ突き出した。大きなズックのカバンを下げ、きちんと角帽を被った彼が、にこやかに笑ひながらぬっと差し出した大きな掌、その上に乗った二・三個の森永のキャラメル。変に印象に残っている。

　「俺が君みたいなしょうもない奴と友達になったのも、元はと云へばあの時の三つのキャラメルに買収されたばっかりだ。」よく冗談に云ってやる事である。

．．

---

* 　広瀬武夫（1868-1904）のこと。明治時代の海軍軍人。筆者の郷里大分県竹田出身。日露戦争に出征し旅順港の閉塞作戦で戦死。「その最期は軍国主義教育の核心として文部省唱歌「広瀬中佐」により歌い広められ、国定教科書にもとりあげられた。竹田には広瀬神社がつくられ、竹田中学の校歌でも広瀬中佐が歌われた」（信爾談）

同志伸川半次郎通称半ちゃん[15] の兄さんが亡くなったと云ふ事を小河原氏から聞いた。 6人もの小供さんがあったそうだが。

‥‥‥‥‥‥‥‥‥‥‥‥‥‥‥‥‥‥‥‥‥‥‥‥‥‥‥‥‥‥‥‥‥‥‥‥‥‥

どうも洋裁は上達しない。今日も今日とて、朴の親爺さんから、君はだんだん下手になるねときめつけられた始末だ。ミシンの踏み方は上達したんだが、山気が出て、手を省かうとしたり、方法を変へてみたりするのがいけないのだ。こう云ふ技術には又、それなりのオーソドックスの訓練法があって、それでなければ伸びないらしい。

出獄後は、自分のシャツやパンツ位は自分で縫へる位になりたい。折角山科大学に遊学した以上はだ*。

8月10日　　Aug 10　　快晴

ふと眠から覚る。大分明るい。飛び起きて窓にはめてある窓蚊帳を外す。大宅山の空をあかね色に染めて、8月10日はもう始まっていた。

「朝起きると飯が食へる。そう思って床に就く。後五時間したら飯が食へる。そう思って仕事をする。わびしい囚人（めしうど）の心である」[16]。

かう歌はねばならなかった1945年以前の先人達の苦しい牢獄生活を思ふとき、私はいつも今の我々にかち取られている獄内での地位を思ふのである。完全に懲役以下の地位に置かれ、看守以外のあらゆる人間から遮断され、何時果てるともなき拘禁生活を、しかも燃える情熱と巌のような信念に斗ひ抜いた先人達の偉大さに私は只頭を下げるよりない。学生と云ふ、社会での一種の特権的立場をうまく押して行くと多少の無理はきく、マルクスレーニンでも古典的な物ならどうにか入って来る。ひろし・ぬやまには思も及ばなかった鉛筆やノートもこうして許され、好きな事がこうやって書ける。45年以来のプロレタリヤ勢力の昂揚が一つ一つかちとって呉れたこの特権は何と私達の獄内生活を豊かにして呉れている事だらう。

---

*　刑務所の懲役労働で洋裁技術を学んでいることを揶揄したもの。「洋裁工場に入ってしばらくはエフ（荷物札）をつくる簡単な作業をした。その後アメリカの中古洋服をほどいて子供用ズボンなどを縫った。ミシンは動力ミシンで軽く動いた」（信爾談）

帰房

しかし強まって来た反動攻勢の激化と共にその特殊権益も一枚一枚はぎ取られつゝある事は否めない。否私達だけの問題だけではなしに、一般収容者の重大な関心も講和と共に刑務所は元に返るのではないかと云ふ懸念に向けられているのである。単に私達だけのためではなく、後から後からと入所して来る同志達のためにも、私達は出来るだけこの特権を主張し、拡張する事に努力し、又瑣細な事でひっかゝって、自らの立場を危くしない事に細心の注意を怠ってはなるまい。いよいよ明日から午憩時に、歴史のレクチャーを始める事となったが、何しろ初めての経験であり、草稿を持つ事の許されない事情にある事も手伝って、どれほどの効果を与へ得るか、自分でも不安である。尤も内容の点ではなくて、主として話術の面だが。

....

李君は今頃どうしてる事だらう。押送の朝、狭い視察口から固く指切りして、分れたあの時の触感がまだ生々しくよみがへって来るやうだ。6ヶ月の刑に控訴して、保釈が〔つ〕かずにもう五ヶ月もこゝにいるとあの頃云っていたが。丸顔のがっちりした、しかし始終ニコニコして、子供子供した若者だった。年は僕より二つ三つ上かも知れない。48年の北鮮人民共和国成立に、青年代表として密航して参加したのが、裏切者のためにばれ又、中共のスパイの嫌疑がかかっているらしく、それで保釈が駄目なんだよと他人事のように云っていた。唯時折面会控所で一緒になったり、運動で顔を合はせたり、風呂で話したりするだけの仲だったが、何時しか仲好くなってしまったのである。彼のもつ独特な何とも云へぬ愛嬌が、僕を深く惹きつけたのに違ひない。浅黒い顔に真白な歯並みを見せて、ニヤリと笑った彼の顔が、運動場のコンクリートの仕切の上にひょいとのぞいて、すぐ消える*。真白な歯並みのとても印象的な男だった。何時かは又、彼に会ふ機会もある事だらうか。私の忘れ得ぬ人の一人である。

椿本チェーンの砂川君**、丁度僕の真上の房にいて、よく死刑囚の小宮と大き

---

* 「大阪拘置所で独房に入れられていた囚人たちは、1日1回、放射状に壁で仕切られた運動場で15分程度の運動が許された。歩いたりカエル飛びをしたり、時には塀に手をかけて飛び上がって隣を覗いた。放射状運動場の中心には看守がいて上から運動する囚人を見張っていた」（信爾談）

な声で話しあっていた。声のきれいな美青年で、歌が上手、一年、500ドルの判決を貰ったのは僕より一週間後だった。恐らく今は堺の刑務所の何等飯かを食っているに違ひないであらうが。

　　　　　　　　‥‥‥‥‥‥‥‥‥‥‥‥‥‥‥‥‥‥‥‥‥‥‥‥‥‥‥‥‥

　「戦争が起れば好いのに、就職口出来るから」こう無邪気に云ふ少年コソ泥、下鴨署の保護室で一緒になった彼は、時折大きな声でトンコ節を歌っていたが。あれが又、トンコ節なるものを耳にした最初でもあった。

　「兵隊だけは二度と御免だ。刑務所の方がまだしもと思ふな」伏見の稲荷の御祭に香具師（やし）仲間との出入に、殺人未遂で入った前田と云ふやくざ。京都拘置所で、「私は何党が政治をとらうとかまひません。働いて食へさへすれば。」大拘の運動場でたった一度一緒になった四十恰好のおっさん、何をして来た人かは知らない。

Aug 11th. 1951　　　Friday　　　快晴

　初めて経験する拘禁の生活、初めて接した因人の生活、あらゆる意味で素晴しい勉強になったと云ふより外はない。こう云ふ事がなかったら恐く知る事もなかったであらう社会の裏面である。どの人も、どの人も、巨大な資本主義社会の根本的矛盾の前に、惨めに屈した人達である。問題の解決を根本的に考へずに、単なる目先の逃避でごまかそうとした、やはり我々と同じ虐げられた者達の仲間である。刑務所と云ふその社会の矛盾だらけの構造を集中的に表現したかのやうな犯罪技術の訓練所、卑劣な人格陶冶の場としか思へないアブノーマルな環境に於て観察される人間の赤裸々な姿、十日間ばかりの雑居房生活の凄じさに肝を潰

**　最** 　「椿本チエインは炭砿で使うベルトコンベヤー等を生産していた。道路を隔てた第二工場
前頁　を米軍の施設部隊が接収して戦車の修理などを行っていた。砂川は当時21、2歳。椿本チエイン細胞の同志だった。1950年11月、30名ほどいた細胞員のうち、砂川ら党員登録をしていた8名がレッドパージで解雇され、解雇撤回闘争に警察が入り、僕らの目の前で手錠をかけられ連行された。砂川は留置場から出てきた後も、毎日のように僕がつくるビラを受け取ってまいていた。椿本チエインで、反米ビラをまいて軍事裁判にかけられたのは4人。戦争に反対しなければという思いが強く、仲間が次々と逮捕されてもビラをつくりまき続けた」（加藤敦美談）

して独居へと逃げ込んで来た私だ*。暗澹たる、希望のない生活、塀の外にまつのは、飢以外の何ものでもないとすれば……。

教誨に出るたびに、宗教の阿片性が益々痛感される事である**。「飯は食はして呉れはるし、仕事もさして呉れはるし、風呂にも入れて呉れはるし、社会にいるよりよっぽどえゝわ。」よく冗談に云はれる言葉だが単に冗談だとして聞き流せる云葉ではない。刑務所に居ればこそ三度三度の飯が食へる。一歩塀の外に足を踏み出す途端に、三度の飯を食ふためには盗まねばならぬみじめな境遇に追ひ落される。橋本君が述懐した「正直に云って、私は果して囚人達には、こゝに居る〔の〕と社会に居るのとどちらが幸せだらうかと疑はずには居られません。こゝに居ればこそ彼等には神を信じようかと云ふ気も起るのです。」と云ふ云葉が今更のように思ひ出される。

憲法に麗々しく掲げられた、国民は健康にして文化的なる最低生活を営む権利を有すとは、思ふに、すべての国民は刑務所に入る権利を有すと云ふのとシノニムであるに違ひない。

‥‥‥‥‥‥‥‥‥‥‥‥‥‥‥‥‥‥‥‥‥‥‥‥‥‥‥‥‥‥‥‥‥‥‥‥‥‥

大宅山の上にむくむくと盛上る雲の峰に折からの西日が金色に映えて、素晴らしい美しさである。黄昏の中に、大宅山や、牛尾山が、黒々と沈み込まふとする中に、むくむくと盛り上って行く、雲峰の金色の輝き、大自然のみがよくする豪壮なタッチである。

‥‥‥‥‥‥‥‥‥‥‥‥‥‥‥‥‥‥‥‥‥‥‥‥‥‥‥‥‥‥‥‥‥‥‥‥‥‥

私は歌ふ事を学びたい***。思ふ事、感じる事、見る事を美しく、情熱を込めて完全に表現出来る言葉を持ちたい。

俺達は泣く事を知っている。笑ふ事も知っている。しかし歌ふすべを知らずに

---

* 「雑居房は8人。自分以外は窃盗犯だったと記憶する。1人1畳のスペースもなく、新入りの僕はトイレのすぐ横に寝ることとなった。トイレは木桶ひとつ。形ばかりの柵で囲われていたが、頭のすぐ上で排便排尿されているようで音と匂いに閉口した。木桶の糞尿は1日1回回収されたが、建物全体に匂いがこもっていた。雑談といえば、どぎつい猥談や窃盗についての話ばかりなのにもうんざりした」(信爾談)

** 「月に1度、仏教またはカトリックの教誨があった。囚人は宗派に関わりなく全員参加させられた。殺人犯の中には熱心な信者もいた」(信爾談)

***「歌ふ」は「詠う」こと。散文だけではもの足りなくて小田さんのように感動を短歌や詩に詠めたらよいと思っていた」(信爾談)

は、唖同然な不具者なのではなからうか。

　　　　　　　　　　…………………………………………

　今日やる積りにしていたレクチュアーは、又延期である。担当氏が、杉田に講談の続きをやらしたから*。しかし杉田と云ふ男のあの記憶力のすばらしさには、たゞたゞ舌を巻くの外はない。

　　　　　　　　　　…………………………………………

　階上の喘息病みの囚人が又しきりにせき込んでいる。寝静まった獄舎の中に苦しそうなせきが、ゴホン、ゴホンと何時までも止まない。ふと喘息気のある停年近い御父さんの事を思う。

　　　　　　　　　　…………………………………………

　今度の経験は、私を否応なしに鍛へ上げて呉れた。これがなければ恐く私は恥ずべき日和見主義者として終ったに相違なからう。「無防備都市」**で見せつけられた凄惨な拷問と、信念に生きるきびしさにいささかふるへ上った私は、「僕には到底自信はないなあ」と、Aさんなんかには、白状もしておいた。と云って今でも自信のない事には変りないのだが、しかしその自信のなさは、少くとも敗北主義から来るものとはちがふ。確信のないまゝに、そう云ふどたん場にもほうり込まれれば、案外度胸も据るのではなからうかと一種の期待ももてるのである。多喜二も、「1928年3月15日」[17]の中に同じような不安と期待を描いてあったやうだ。
　以前の私の敗北主義には、恐らく二年の重労働すら堪へられぬものであったらう。下鴨署で、もし軍事裁判を予知出来たとしたら、今の生活を予想し得たとするならば、私は同志を売っていたに違ひない。京拘、大拘、軍裁と、なしくずしに、覚悟を決めて行けた事は、私の置かれていた状態に対する私の判断の甘さは、たしかに私にとって幸ひであったのである。
　「俺は決して、裏切者、日和見主義者にはならないぞ。どんな事があっても。」
これだけは確信をもって云へるようになった。
　如何なるものにあっても、如何なる状態に置かれても、正しい行動をとれるた

────────────

＊　「担当氏は看守。毎日、工場の休憩時間に何をするか采配していた。時には相撲やバレーボールなどスポーツをすることもあった」（信爾談）
＊＊　『無防備都市』は1945年製作のロベルト・ロッセリーニ監督のイタリア映画。ドイツ軍占領下のローマでのレジスタンスと弾圧を描く。日本では1950年11月公開。「映画は高島屋の南にあった公楽小劇場でよく見た。京大の西部講堂で見た記憶はない」（信爾談）

54　第Ⅰ部　翻刻編

めの理論を身につける事、私の体内に根強くひそむ一切のプチブル性を叩き出す事、これが私への課題である。更に一つ、体を鍛える事。

　　　　　……………………………………………………………………………………

　M夫人に差入れを依頼してある本、

　　　"レーニン哲学ノート"上下、フォイエルバッハ論

　　　マルクス"ドイッチェ・イデオロギー"[18]、「魅せられた〔る〕魂」

　家から送ってもらふ本、

　　　書経、詩経、左氏春秋

　差入を依頼せねばならぬ本、

　　　ひろし・ぬやま詩集、資本論第三巻、石母田、松島 日本史概説 上下

　　　"中国法制史"仁井田、"中国文学史"吉川、"明治維新"遠山

　　　"日本封建都市"豊田　"帝国主義の時代"江口、歴研1950年度大会報告*

◦家から少くとも3000円**は送って貰ふ事が必要である。

　壁をコツコツと叩く、コツコツと返答がある。私達の間ではそれで充分意が通じると云ふわけだ。

　では同志李相台[19]よ、お休みなさい。

12日　　日曜日　　今日も又快晴である

　階下2舎43房、これが大阪拘置所での三ヶ月間、私が起居せねばならなかった独房であった。壁は例によって白塗りであったが、天井と扉が緑に塗られていたのが一寸他所とは変っていた。格子の窓、鈍い電灯の光は云ふまでもなかったが、二枚の畳は換へたばかりだとみえて真新しい。半畳ばかりの板の間には、便器として陶器の壷、ベニヤ板の衝立があり、左の隅には洗濯場、洗面所をかね

---

*　「歴史学研究会発行の『歴史学研究』及び毎年発行される『歴史学研究会大会報告』は、当時、歴史学に志す学生にとってまず学ぶべき歴史の理論と方法であると考えられていた。ちなみに1949年大会報告の統一テーマは「世界史の基本法則」、50年は「国家権力の諸段階」、51年は「歴史における民族の問題」であった」（信爾談）

**　「当時の3000円は1ヶ月分の仕送り分くらい。これに育英会奨学金1800円を加えて学生生活を送っていた。3000円は三浦夫人に送ってもらって、差し入れの本を買う費用に充てるためだった。刑務所内では現金を使うことはなかった」（信爾談）

て、水道とコンクリートの可成な洗場があった。私の経験した京都拘置所、大拘、山科の三ヶ所中では大拘が設備は最もよく出来ていた様である。

　その房には私以前にも同志達が入って居たらしく、扉から入って真上の壁には墨黒々と自由、平和、独立と書かれてあったし、衝立の裏にも1950年12月境川職安細胞金景圭、1951年3月6日阪口譲二（城南地区）と二つの署名があり、日本共産党万才！　朝鮮人民共和国万才！　国際プロレタリヤの団結万才！　米帝打倒と、これ又墨黒々と記されてあった。この楽書が、ぶち込まれた当初どれほど、私に心強さと励ましとを与へて呉れた事か。

　右隣りの房には大津の人だとか云ふ六十近そうなお爺さん。殺人で死刑を宣告され最高裁に上訴している人だった。こんな人が殺人をと信ぜられぬ程の好々爺で教養も深い立派な人だ。左隣は、強盗殺人の共犯だと云ふ22才の人相の悪い、しかし根は単純な男だった。私の居る間に一審が終り無期の判決に直ちに控訴していた。無期になる位なら死んだ方がましだと口癖のように云っていたのを思ひ出す。頭上は例の砂川君で四月の二十日頃からは、ユズリハと云ふどんな字を書くのか知らないが、砂川君と共犯で二年五百ドルの判決を貰った恐ろしく元気のよい同志と変った＊。

　砂川君の右、即ち私の右上は、小宮と云ふ死刑確定因で、元ギャング団の首領だったと云ふがっちりした体躯の、左腕の肘からない三十二、三の男だった。

　　　　　　　　　　　　　　　　　　　　　　　　　　　　　　　　　　　

　こゝまで書いて来た時、突然食器口が開いて、大きな西瓜の切が一つ、入って来た。盆と云ふので、刑務所当局の有難い思召だそうだが、食器にうけて、鼻に近寄せると矢張りあの甘い香が柔らかく鼻を衝く。一口かみついて見る。矢張あの甘い水気豊かな夏の味覚である。何年ぶりの西瓜であらうか。ゲルピン学生としての私の生活には西瓜などは凡そ縁遠いものであった。ゆっくり想をこらしながら思ひがけぬ味覚を楽んでいると、驚いた事には、突如、西瓜の皮を出して下さいという雑役の声である。豚にでもやるのであらうか、それにしても早すぎる。今呉れたばかりではないか。慌てゝ西瓜に武者ぶりつくと、大急ぎで食っ

＊　「ユズリハは椿本チエイン細胞で僕より少し前に捕まり、4月28日講和条約発効の夜、ともに出獄した。先に釈放された椿本チエインの同志が出迎えにきてくれた。砂川が家でスキヤキを用意してくれ4人で出獄を祝った」（加藤敦美談）

た。厚切りの西瓜である。仲々思ふように食へない。顎からポトポト西瓜の汁を滴らしながら一生懸命食ってると早くも雑役君はバケツを持って廻って来る。名残惜くも食ひ余しの西瓜をバケツの中に投げ込むと、皆も同じ事と見えて、赤い西瓜が大分入っている。これでは、折角の詩情もぶちこはしだ。折角たぐりかけた回想の糸もぷっつり切られてしまった。

　しかし、今たとへ一切の西瓜でも一家仲好く食へる人々がどれだけ居る事だらうか。僕等の話は結局はこゝに落ちつくのだが、しかし…………

　　　　　　　　　　　　　　　　　　　　　　　　　　　　　　　　　　　　　　　

　小宮は私がこゝに送られてから一週間程後、遂に絞首台の露と消えたそうだ。講和講和としょっ中口にしていた彼*、時折思ひ出したように大きな声で、南無阿弥陀仏と御念仏を唱へていた彼を思ふといさゝか感慨深いものがある。右の一つ置いて隣が名前は忘れたが、矢はり死刑控訴の俳句をやっている五十年配の温和しい人。その隣りが例の同志李君であった。どうも大拘の独居房は、殺人犯か、コミュニストに限られていたように思はれる**。大抵三つに一つはコミュニストの房だったようだ。

　運動は、三角形に仕切られたせまいコンクリートの囲の中に、三人づつ文字通り追込まれるような恰好でやらされた。縄飛びの道具が一組与へられていたが、使ふ人のないまゝに、大抵私独りで独占していた。出来るだけ日光を浴びれるようにと太陽の方に向き、一生けん命に飛んだものである。若者よ体を鍛えて置けとの歌[20]をいつも思ひ起しながら。扇形のコンクリートの枠の中を七つに仕切ってあり、その頂点に監視の看守が位置して各仕切りを一様に注意出来るようになっていた。運動には、コミュニスト同士は絶対に一緒しないように命ぜられているらしく、私達は一緒には入れられなかった。それでも時にはぼんやりした看守のおかげで、李君やその他の同志などと一緒に入れられる事もなきにしもあら

---

*　「小宮は、講和条約が締結されれば、恩赦で死刑を免れるかもしれぬと淡い期待を抱いていた」(信爾談)

**　「死刑囚は拘置所では監視されるとともに多少優遇されていたと思う。軍裁による拘置も一般の犯罪者とはやや区別されて、同じような扱いになったのではないか。死刑囚に対しては死を目前にしているということである種の同情が、政治犯に対しては破廉恥罪ではないうえ、下手をするとすぐ人権を主張してかみつかれるという警戒感があったのではないか。しかし、政治犯は優遇されていたというより、他の収容者に悪影響を与えないよう死刑囚や長期囚のエリアに隔離されていたというべきだろう」(信爾談)

ず。そう云ふ時には、いよいよ追込まれて、扉の閉るまで、可笑しさをこらへ、お互ひにすまして、素知らぬ顔をし合っている。ガチャンと閉められると同時に、プッと吹き出しながら、固く固く手を握り合ったものだ。

　読書と云ふ点では、私達は極めて恵まれていた。ありあまる時間と、豊富な差入れ、週八冊の官本、労救本のおかげで、私は未だかって、大阪拘置所での 3 ヶ月間程、勉強出来た事はなかった。M さんの御かげで次々と入る本、頁がひどいのになると半分近く破られているのには閉口したが、案外よい本のあった官本。教務の雑役と仲好くなって週四冊の所を、五冊、六冊と借った農救文庫。毎晩十一時迄、フトンを積み上げた机を前に一心に読み耽った事である*。最初は夜勤の看守も喧しく注意して来たが、後には黙認と云ふ事になってしまった。

　教務課長に強訴したお陰げで、鉛筆は 4 月初めから、ノートは五月からそれぞれ使用許可になっていた**。若しこのまゝ拘置所に置いて呉れるなら、二年が三年でも構はないがなあと心から思っていたし、今でも拘置所なら何時でも行ってやらうと考へているほどだ。もっともそんな事にならうものなら、M 家はたちまち破産の憂目を見ていたに相違ないが。

　わざわざ尋ねて来て呉れた N 先生から先生がこゝに拘禁されていた戦争中の二年間の様子を聴いた。差入の本の種類は滅茶苦茶に制限され、わずかに日本外史や哲学書のみに読み耽る事が出来た。原書を読むのに辞書もなく、爪でアンダー・ラインしながら、何度も何度もくり返しくり返し読んだ。「不思議なもんでね。そのうちに意味がつかめて来るんだ。オントロギー、ヘーゲル、皆んなこゝで読んだし、おかげで漢文にもすっかり熟達してしまったよ」と笑っていられる。風呂に入れば、たちまち「ヒゼン」がうつる。薬も呉れない。尿道炎を併発する。三木清も戸坂潤もみんなこれで死んだんだ。大空襲の夜、火の海となった周囲を二階の鉄窓から絶望的に眺めていたもんだ。淡々として語られる老斗士であった。45年以前の先人達の獄中生活に比べるならば、私達のそれはむしろ獄と云ふ字を使ふのもおこがましい事だと云はねばなるまい。

---

* 「労救本、農救文庫は労農救援会の文庫かと思うが不明である。大阪拘置所の官本では『碧巌録』などを読んだ」（信爾談）

** 「教務課長は囚人に対する教誨に当たる刑務官で、お坊さんが多かった。教務課長は花崎という真宗の僧侶で、父が面会の折、坊さん同士いろいろ話してくれたようで、以後私にも気を遣ってくれた」（信爾談）

も一つ拘置所生活で有難かったのは、ゆっくり音楽にしたしめた事だった。音楽と云っても、ラジオ音楽の事だが、時たま、労音や、大学の音楽会に行っていたとは云ふものの、下宿住ひの不自由さから、ラジオを聴く事の出来なかった私には、火曜日の第二でラジオ・リサイタル、水曜のシンフォニーホール、木曜日の贈り物、土曜日のダンス・ミュージック、なつかしのメロディー、日曜の音楽の泉、毎朝の大作曲家の時間、名演奏家の時間等に、静かに音楽を楽しむ事が出来るのは、此の上ない喜びだった。その一つ一つはたとへ30分、1時間の短いものであったにしろ、全体としての量ははるかに外にいた頃を凌駕していた。仲好くなった教務課の手島氏に特にねだって聴かせて貰ったローゼン・シュトックの第一回演奏はとりわけ印象にのこっている。後にも先にもローゼン・シュトックを聴けたのはそれが最後であったから。フィナーレの豪壮な和音が今もって、耳の底に響いて来るような気がする。

··

今日のニュースによると、極秘にされている日米安全保障協定[21] の内容には、日本の陸軍20ケ師団、と沿岸防備隊程度の海軍、及び空軍の保有を規定してあるとの事である。その位の事はと敢えて驚くには当らないが、我々の前途にある困難な斗ひを思って、決意を一層新にさせる効果はある。厖大な生産力と弾力性を失ってしまった経済を抱へて、戦争計画に狂奔するアメリカの動きは、殊にその経済内容はさながら満州事変以来の日本をホーフツさせるが、さしづめ再軍備された日本軍の精鋭は、満州国軍若しくは汪兆銘軍と云ふ所か。「私達は何にも持っていないけれども、私達は何でも出来るのだ。」私達人民勢力は、この憎むべき戦争計画を断乎ぶっつぶすために斗ふ事を知っている*。

··

今日も又大宅山の上にはすばらしい積乱雲が、夕陽を受けて薄桃色に美しく彩られている。西空の壮大であらう夕焼の光景は見るよしもないが。小さい頃、母親からよく聴かされていた「夏の夕焼、井手外せ。」と云ふ奴は、こゝでは通用しないのかしら。とかくあゝ云ふ天気に関する諺は極めてローカル性の強いもの

---

* 「戦争計画は日米安全保障協定を揶揄した表現。日本が満州国の独立を承認した時、共同防衛を目的に駐兵権を認めさせた日満議定書が、中国侵略戦争の足がかりとなったことを意識した」（信爾談）

だから。——

　　　‥‥‥‥‥‥‥‥‥‥‥‥‥‥‥‥‥‥‥‥‥‥‥‥‥‥‥‥‥‥

　その積乱雲がいつしか大宅山の上あたりを真黒に覆ってしまった。稲光りの走るのが何となく爽快である。雷は大分遠い。——

　もう九時半位であらうか、獄舎はシーンと静まりかへっている。窓に立つと夜目にも黒々と浮き上って見える大宅山の彼方から時々ピカリと稲妻が走る。一寸間を置いて、ゴロゴロと聞える。だんだん遠くなって行くようである。又光った。三舎が左手に黒々と伸びる。窓々に点いた灯の何と暗い事だらう。高い塀が白く浮て見える。逃走発見用の照明のためであらうか。

　又光る。もう音は聞えて来ない。静かに革命を思ひ、斗ひを思ひ、新しい未来を想ふのにふさはしい夜ではないか。

　　　‥‥‥‥‥‥‥‥‥‥‥‥‥‥‥‥‥‥‥‥‥‥‥‥‥‥‥‥‥‥

　　　かくて又　我は遠く思ひを朝鮮半島のプロレタリヤの英雄的斗争に致しつ
　　　つ、心に剣を抜いて起って歌ふかな*。
　河上博士ならかうやる所かも知れない。

　　　‥‥‥‥‥‥‥‥‥‥‥‥‥‥‥‥‥‥‥‥‥‥‥‥‥‥‥‥‥‥

　何らかの意味で心に残る映画　　“パリ祭”、「北ホテル」
　フランス物　“格子なき牢獄”“ミモザ館”のラスト・シーン。“大いなる幻
　　　　　　　影”
　イタリー物　イタリアンレアリズムの一連の作品。
　　　　　　　“戦火の彼方”“平和に生きる”“自転車泥棒”“無防備都市”
　　　　　　　靴みがき、荒野の抱擁を見なかったのは残念。
　ロシヤ物　　“シベリヤ物語”
　日本物　　　“又逢ふ日まで”
　アメリカ物　“心の旅路”が変った意味で。
　　　　　　　“My valley was green”は見ていない。
　猫が鳴いている。行方不明となったと云ふ「たま」の事を思ふ。大きな愛けう

———————————————

＊　河上肇「一九三六年歳暮の歌」最終連をもじり、「イベリア半島」を「朝鮮半島」に置き
　　換えたもの。「当時、左翼の中では、朝鮮戦争は、アメリカ帝国主義と韓国傀儡政権が仕
　　掛けた侵略に抵抗する民族解放戦争であるという見方が一般的だった」（信爾談）

60 第Ⅰ部 翻刻編

のある性質のよい猫だったが。もう代りを飼っているかしら。

Aug 13 1951   Mon   今日もいゝ天気らしい。

いつもより早く、今日は眼が覚める。丁度大宅山の上がほのぼのと白みがゝっている所である。隣房の李君も丁度起きたとこらしい。水道のガランをひねる音が伝って来、ゴトゴトと大きな体を動している気配がする。今日の一日も又始った。昨日又かてありけり、今日も又かてありなむ。単調な毎日のリフレインが、相変らず続いて来たが、山科の月日の何と早い事だらう。

所で鉛筆がえらく心細い*。使ひ始めて六日だと云ふのに、もう三分の二しかない。ペンとインクの入るのを鶴首しているが、それには少なくとも二十日以上はかゝると見ておかねばなるまい。本が入ったら大いに鉛筆をセーブする事にしよう。

小倉氏が第十工場に下りているそうである。中東君はどこへ行っただらう。中東にしろ、小倉にしろ、あゝ云ふ風なやり方には一概に賛意を表しかねるが、とことんまで頑張る、そのねばりには敬服の外ない**。A君とも面会所で会ってから少くとも三週間は経つ。詰らぬ事に意地を張ってるそうだが、一体コミュニストのプライドは看守に頭を下げた位で吹き飛ぶやうなけちなものかと云ひたいが、こゝに居る誰もが、もちろん私も含めて、拘置所気分の抜けぬ当初は、例外なしに感じた事だから又一つの関門として、又順序として、そう云ふ事をやっとくのも又好い事かも知れない。

○ 本の催促

いよいよ出房である。桜居さんがガチャガチャと錠を開けて行く。さあ出掛けよう。

---

*　「当時４級の囚人には房内の筆記用具使用が認められていなかった。やっとのことで獲得した権利なので、たった一本を大切に使っていた。芯がちびると看守を呼び削ってもらっていた」（信爾談）。囚人の等級については本書62頁脚註参照。

**　「小倉と中東が何をしたのか記憶がないが、おそらく看守との間にいざこざを起こし、懲罰房に隔離されたのであろう。労役作業に戻ったというのは懲罰が解かれたということ。第十工場が何の工場だったかは覚えていない。小倉は政治犯。共産党員だった。看守に反抗し懲罰房にたびたび入っていた」（信爾談）

帰房。

10日に能勢君[22] が来て呉れたらしい。辻村の「文化地理学」、飯塚の「人文地理学」――の二冊は大山の心尽し――「フォイエル・バッハ論」。ロマン・ローランの「魅せられた〔る〕魂」三巻の領置通知が届いた。早速明朝取下願を出す事にしよう。

李大秀が21日ぶりに独居〔在守〕から、我々の工場に下りて来た*。元気な男ではある。

⋯⋯⋯⋯⋯⋯⋯⋯⋯⋯⋯⋯⋯⋯⋯⋯⋯⋯⋯⋯⋯⋯⋯⋯⋯

大蔵省が補正予算査定に、文部省の出した6.3制建築費78億を全額削除したとかで、参議院文部委員会あたりで物議をかもしているらしい。先には130億円を節約するために、6.2制に切り変へやうと自由党で具体的な話が持ち上っていると云ふ事も云っていた。これと云ひ、それと云ひ真に恐れ入った文化国家である。予備隊増強には何百億注ぎ込んでも、人民教育のためには一文も出したがらない資本家根性の典型的表れと云ふ外はない。総文部予算が15億の時、一肥料会社昭和電工に24億の巨額を貸し出して、てんとして恥じない政府の事、当然と云へば、当然すぎる程、当然の事かも知れない。

⋯⋯⋯⋯⋯⋯⋯⋯⋯⋯⋯⋯⋯⋯⋯⋯⋯⋯⋯⋯⋯⋯⋯⋯⋯

俺達の管区に茶園さんと云ふ一風変った部長がいる。名前からして、二風も三風も変った人だが、山羊髭を生やしたもう停年近い御老人、官服よりも神官の装束の方がよっぽどぴったりしそうである。何十年の刑務所勤続か知らぬが、いはゆる骨まで滲みこんだ監獄官僚気質と云ふ奴で、京都監獄が、京都刑務所と看板が変り、民主行刑、教育刑と云ふ何ともはや有難い精神が、行刑趣旨となっている事などは御存じないらしい。こう書いて来ると一寸気の毒みたいだが、根は仲々の好々爺らしく、俺達懲役に、案外評判は悪くないのもつけ加へておこう。

この御老人と一度話して見たいとは、かねてから思っているのだが、仲々その

---

* 李在守。1927年慶尚道生まれ。生後8ヶ月で渡日。1948年9月、後出の朴基鉉他一名とともに「青年大会事件」で逮捕、重労働5年の判決を受ける。「その後、朴基鉉は家族とともに北朝鮮に帰国、体制批判をして銃殺されたという。李在守は実業家として成功し、帰国した同志たちやその家族の面倒を見続けたという。1995年前後、花園大学の講師として来ていた高麗美術館関係者を通じて住所を知り、年賀状のやりとりをするようになった。2000年頃だったか祇園の料亭に招待してくれ、年を取ったのでもう会うことはないでしょうと言った。それからまもなく2006年に亡くなった。情が深く義理堅い人物だった」（信爾談）。なお，ここでの「独居」とは懲罰房のこと。

機会に恵まれぬまゝに目的を果せないでいるが、今日は一つつれづれなるまゝに、練習を兼ねて、架空会見記、その中から僕の喋べる部分だけを抄出して見る事にする。

「部長さん。こゝで四級者には石鹸の買入を許していないのには何か理由でもお有りなんですか*。素人考へでは三級以上には買はして四級者には買はせないなんて一寸可笑しいやうですが。部長さんにはあの石鹸が、如何に懲役にとって貴重なもので、又その乏しさが如何に、いろいろなトラブル、みにくい争ひ、行為の原因となっているか恐らく御存じない事でせうね。以前の竹村の事件だってそうだったし、其の外多くの喧嘩が、もとはと云へば石鹸を貸す貸さぬの小さな感情のもつれから起っているのが、真相じゃないですか。在所中の心得にも、衛生、清潔は強調してあった様ですが、その衛生、清潔から切っても切り離せない石鹸を三分の二以上の者は買ふ事も出来〔な〕いなんて、凡そ矛盾した事じゃないかと思ふんです。僕等の素人考へぢあ、むしろ差入も許して、工場中、刑務所中が石鹸だらけになっても、それはむしろ喜ぶべき現象ぢゃないかと思ふんですがね。それとも又、外に理由でもお有りなんでせうか。

衛生、清潔と云ふ問題で未だあるんですが、暑さに汗まみれになった体を濡手拭で拭く事を許していない。拭かないではいられませんから、懲役はそれぞれ監視の眼を盗んでも結構やってますが、これなども許して当然だと思へる事の一つですね。戦時中、入っていた人の獄中記にシャツをぬがずに背中の汗をふけと云はれたと書いてありましたがね、僕などはむしろこゝに来て、昔も今も、全然変っていないのにいさゝか驚かされたって云ふ所です。未だあります。石鹸もない、体もふけない我々が一番の楽みにしている五日に一度の風呂ですが、あれ五日目が丁度日曜に当ると一日のばして月曜にする。と云ふ風にやっているでしょ、大阪拘置では、その代り次を四日目にやると云ふ具合で二十日間に四度の入浴がある。所がこゝではそれが21日間に四度となるんです。二十日に4度で年73回、21日に4度で年70回、まさか3度位年に余計入れても破産するような事は

---

*　「囚人の等級には4級まであって累進処遇制をとっていた。1級はいわゆる模範囚というもので、刑務所内を看守の見張りなしで自由に歩き、葉書の発信も週3〜4回、食事にも別菜がついた。懲役労働についた僕は4級だった。5日に1度の入浴時は、風呂場で石鹸が使えたが、夏の暑いさかり、自房でも石鹸を使って顔や体を洗いたかった。架空会見記は、検閲で読まれることを予想し、待遇改善を訴えたかったので書いた」（信爾談）

なからうと思ひますが、五日に一度ならきちんとその割でやって貰いたいものですね。更に云へば、労働しない拘置所と、労働させる刑務所と、収容者の入浴回数が同じだなんて第一変てこな具合のように思へるんですよ。まあ第一に石鹸の買入れを全員に許す事、体を拭くのを公式に許可する事、これはどうしても実行して頂きたい事です。

　まあ何ですね。教育刑、民主行刑と口では云っても、実状は昔しと大して変らない。事を計るのは、背の高い人でも、事を成すのが、装束着せてシャク持した方が似合そうな人では*――怒るかな――、まだまだ道遠しと云ふ奴でせうね。本の差入を雑居に許さない事にしても、例の知識の増進する事を努めなければならぬと云ふ「在所中の心得」に書かれてあることとは大分食ひ違ふのじゃないですか。これはまあ教務の事で部長さんの方ではありませんが。――
　　　　　　　　……………………………………………………………………………
夜勤看守に注意された。架空会見記もこの位で、
お休みなさい。

Aug 14　1951年　　very fine in the morning

　今日は工場で特別発信の許可又は葉書の別途購入の申請をやらねばならぬ。序でに本の催促もやって貰はふ。一ヶ月経っても何の音沙汰なしとは全くふざけているよ。
　私本取下願、昨日能勢君の入れて呉れた本を早速取り下げておかう。
　　　　辻村 "文化地理学"
　　　　飯塚 "人文地理学"　　　　　　　　　　　　計6冊
　　　　エンゲルス "フォイエル・バッハ論"
　　　　ロマン・ローラン "魅せられた〔る〕魂" 1、2、3巻

Father Murrett をふと思ふ。何と敬愛すべき立派な人格者である事か。その温顔

─────────────────
*　「事を計る「背の高い人」はアメリカ人 GHQ トップ、事を成す「装束着せてシャク持した方が似合そうな人」は茶園部長を指す。アメリカ式の「民主行刑」「教育刑」などの行刑改革も、末端の刑務官僚が時代錯誤な日本人では徹底されないと皮肉ったもの」(信爾談)

を偲ぶにつけては、僕のどうする事も出来なかった事とは云へ、Father を事件に介入さして、事態をこゝまで紛糾させてしまった事が悔まれる。Father を敬愛する事の深ければ深い程、私の良心は、彼の許に行くべきではないと命ずるし、行かなければ、真実はどうあらうと、表面上は、不徳義なコミュニストが、態よく Father を利用したと云ふ結果になる*。こうなった事には、私にも責任があるに相違ないが、今更のやうに U をうらみたくなる**。もちろん彼に悪意のあらう筈はない事はよく判っているのだが。どうしても、この問題にはけりをつけねばならぬ。宮崎部長に話した事があいまいになってしまった事もあるので、もう一度父を通じて、私の態度をはっきりさせる必要がある。特別発信を許可させねばならぬ理由である***。突然ガチャガチャと錠が開かれて行く。出房の番だ。

　帰房。

　井元氏が何時の間にか帰って来ているそうである。四、五日前の事だと云ふが何とうっかりしていた事だ。早速明日の朝にでも挨拶して置かう。河君が今日出所した。１年と百ドルの刑で丁度三分の二であったそうである****。同志河の出所を喜び、その一層の健闘を祈ると共に、残る我々も、一段と決意を新にして頑張る事を誓はう。

　　　　　　　　　　　　　　　　　……………………………………………………………………

　対日講和条約に、ソ同盟が、グロムイコ外務次官を首席全権とする代表団を出席させる事に決ったとの報道である。予期しない事でもなかったであらうが、矢張り米・英両国や、当の日本政府に与へた衝撃動揺は大きい[23]。一層尖鋭化した一般的危機 Allgemeine Krise の段階に於いて最後的に行き詰った世界独占資本の

---

*　「私の意思とはまったく無関係に獄外で進められた救援運動だが、共産党がミュレット神父を利用しているという批判があった。私にたいしても神父の好意を利用していると個人批判があった」（信爾談）

**　U は上野公。京大文学部４組同級生。日本史専攻。「上野らが中心になりミュレット神父を含め諸方面に働きかけてくれたことは友情として有り難かった。が、はっきりと拒否の回答をしなかったことが、事態を紛糾させたと責任を感じた」（信爾談）

***「手紙の発信は、月２回、親族に限って認められていた。それ以外のもの、とくに封書の場合は特別発信になった。むろん検閲はあった」（信爾談）

****「河君は在日朝鮮人だったこと以外、記憶にない。「三分の二」とは「三分の二出所」。刑期の三分の二を終えとくに問題がなければ仮釈放された。軍裁の罰金は１日２ドルに換算されるとのことだったが、どう処理されたか不明」（信爾談）

戦争による危機打開の目論みを世界の前にはっきり暴露し、戦争への道程である
対日講和条約の欺瞞を粉砕する事、これが当然ソ同盟代表団に与へられた任務で
ある。これに対してアメリカがどうでるか。アチソン声明[24]に見られるアメリカ
の強引な態度からしても、このサンフランシスコ会議は或ひは第二次世界大戦に
於ける日本の国際連盟脱退と同様な意義をもつ結果に終るのではなからうか*。
印度を始めとする東南アジア諸国の動きからしてもその公算が大きいやうである。

又同じく今日のラジオは、明日15日の平和デーを前にして、党内紙の発禁と全
国各地で行はれるすべての平和大会、平和に関する集ひの弾圧を報じている。平
和のために斗ふ人民の意志は如何なる弾圧をもはね返して、断乎表示されるに違
いない事は確信してよいが、それにつけても、俺が外に居さへしたらと、つい扼
腕もしたくなる。しかし、こゝにいる間はいくらじたばた〔した〕所で始まらない
事、他日に備へて鋭気を養って置くのも又斗ひの一つだが、今日出所した河の奮
斗を願ふ事切なるものがある。

獅子の分前にあづからうと、人民の血を犠牲として省みない、買弁**の狐政府
の下、我々に対する弾圧の嵐はいよいよ狂暴に吹きすさぶ事だらうが、我々の斗
ひはますます強力に進められて行くであらう。多喜二の党生活者[25]の中には、
出所のその日に開始した斗ひのために、その晩再び留置場に囚はれの身になる同
志、いつも互ひに入れ違ひに入獄する二人の親友が、「しかし御目出たい事だ」
と喜び合ふなどが描かれている。これが明日の我々の事でないと誰が云へよう。
我々の生活は、喜びも悲しみもそれは斗ひの嵐の中にある。我々は見るものを、
知っているものを、真実であるものを。我々は歌ひ続けよう。云ひつづけよう。
斗ひの歌を、希望の歌を、明日を創る歌を!

....

軍事法廷***で俺の左側に座った米人弁護人、至って風采の上らぬ見るからに
安っぽそうな奴だったが、彼は裁判の間中、と云って三十分たらずだが、裁判長
席の左下手に座った米国婦人の似顔をボールペンで写生していた。横目で見てる
のに、仲々器用に書いて行く。裁判の進行と共に、似顔絵も完成したが、彼は一

---

* 「アメリカが自ら国際的孤立を招いて世界戦争への道につながると思った」(信爾談)
** 「買弁とは、中国近代で、日本を含む帝国主義企業の下請けとなった仲介商人や企業をい
う。外国資本に従属し、自国および自国民の利益を抑圧して私腹を肥やした」(信爾談)

66　第Ⅰ部　翻刻編

寸それを放心したように眺めていたかと思ふと、いきなり、彼女の鼻を長く下へ顎の辺りまでデフォルメし、そしてそれをくしゃくしゃに丸めてしまったものである。その時はもう裁判は終りに近づいて居た*。

　後で聞く話しによると、この男は無能で鳴り響いている奴だそうだが、ふと眠られぬま>に思ひ出した事だ。

　裁判と云へばN君の例の歎願書には、ずい分、こ>の云葉で云ふと下手を売らされてしまった**。立会ひの看守から、看守連に拡がるし、僕の前に判決をうけた洪君***からは、同志達にひろがって、ずい分、からかはれたり、うらやましがられたりした。そうすると変なもので何だか自分に本当に恋人のあるかのやうな気分になってしまって、取消しもせずにやいのやいのとせつかれるのをむしろい>気持になって聞いていたものだ。もっとも洪君には後で真相をあかすと、ヘエーそうだったのかとあきれていたが。李君などは未だ本気にしている事だらう。

***　軍事法廷は大阪にあった軍事占領裁判所のこと。位置は淀屋橋から4ブロックほど南、旧
前頁　東区伏見町4丁目26番地。「軍事裁判所の建物は生垣に囲まれた目だたない木造平屋建ての建物だった。中は小さな映画館か劇場のようなつくりで暗く、正面舞台上の三人の裁判官が座る壇だけが明るく照らされていた」(加藤敦美談)。なお、加藤敦美より6ヶ月前(1950年11月)に軍事裁判を受けた仲川半次郎は、大阪拘置所から「引き出されて目隠しをされ、手錠をはめられて、車に乗せられ」て着いた裁判を受けた場所を「淀屋橋近くのビル内の法廷」と自伝に記している(仲川半次郎『生涯現役』滋賀民報社、1992年、38頁)。

*　「軍事裁判は冒頭に無罪か有罪かと尋ねられる。山本弁護士から無罪を主張すれば刑が重くなるときかされた。どうせ有罪じゃないかと薄笑いしながら"I'm guilty."と答えたところ、山本弁護士から「白い歯をみせるなんて。法廷では神妙な態度をとらなければならない」と注意された」(信爾談)

**　「N君、能勢協君の出した嘆願書は、恋人の女性が切々と減刑を願う内容に仕立てあげられていた。それが裁判で読み上げられ、刑務所言葉で「下手を売らされた」、つまり恥をかいたわけだ」(信爾談)

***　「政治犯で在日朝鮮人であったこと以外覚えていない。立ち会いの看守に付き添われ話をすることもできなかったし、拘置所内でもだいたいが反米反戦ビラ配布だったのでいちいち尋ねなかった」(信爾談)

1951年8月15日　　水曜日

　8月15日、六度迎へられた敗戦記念日である。1930年以来[1931]、15年にわたって飽くなき侵略の手をひろげ内には台頭する人民勢力を残忍に圧殺し外には、朝鮮民族・中国民族を始めとする幾多のアジア民族をその帝国主義的搾取の下に支配せんとした日本帝国主義がその内蔵する矛盾のために自ら求めざるを得なかった戦争の中に、遂に崩壊し去った解放記念日である。

　血の弾圧の下、幾多の犠牲にも屈せず、或は獄中に、或いは地下に絶えざる斗ひを、想像に絶する困難の下に続けて来た日本共産党が、絶望と混乱の大衆の前に公然とその姿を現した、前進えの記念日でもある。又日本帝国主義の潰滅の後により巨大なアメリカ帝国主義が人民の前に立ちふさがり、嵐の中に逞ましく生長した人民勢力と激しく対立するに至った画期的な日として、新たなる斗ひえの記念日でもある。

　新らしき歩みのために、我々は更に新たなる決意の下に力強い一歩を踏み出そう。

　　　　　　　　　　　…………………………………………………………

　S.K[26]よりの手紙、僕が独居を希望しているのは日和見だと云ふ。実状を知らぬ高踏的批判として、これはいささか承服し難い。彼は一体封建社会に社会主義革命が起るとでも思っているのだらうか。李立三的、ナロードニキ的批判だとでも云はねばなるまい＊。――一寸酷かな――

　　　　　　　　　　　…………………………………………………………

　やっと三木の「歴史哲学」が入って来た。取下願程立[提出]以来十三日目である。心細くなった鉛筆をセーブして少し読書に努める事とする。

Aug 16　　　Thurs,

　小河原が、舎房にやられてしまった。原因は檻房内での同囚とのさ細ないさか

＊　「李立三は、農民が圧倒的大多数の中国で都市労働者を組織して蜂起をめざす極左冒険主義をとった。ナロードニキはロシア革命時の人民主義者。どちらも現実から遊離した路線で失敗した。SK は、独居希望は独善的利益の追求だ、雑居房に腰をすえて人々を組織せよと批判したのだろう。現実を知らない机上論と感じた」(信爾談)

ひであり而も非は明かに先方にあると思はれる。それを御報告に及ばれたK担当は、全然小河原を調べもせずに、T部長に話し、小河原だけを戒護[27]に連行したのである。小さな事だから直ぐ帰って来るに相違ないと待っていると、何と舎房に下りてしまっていると云ふ始末である[*]。李在守の件もあり、かねてTとはたゞならぬ仲の小河原が、この時とばかり葬られてしまったのに違ひない。凡ゆる点で眼をつけられている我々は、つまらぬ事にひっかゝらぬよう、殊に同囚とのいさかひは絶対に避けるよう細心の注意を怠ってはならないが、判っきり相手に非のあると認定出来る時には、敢然と咬みついて行く事を忘れるべきではない。李君とも相談して、工場復帰へ出来るだけの力を尽そうと思ふが、むつかしいケースである。

8月17日　　金曜日　　快晴

能勢君から、愉快な葉書を貰った。盛んに習字のケイ古をやっているそうで、さぞかし展覧会も盛大な事だらう。大宅山は夕方が最も美しい。西日を受けて、それがもえるように輝くとき、もり上る積乱雲や、ぽっかりと浮ぶ小羊のような雲や、吸いこまれるような空の夢のような碧さにマッチして実に素ばらしいのである。シベリヤ物語[28]の一カットのような——

8月18日　　土曜日　　朝から快晴

昨夜の月はきれいだった。立ち待ちの月であらうが、こう云ふ囚はれの生活には月と云ふものは、非常に縁の薄くなるもので、それだけに時たま見る月が、とても印象的なのである。大阪拘置で一度みた月、丁度あの時は、地方議員選挙で塀の外からは盛んにマイクの高声が聞へて来ていたが。七舎で見た十五夜の月、そして昨夜の月、

今朝も又素晴らしい。高原を思はせるような、爽快な風が、窓越しに吹き込み、日の出前の東の空は又たまらなく美しい。

---

[*]　「ここでの舎房とは刑務所内で使われた言葉で雑居房のことだったか。戒護で懲罰として夜間独居許可を取消し、処遇を格下げしたことを意味する」（信爾談）

夜、十一時をもう廻っているだらうか。大宅山にかゝっている十八夜の月が何とも云へない。九州に迫りつゝあると云ふ颱風の余波でもあらうか、今夜はかなりの風があるが、……

8月19日　　日曜　　風が強い、起床前かなりの俄雨がある。

朝早くから獄窓に立って東の空をじっと眺めて居る。こゝに来て始めて、空や山の美しさを知ったよと明るく話しかける同志李である。
　　　　　○こんなにも美しいとは知らなかった、葦よなでしこよ五月の空よ　　　　小田
懲役の演芸大会が終った。小田さん苦心の演出、「歌ふ水戸黄門」合法性のぎりぎりの線で懲役を大いに笑はせて呉れた。他はありきたりの懲役演芸であらう。

◎大阪からこゝへ押送される時、蹴上、九条山でバスの中から見た紅つゝじの美しく、鮮かであったのを思ひ出す。

8月20日　　月曜　　雲脚が早い。

○夏の夜の静寂を破って、轟々たる爆音が夜空を圧して響く。近頃はよく飛ぶようだ*。
○夏とは云へ、八月も二十日もすぎると、ずい分秋めいて来る。気持のよい涼しい風が吹き込むし、珍らしく家鴨の静かな――時に虫の音も聞えて来る。もう夏休みも終り近いが、家ではみんなどうしている事だらう。
○Aさんはどうしているだらう。あの変てこな葉書以来、別にどうって事もないのだが、えらく気にかゝる。T.N君は未だあの人にのぼせているのかしら。
○呑ん兵衛の堀澄子女史、六級一号はどうなっているかな。
○底抜けのお人好し、鍋〔渡邊〕さん、北川さんとの heiraten は未だゞらうか。
○大山の野郎は川内でいずれピーナッツを皮ごとボリボリやりながら俺の事を考へていて呉れてるかも知れない。
○村田は又Y研所長の面目にかけても、満たされぬ carnal appetite を深刻に（?）探

＊　「朝鮮戦争中のことであるから、多分軍用機の音であっただろう」（信爾談）

究している事だらう。理論と実践の弁証法的統一を阻む自分の小心さを呪ひながら*。

○ F.W.Y assistant proffesor Y.　去年の吉田山での写真撮り騒ぎが思ひ出される 。

○ 坊や、いつか、又動物園に連れて行かずばなるまい。

　8月21日　　火曜日　　快晴

　大阪拘置所での朝は、何とも喧しい軒端雀の囀りに初ったものだったが、こゝでも大拘ほどのうるさゝではないが、同じ雀達の気持よい朝の囀りに現(うつ)つに引きもどされる毎朝である。

　　All to Revolution!

　労救の中津氏、S.K、M夫人三人今日は面会に来て呉れた。滋賀からも来たらしく、午前中の面会所では、久し振りに、大塚、伊藤、朴、仲川半、中川孝、李、趙? の諸同志と一緒になれたのは有難かった[29]。と思ふ間もなく、慌てゝ飛んで来たT部長のために午後だ午後だと追ひ返されてしまった。午後改めてバラバラ面会である**。

　――家からの漢籍、入れて呉れたそうだ。――

　――奨学資金問題も同学会で問題にしているそうだ***――

----

*　carnal appetite は性欲。「村田は猥談が好きだった。当時学生でも遊郭に行く者がいたが、彼は「実践」できなかった。僕はある共産党員が祇園で遊んで借金をしたまま自殺したのを支払いに行ったことがある。今後ごひいきにと言われた」(信爾談)

**　この日のことか定かではないが、筆者には滋賀県の仲間の面会について以下のような記憶がある。「滋賀の仲間には救援会の小母さんがよく見えた。面会には立ち会いの看守が必ずつくが、ある日、「今日は一本とられた」という。いつも面会に来る女性に「小母はんは大分左よりやな」とからかうと「いいえ、私は甘党ですねん」と間髪いれずに切り返されたという」(信爾談)。滋賀県の受刑者たちに絶えず面会に来て世話をしていたのは大津の開業医の妻でクリスチャンだった今井幸。「母は救援会のしごとを手伝っていてしょっちゅう滋賀県の拘置所や山科刑務所に面会や差し入れに通っていました」(京大文学部同級生、国史専攻の宮下(旧姓今井)美智子談)。「今井さんとは亡くなるまでお付き合いがあった。差し入れてもらった万年筆、まだ使っています」(伊藤清太郎談)

中東が、後手錠で独居にぶちこまれ、その際手錠を棒でねじ上げて締めつけられたため手首に負傷したそうである。どう云ふいきさつでそう云ふ事になったか、詳細は知るよしもないが、手錠とは手で締るものではなくて、靴の踵で踏みつけて、締めたり、棒でこね上げて締めるものだと云ふ考え方そのものに対しては、断乎斗はねばならぬ。そのため今日は伊藤君まで独居へ行ってしまった*。今度こそ————————————ねばならないのである。

8月22日　　水曜　　午後曇天

戒護課長から呼出されて、昨日の面会の際の内容を質されたが、単なるカードの誤記に基づくものであって簡単に解決。
○仲川半次郎も、昨日の件で独居行き、これで十一工場は全滅。
○昨日、三木清の"歴史哲学"を返し、代りに和田清の中国史概説上巻が入った。忘れていたので、――

8月23日　　木曜

菊本部長と会ふ。
　帰房してみると、（やましな）七月号が入っていた[30]。同志の作品では随想に小田さんが断想二題、半生回顧と題する短歌4首が特選に、李在守君が、短歌の天位に、同じく仲川半次郎君が、俳句の天位に。
　俺も来月号は随想でも出そうかと今から想をねるつもりだ。

半生回顧　　　　　　　　　　小田良一

*** 同学会は京大の全学自治会。「同学会に知り合いはいなかったが、学友が始めた救援運動
前頁　を全面的に支援してくれていた。僕の奨学金を打ち切るという話が出て同学会が抗議した
　　　のではないか。奨学金は結局打ち切られなかった」（信爾談）

---

* 「囚人の取り扱いについて看守に抗議したのではないか。そんなことは四六時中あった。
　　懲罰房は僕らのいた夜間独居房とは別の場所にあった」（信爾談）

さりげなく別れ来つれど　吾が胸に　満つる憂いを君知るらむか

いとし子の頬のあたりにふとみたる　幼き頃の我の面影

転校を続け続けて人見知り　せざる子供となりし我なり

ある時は怒りに似たる思いあり　なすべき事をなさざりし我に

李在守

大らかな愛と希望に若人よ強く生きぬけ　生命のかぎりを

仲川半次郎

比叡みどり塀にきられて三分見ゆ

小田　　天位

夏雲の白きを仰ぎ母と居る子等

爆音に視線とゞかず夏の雲

８月24日　　金曜日　　快晴

毎日々々快晴が続く、外では電力不足で困っているそうだが、こゝになるとさすがに別天地だ。サイクルが53を割らうと、二〇Ｗの電灯は相も変らぬ鈍い光を投げて呉れる。有難い事だ[*]。

○朝鮮会談の雲行が怪しい。

○ビルマが講和不参加を表明、インド、インドネシヤも同様な態度に出るらしい。

○イラン石油会談決裂。

床面照度　$\dfrac{20}{4^2}$ lux=1.25lux 明視照度の160分ノ1

---

[*] 「当時、停電は日常茶飯事だったが、刑務所は一度も停電がないばかりか一晩中灯りをつけていた。三畳ばかりの独房に透明の裸電球がひとつ。天井が高いので手元の文字がようやく判読できる明るさであったが、いざ寝ようとすると暗がりでぎらぎら光る電球が気になった。熟睡するためにいつも手ぬぐいを顔にかけて寝た」（信爾談）。同日の日記にある「床面照度」の計算の４は光源から床までの距離（メートル）。

日記本文（1951年）　73

8月25日　　土曜日　　快晴

　健ちゃん*、佐藤先生より思がけぬ便りを貰った。いつもに変らぬ綺麗な筆跡である。前後八年と云ふ長い間の特別な師弟関係が思ひ出されて、今更のやうに懐しい手紙だったが、ほんの一寸した云ひ廻しにも、先生らしさがよく表れている。又例の風土説だが、まあその批判は僕の「風土」読後にする事にしよう**。御父さんも御母さんも元気らしいのは嬉しい。
　又健ちゃんの手紙によると、礼子さんの見合ひがあったそうだ。新時代の女性らしからぬ古臭い事だが、まあそれもよからう。貞子も芳紀正にと云ふ所だが、働く女性として、真当に幸福な生活を見出して呉れたらと心から思ふ。例の藤内君をその相手と貞子が思っているのなら、見た所人の好さそうな立派な青年だし貞子には似合かも知れない。

　帰房して見ると驚いた事には、66番へ左遷されてしまっている。李相台も独居に行ったし、どんな積りで転房させたのか、大体察せられるが、まあ元気でやらう。

　○「山科」に随想を投稿した。多分没になる事だらうが、若し出して呉れれば大したもんだ。

8月26日　　月曜　　又々快晴

　何時頃であらうか、尿意に起こされたとき、ふと窓外を見やると、大宅山の左手に変に赤みのある三日月が掛っている。真暗な空、それにもまして黒々と沈む

---

*　「健ちゃんは父方の同い年の従兄弟。父を早く亡くし寺の離れに住んでいて兄弟同然であった。旧制中学4年生で青共（日本青年共産同盟）に入った」（信爾談）

**　「佐藤義士先生は師範学校出身で、豊岡小学校4年生から6年生の受け持ちだった。のち、文部省検定に合格され、旧制中学教員の資格を得て、竹田中学の教員になられたので、ここでも引き続き担任して頂いた。日本史の教員で最も影響を受けた先生だが、左翼運動には冷淡だった。和辻哲郎の『風土』のことは佐藤先生から教えられた。風土決定説にたいし、社会や歴史の変化をも考えるべしというのが、私の意見だった」（信爾談）

山々、ポツンと低く掛る赤い月、ふと野間宏の小説 “顔の中の赤い月” と云ふタイトルを連想したのは奇妙だった。未だ読んだ事もないくせに。

○キリスト教誨。いつもと違って、夜間独居をバラバラに工場単位に出して行くのには、些かびっくりした。今度の件が相当こたえているらしい。千葉の神学校の学生達十人程が、京都の高木牧師に連れられてやって来たのだが、その学生達が揃ひも揃って九州人ばかりなのには驚かされた。中にも鹿児島人と云ふ青年、私は元共産党員でしたと称していたが――

　高木と云ふ牧師、戦時中は名古屋刑務所へぶち込まれていた人と云ふが、中々の雄弁家である。二時間に余る大熱弁に満場の聴衆をすんとも云はさなかったのはさすがである。それにしても、一度は悲劇の主人公として登場したものが、二度目には喜劇の立役者となって現れると云ふマルクスの云葉を思ひ出されるではないか。

　道化た悲劇、壇上の若者達を見て感じた事である。

　尚高木牧師の云葉の中に、大拘の花崎教務課長の名が出て来て、非常になつかしく、大拘当時のあの人との関係を思ひ出せた事をつけ加へて置かう。

　大拘の時あれは確か５月30日の事だったと思ふ。ローゼン・シュトックの第一回演奏を教務の手島さんにねだって聞いた事があった。静かな拘置所の夜、独房の壁にもたれて、一心に建物中に響き渡るシンフォニーに聴き入った私だった。曲名は忘れてしまったがあのフィナーレの豪壮な和音が、静寂の中に消えて行ったのがじっと耳をすますと今も尚聴えて来るような気がする。あの時手島さんはわざわざ宿直を買って出てまであれを掛けて呉れたのだが、本当によい人だった。この課長にして、この課員ありか。
　　拘置所の静寂（シジマ）のなかに消えゆきし　フィナーレの和音　耳に残るも

８月27日　　月曜日　　快晴

朝の出房もバラバラだ。
万年筆、インクの取り下げ、春秋左氏伝上下、書経、詩経の取り下げを工場か

ら出して置いた。

　三時の休みにいきなり歴史の話しをやれと云はれて、ごっつう下手をうらされてしまった。明日は又中国史をやれと云ふが全く頭を悩ますよ。

8月28日　　火曜　　相変らずの快晴

　レクチュアー、さんたんたる失敗！　声は小さいし、意味は通らぬし、第一黒板もなしに、歴史を話せなんて、その事自体すでに無理なんだよ。

　午後特別面会、民統[31)]の府会議員、市会議員、全官公の垰田[*]等と一緒にやって来た渡辺氏がついでに僕にと云ふ所だった。九月四日[32)]にゼネストだとか、時計台に弔旗を掲げるとか云って居たが、いつもながら、元気な明るい人だなと思ふ。

　　　たそがるる
　　暮れ行くは牛尾の山よ残照に　雲の峰のみ金色に映ゆ

　就寝後の一時である。未だかすかなざはめきが、舎房の中に残っている。独房のくすんだ板壁にもたれて、考へるともなしにいろんな事を思ひ浮かべているのに、チロ、チロ、チロと窓外から虫の音がもれて来て、一瞬、想ひが中断される。何と云ふ虫だらうか、鈴虫がどれやら、松虫がどれやら、さっぱり判らない無風流な僕だが。

　もう秋だ。つくづくそう感じる。

　○星もなき暗き空なり、高塀のみ照明の下、ほの白く浮く
　かち得べき未来思ひて
　　窓により夜空みつめぬ暗き夜空を

---

*　　全官公は全国官公庁労働組合協議会の略。ただし当時は日本官公庁労働組合協議会（官公労）。「垰田（たおだ）豊次は京大出身で、当時、京都の官公労の議長をしていた」（信爾談）

76　第Ⅰ部　翻刻編

8月29日　　水曜日　　朝焼が美しい。

　あかねさす 空を かぎりて黒々と 山は沈めり朝もやの中に
　李相台に、
　鉄窓に初めて（空 の 美 さ を　空と山の美を）知れる我よと友は語りき

　就寝前可成りのシュウ雨が襲ふ。何と40日振りに聞く雨足である。
　窓に立ち、金網越しにじっと暗い空を見つめる。時々パッパッとひらめく電光、雷鳴は遠い。雨はいよいよ激しさを加へて来る。光れ！　降れ！　鳴れ！窓に立ったまゝ、これからの斗ひを想っている私だ。
　昨日、今日のラジオ、講和をめぐる敵のプロパガンダ盛んである。インドの正当な批判に対するアメリカの牽強附会、鷺を烏と云い黒める式の声明、朝鮮会談のリッヂウェーの態度、内外ファッシズム勢力の活発な動き、資本主義断末魔のもがきがありありと感じられる事である。破壊的平和攻勢この云葉程、彼等の本性をまざまざと暴露するものはあるまい。彼等にとって平和とは即ち死を意味する以外の何物でもない。

　ワイマール憲法、日本新憲法、一度は悲劇の主人公として、二度目には喜劇の立役者として、──

　軍国主義、国家主義勢力の台頭、金融ファッシズムの再現、我々の前途は必ずしも安易ではない。しかし我々はもう「こんな所で、こんなざまで死んで行く位なら、何故あの時命をかけなかったか。」と再び河西一等兵[33]のように嘆ずる事はしないであらう。

　それにしても、自己を理論的にもっと強固に再武装する必要が、痛感される。学習、学習、学習！

○いつのまにか雨は止んだ。遠雷のみかすかであり、窓外の雨滴れの音とまぢって、虫の音も聞えて来る。

○ シーンとしている。静かな晩である。

8月30日　　木曜日　　曇天　午後晴れて来た。

○ 椎野議長が自己批判書を発表したとの事、党の鉄の統一、何ものにもまして、喜ばしい事である＊。

○ 朝鮮停戦会談、爆弾事件は、最も交渉決裂を欲しているものの企んだ陰謀であると、いみじくも取沙汰されているそうである。

○ 午憩時、運動と称して、バレーと相撲をさせた。僕は専ら相撲見物に廻ったが、仲々面白い。それよりも久し振りに青天の下に約半時間余りを過す事が出来、何とも云へぬさう快な気分だった。こう云ふ生活をしていると、実際拘置所時代以上に日光に浴すると云ふ機会が少くなって来るのだ。

○ 泰治や亮子、侃爾、剛尓それぞれ立派に生長して呉れればよいが＊＊、

○ 静かな夜、虫の音！

＊　椎野悦朗は臨時中央指導部議長であったが、1951年7月5日付論文「党の理論的武装のために──私の自己批判」（『党活動指針』1951年7月30日付第97号、『前衛』第61号、1951年8月6日号）を発表した。「面会に来た人から話を聞いた。本来ならストップをかけるべき立ち会いの看守は何も言わなかった。かねて党の左翼冒険主義に不満を抱いていた私は、7月5日付で椎野が出したという自己批判書のなかに、主流派の左翼冒険主義の自己批判が行われているのではないかと期待していた」（信爾談）

＊＊　「僕は七人兄弟の長男だった。当時、一番上の姉は久住の造り酒屋に嫁ぎ、すぐ下の妹貞子は国立別府病院看護婦養成所で寮生活をしていた。家には次男泰治を始め、亮子、侃爾、剛尓が残っていた。母が倹約に倹約を重ねて貯めた僕の学資7000円は終戦後1ヶ月で無くなった。父が教師をしていたとはいえ、育ち盛りの子どもを抱え学費の捻出はたいへんで、泰治の高校の授業料さえなかなか工面できなかった。母は子どもたちに食事を優先して自分はろくに食べず、人から肺病ではないかと心配されるほど痩せていた」（信爾談）

8月31日　　金曜日　　晴天

○ 中国史概説下巻を返して、代りに羽田博士の西域文明史概論が入った。

○ 久住の姉さんから便りがある。節子も克比古も丈夫に育っているとの事、御父さんの健康を心配しているのが気にかゝる。

　午後教務で、侃爾の図画二枚と、貞子、藤内君の写真とを見せて貰った。侃爾の図画は一枚は、アルミの鍋、薬罐、湯呑、一枚は七輪の上に乗った薬罐のそれぞれ写生図である。正月帰省した当時のと比べて格段の進境振りと思へるが、どうも色の使ひ方が暗すぎるような気がする。貞子の一枚は白衣姿、一つは和服のポーズだが、もっと素直に撮れないものか。藤内君のはパリッとした背広姿、如何にも実直そうな風格がよく表れていると思ふ。

○ 吉田以下講和全権団一行は今日午後羽田を出発空路桑港へ向った。調印後直ちに台湾政府と単独講和を結ぶかも知れぬと U.P は伝へているし[34]、売国全権団の御商売は仲々忙しそうだ。

　絵と云へば、僕も幼い頃は画が御得意で、しばしば展覧会や、写生展にも入選した事を思ひ出す。小さい頃には画家になるんだと云ってたと云ふし、一年生の時には転任して行く先生から是非一枚と所望された事もあった。六年生の頃までは確かに上手だったのである。それが中学に入った。とんと画く機会がなくなった。それと共に前から兆していた傾向ではあったが物を素直に画くと云ふ事が出来なくなってしまったのである。上手く画かう。美しく画かう、真物に似せて画かう、かう思ってあくせくした挙句が、とんでもないへんてこな結果となって表れてしまふ。物の感じをそのまゝ画面に現はすと云ふ能力を失ったのである。

　それ以来、さっぱり画かない。ますます下手になってしまった。侃爾は僕と違って、幼い頃はそう特別目立って上手いと云ふ事はなかったのに、最近になってめきめき頭角を現して来たようである。恐らくは大島先生の指導もあずかって大いに力ある事だらうが、侃爾にもまんざら素質がないとも云い切れまい。将来侃爾が画をやるなどと云ひ出すかも知れない公算もなきにしもあらずだが、現在の社会では侃爾がそのまゝ自己の天分を伸ばして行かうなどは到底思ひも及ばぬ事だ。侃爾や剛尔、幼い弟妹たちのためにも僕は新しい世界を切り開いてやらね

ばならぬのだ。

1951年9月1日　　土曜日　　曇、雨あり

○ 子供半ズボンの作業終り、月曜からは又子供ジャンバーにかゝる事になる。

○ 夜更け、もう十一時を廻っただらうか、ふとIさんの事を思ったが、どうしている事だらう。如才ないあの人の事だ、もうサラリーマン振りが板についているだらう。

○ 地下水氏も元気にしているだらうか。それにしても椎野自己批判書の内容を早く知りたいものだ。テーゼは出ただらうか。

9月2日　　日曜日　　快晴

西域文明史概論二回目を読了した。明日は早速「支那の経済と社会」下巻と交換させよう。

○ 涼しくなった。秋がやって来たらしい。風立ちぬ、いざ生きめやも[35]。

「やましな」十月号に投稿する随想のために想を練って置かうと思った。所が考へて見ると仲々難しい。書く事は多いのだが、合法性をもたせるためには、どうしても凡ゆる点から制約されるのである。よき話題もがなと思案しているとふと The 1st Play が頭に浮んで来た。これだ！　これで行かう！

....

チャールズ・ラムの "Essay of Elia" の中に "The first play" と云ふ一章がある。じっと眼をつぶるとあの三高の古ぼけた教室で、これを講義された山本老教授[36]の名調子と、もう大分白くなった胡麻塩頭に特徴のある姿とが眼前に浮んで来るが、ラムはこの中で、最初の芝居見物が幼なかった彼に如何なお伽の国を見せて呉れたか、どんな素晴らしい華麗な幻想境に誘って呉れたかを彼一流の名文で実に生き生きと描いているのである。Elia の中でも最も美しい文章の一つだが、或る時間、講義を終へて教授は僕等にかう云はれた事である。「君達もそれぞれにこうした思ひ出は、何かにつけて、持って居られる事でせう。一つラムに習っ

て、消え去らぬ内に書きとゞめて置いたら如何です。」

　小さい頃、私はよく母に連れられて、当時私達の住んでいた田舎町の芝居小屋
にどさ廻りの芝居見物に行ったものだったが、何故か、ラムのように強烈な印象
をうけた思ひ出はないようだ。しかしラムの経験とは全く違った意味でだが、同
じような強烈な印象を受けた経験を私は映画にもっている。

　あれは確か終戦の年の十二月の事だったから、私の中学三年の時である。冷た
い雨のシトシトと降っている晩だった。私と姉と母は連れだって、町の芝居小屋
に掛ったフランス映画の「格子なき牢獄」[37]を見に行ったのである。

　眠くなった。又何時か更めて書く事にしよう。

　9月3日　　月曜日　　快晴

　昼食の席に着いていると思もかけず面会だと云ふ。三浦さんなら今頃来る筈は
ないがといぶかりながら行って見ると、何と健、浩一両従兄の上京途中の立ち寄
りと判った。腰かけて待っていた私がヌッと入って来たこのNとM*の姿に如何
にびっくりさせられた事か。今から丁度一年前の九月三日、あのジェーン颱風の
荒れ狂った日、三人であのM家の二階の私の部屋で、どうなる事かと肝を冷し
ていた事を思ひ出さずには居れない。前日の二日、九州から上京途中の二人を
伴って私が入洛し、今日は一つ京都見物をと目論んでいた矢先、吹き出したあの
風だったのである。刻々と吹きつのる狂風、ギシギシと気味悪くきしむ家、横な
ぐりに吹きつける雨、たて切った雨戸の隙間から見た加茂河原のもの凄まじい光
景が今もありありとよみがへって来るようだ。

　翌日は、彼等が発たねばならぬと云ふので、朝早くから倒れた街路樹、千切れ
た電線、吹き飛ばされた看板などの散乱した中を出掛けて、清水、三十三間堂、
それから名を忘れてしまったが、三十三間堂の傍にある血天井で有名な寺などに
連れて行ってやった。ペシャンコに潰れていた清水寺内の小さな建物や、四条以

---

*　「Nは中屋裕皎。竹田高校の同級生で、早稲田大学に通っていた」（信爾談）、「小野君が
　　すっかりまいっていると思っていたところ、「意気軒昂、此処は本がよく読めてよい」と
　　元気だったので安心した」（中屋裕皎談）。Mは高校の同級生の大久保猛治、「もうじ」と
　　呼んでいた。

南は電車の不通で、七条まで歩いて行った途中の光景などが印象に残っている。

　相も変らぬ竹を割るようなＮの話し振りだ。お国弁丸出し、久し振りに聞く故郷のなまりがなつかしかった。泰治の成績がぐんと上って来ているそうで嬉しい。貞子が綺麗になっていると云ふ事だが。

　小崎は学校へ行ってないそうだ。あ奴は要領が好すぎるよとＮは云ったが、どう云ふ意味か知ら。

　Ｍ夫人や、大久保も一緒に来ていたらしいが、声だけで姿は見れない。椎野自己批判書の内容と反響を出来るだけ詳しく、知らせて呉れるように伝へて置いたが。

　　　　　　　‥‥‥‥‥‥‥‥‥‥‥‥‥‥‥‥‥‥‥‥‥‥‥‥‥‥‥

　西域文明史概論を返納して、代りに「支那の経済と社会」上巻を入れさせた。

　　　　　　　‥‥‥‥‥‥‥‥‥‥‥‥‥‥‥‥‥‥‥‥‥‥‥‥‥‥‥

　今日やっとインクとペンが房に入った。半年振りに握る万年筆の触感、如何とも云へぬ感じだ。先はＭ夫人が換へて呉れたらしく、真新しい。滑らかな筆触、鮮かなインク、一番好きな丸善アテナのブリュー・ブラック。何故かふと史学科演習室の講義風景が脳裏を掠める。

　　　　　　　‥‥‥‥‥‥‥‥‥‥‥‥‥‥‥‥‥‥‥‥‥‥‥‥‥‥‥

　それまでの私は映画と云へば、例によって例の如き戦争物か、愚にもつかないチャンバラ物以外には接した事がなかった。暗い谷間の時代に、しかも田舎町に少年期を送った私、西洋映画などは知るべくもなかったのである。所が終戦と共にその状態も変らざるを得なかった。敗戦期のブランク埋めに、古めかしい無声映画や戦前のものが、一時にかり出されたのだが、おかげで往年の名画も時たま田舎町の芝居小屋に掛る機会を得たのである。生れて初めて接する洋画、慣れないタイトル読みに悩まされながらも、私は果然"格子なき牢獄"のもつ香り高いヒューマニスティックなふん囲気の中に吸ひこまれてしまった。それは私のそれまで知っていた映画とはおよそかけはなれたものだった。思想があった、理想があった。そして人の心にひしひしと迫って来る力強い或るものをもっていた。じっと眼をつむる。単調なザッ・ザッ・ザッ・と云ふ足音、アン・ドゥ・ドロワ、アン・ドゥ・ドロワと調子を取る甲高い叫び、8字形に行進する黒衣の娘達、先づ冒頭の一シーンが浮んで来る。

　コリーヌ・リュシエール演ずる所の不良少女が、新任の女院長の前に連行され

て口汚なく罵りかけるシーンの素晴らしい演技、少女の帰りを待つ女院長アンヌと彼女の処置を難詰しようとつめよった旧院長等との息づまる瞬間、そして最も印象に残っているアンヌの恋人の医者と、リュシエールの牛小屋のシーン。牛の御産を済ました医者が手を洗っているその傍らで、乾草の上に身を投げたまゝ、夢みるように、パリの町の夜明けの様を話している美しいリュシエール。忘れ難い好シーンであった。院を出て行くリュシエール、窓から静かに眺めているアンヌの淋しげなほゝ笑み。

　完全に魅せられ、感激させられた私は冷たい雨の暗い道を家に帰る途中ずっと、未ださめやらぬ興奮に身体中をほてらせながら、とうとう母とも姉とも一言も口をきかなかった。「人は青春の思ひ出に生きるものです。」アンヌの云ったこの言葉を私は何度も何度も心の中で繰り返した。感銘、よくこの云葉が使はれるが、私が本当の感銘を受けたと云へるのはおよそこの晩に見た「格子なき牢獄」が最初であったと云はねばならない。

September 4　　Thursday　　very cloudy

○父宛に、特別発信による封書を出して置いた。
○ニュースによれば、最高検と特審局は今日の午前五時半を期して、党臨時中央指導部幹部十八名の一斉検挙に乗り出し、福本、細川、堀江、上村、岩田等七氏を逮捕したそうである[38]。同時に全国329ヶ所の党機関の一斉ソーサクを行ひ、関係書類を押収する一方、活動指針、関西党報等党内紙の発行停止を行ったと云ふ。

　対日講和を直前にして、全人民的レジスタンス運動の中枢を叩くためのはっきり政治的意図に基く権力の発動である事は、大橋法務総裁が何と糊塗しようと明々白々たる事実だが、もちろんガッチリ結束した人民の党がこんな事位でビクともするものでない事は云ふまでもない事だ。今迄に逮捕された福本、細川、堀江、上村等が概して、純学究畠の人である事を思ふとき、この意味するものは深重である。

　嵐の中に党は生長していく、嵐の中に於いてのみ！

○明日からはいよいよ対日講和会議の開催である。亡国講和に対する全人民的反

対カンパニヤの結成、五・四学生運動[39]を思ふとき、学友、同志諸君の健斗を願ふ事切なるものがある。

．．

その後幾多の名作にも接した。しかし最初の「格子なき牢獄」に受けた程の大きな感激を未だ味った事はない。「望郷」「戦火の彼方」「自転車泥棒」それぞれに深い感銘をうけた作品ではあったが、始めて見たもの、最初の映画、ラムの The first play と同じような意味で、私は「格子なき牢獄」を忘れ得ない。中学三年の秋、葉山嘉樹の「海に生きる人々」に受けた感銘が、私の今日あらしめた要因の一つだったと云はねばならないと同時に、それまで読んで来た幾多の文学書のあるにも拘らず、私の最初にふれた文学書だと云わねばならないのと同様に、「格子なき牢獄」も又私にとって最初の映画だったのである。

「女だけの都」などでも相変らずの好演を示して呉れた、コリーヌ・リュシエールは、去年、対独協力の廉で拘禁中の刑務所で、結核のために逝ったと云ふ。新しい道を見出せなかった彼女が、遂には恥ずべき民族の裏切者とまでテン落して行かねばならなかった事を彼女のために惜しみたい。

○静かな獄舎の夜である。虫の音のみ高い。

1951. 9. 5.　　Wednesday　　曇天

夕食後、突然面会担当の看守に呼びに来られたので、誰だらうといぶかりながら行って見ると、川井君ら二人の特別面会だと判った。労救の連中と一緒にやって来て、所長に面会して、中東の件[40]や、本、面会の特待要求などで、談じ込んだらしいが、本はカードを作って、僕等に選択させるようにする。面会は月三回を許可するなどを確約させたと云ふ。期待していた中東の件の解決はどうもぼかされてしまっているようだ。

椎野自己批判書の件を尋ねて見たのに、満足な返事を聞く事の出来なかったのは残念。

講和条約会議始る。新聞、ラジオ総動員、実況放送には軍楽隊の演奏まで入って、文字通り鳴物入りの宣伝である。

1951年9月6日　　快晴

○ 電力危機、ますます深刻、
○ 午後、菊本部長から呼ばれて、二時間程話し合ふ*、
○ 講和会議第二日、グロムイコソ同盟代表の演説あり、
○ 臨中指導部19名の公職追放発表、
○ 王守仁、伝習録、（官本）入房、人新聞[41]　8月20日号も、
○ 朝鮮戦線、リッジウェー、会談場所変更を提案、

　　　　　　　　　　　　　　　　　　　　　　　　　　　　　　　　

○ 回想──大阪拘置所

　飯時になると決って沢山の鳩がどこからともなく集って来た。多い時には二三十羽、少い時でも十数羽、舎房の屋根にずらりと止って、それでも気忙しそうに始終身体を動かしつゞけている。大勢の収容者達の中には、身体をこはして、飯の食へない気の毒な人や、こんな飯が食へるかいと云った連中もあって、食ひ余し飯を皆んな窓からほうり出す。それを目当てに、いつしかこんなに鳩達も集って来るようになったらしいのである。そうなると妙なもので、鳩にやらうとわざわざ飯を残すものさへ出来て来る。中には御丁寧に、塊のまゝ投げずに、キチンと衝き固めた五等飯をお湯で解きほぐしてバラ撒き易いようにする者もあった。

　誰かゞ先ず大きな飯の塊をほうる。と忽ち目ざとくみつけた鳩達は一斉にバタバタと狭い三角形の空地に舞ひ下りて来る。大きな塊を数羽で寄ってたかってつゝくもの、散乱した飯粒をヨチヨチおぼつかない足取りで、しかし気忙しそうに拾って廻るもの、殺風景な拘置所の庭に時ならぬ騒ぎがくりひろげられる。上の方から誰かゞときほぐした飯粒をバラリとその混乱の真中にほうる。慣れっこになった鳩達は瞬間パッと飛び上りかけるが、又直ぐ復にもどって、ますますせっせと飯粒を拾って廻るのである。洗ひ場のコンクリートの縁に立ち、高い窓によって私はいつもその光景を飽きもせずに眺めつくしていた。

---

*　「菊本は教務部長だったか。内容は記憶していないが、雑談によって囚人個人の思想状況
　を把握しようとしたのであろう」（信爾談）

折角鳩に投げてやった飯や、菜が、建物に沿った狭い溝の中によく入る事が
あった。鳩達は地上に散乱する飯粒で充分堪能すると又、どこともなく飛び去っ
て行く。で溝に入った分や、地上に残された分は、ドブねずみ氏の拾得物となっ
てしまふのである。私の窓は、四舎に沿った溝が、ずっと見通せる位置にあった
が、何時もその残り物にあやかる二匹のドブねずみ君――一匹は可成り、大き
く、も一つはそれほどでもない。必ず一緒に行動していた事とて、或ひは夫婦か
も知れないなどと思った――の居るのを知っていた。鳩の去った後人っ子一人来
る気ずかいのないその空地と溝を舞台に彼等は実に細心に且つ極めて大胆にふる
まふのである。彼等の〔以下原文欠〕

1951年　　9月7日　　　金曜日　　　快晴

「やましな」八月号が入った。
　　　空想も無限に流れ天の川　　――　　小田　　　　俳句の地位、
　　　くよくよと思ふな友よ、鉄窓辺にも、太陽はかく、我等を照らす。
　　　　　　　　　　　　　――　　同志朴　　短歌の人位、
詩には、小田さんの "あかさたな十行詩" 明暗二曲は面白いから一寸、

竪琴　　あかるいひとみ　　　ラッパ　　あいする人の
　　　　かたえくぼ　　　　　　　　　　かなしみを
　　　　さっそうとひく　　　　　　　　さっして今日も
　　　　たてごとに　　　　　　　　　　たゞひとり
　　　　なゝしぐさにも　　　　　　　　なみだながして
　　　　はるが来る　　　　　　　　　　はるばると
　　　　まして人の子　　　　　　　　　まちからまちを
　　　　やまかわに　　　　　　　　　　やまやまを
　　　　らくてんてきなうたごえが　　　らっぱふきふき行きすぎた
　　　　わらいさざめきながれ行く、　　わらはぬピエロを誰か知る。

○随想　　小田さんの「人間の心について」と、朴君の「ハコネ用水と私達。」

86　第 I 部　翻刻編

と二編、

○経費九十億節減のため学校給食を停止すると大蔵省は強硬に主張する。予備隊に何百億つぎこんでも、教育予算なんて一文でも出し渋る所、売国政府の面目躍如である。

○イラン石油問題、完全に決裂、

　　1951. 9. 8.　　土曜日　　晴、午後曇り

　大阪では、金属労働者が、亡国講和反対のストライキを続けている。大津では、米兵に英文のアジビラを撒いて、二人の地区委員が逮捕されている[*]。舞鶴の日備労働者六百名も昨日平和大会禁止抗議デモに起ち上っている。
○次の臨時国会に政府は日共非合法化法案提出を考慮中と、逞ましい人民の党は嵐しの中にこそ、本当の生長を見せるのだ。

○講和会議第四日目、吉田の二十分にわたる演説があった。アチソン、グロムイコの激しいわたり合ひ、「この講和が平和のためのものではなく、次の戦争のためのものである事を知った。」[42] 痛烈な皮肉である。N.H.K のとった、セカニヨヴァ女史の日本人民への云葉、ヴェリ、アクチーブ、ヴォルシェヴィーキでぷっつりと切ってしまった[**]。

---

[*]　滋賀県で米兵に英文のビラをまいてつかまったのは、大津の西田清と在日朝鮮人の共産党員との 2 人。「まいたのは 4 頁仕立ての「Nippon Star」という新聞。米兵に反戦帰国をよびかけるものだった。9 月 1 日に逮捕され 9 月 7 日に大阪の軍事法廷で裁判にかけられた。講和条約調印前の駆け込み裁判だった。もう一人とは裁判で初めて会った。小林為太郎弁護士から自分も逮捕される恐れがあるので弁護はできない旨伝えられた。重労働 3 年の判決を受け奈良少年刑務所で服役した」（西田清談）

[**]　セカニヨヴァはチェコ代表。講和会議 3 日目の唯一の共産主義国の演説者だった。「NHK のニュースはマイクを通して放送されたが、左翼陣営に関わるような内容にくると、すぐにスイッチを切られた」（信爾談）

日記本文（1951年）　**87**

1951年9月9日　　　日曜日　　　終日雨、夜に至って止む

　1951年9月9日、記憶すべき日である。平和に対する我々の全力を挙げての斗ひにも拘らず、買弁支配階級は日本民族を大きく戦争への方向に一歩を踏み出させ、民族を外国帝国主義の手に売り渡す事を敢てしたのである。

　戦争への斗ひ、平〔和〕への努力は、これまでの百倍もの困難な条件の下、一段とその激しさを加へるであらう。我々の日々はたとへ苦しい努めであらうとも、避け得ぬ日の近ずくのがひしひしと感じられる事である。ラジオでさっきまで、盛んに誰もかれもが喋っていたとは全く反対の意味で、私も感慨無量であると云ふ外はない。

○テキ屋の親分、宮川会の田中が、子分共を懲役の慰安によこして来た。教務課長は講和記念演芸会だと云っていたが、その内容と云ひ、その当事者と云ひ、全く今度の講和にはぴったりのようだ。

　売国講和記念にテキ屋が浪花節と流行歌を聞かせる。何と象徴的ではないか。
○サンマー・タイムは、今日から正常に帰った。

九月十日　　　月曜日　　　曇

　「向ふ三軒両隣り」[43]への感想　　　——何と馬鹿げている事だ。——

　三国外相会議、ワシントンで始る。主要議題は、西ドイツを西ヨーロッパ陣営に引き込む事に就いてであるそうだが、戦略布陣の最後の仕上げに大童の英・米・仏、いや、世界独占資本、戦争に対する戦争、平和のための斗ひに起ち上るプロレタリアートの凄まじい決意に足許から火が附きそうで、気が気ではあるまい。土壇場に追ひつめられた資本主義の根本的矛盾を急激に尖鋭化させるポンプとしての朝鮮半島の意義はますます重大である。
○小河原は未だ帰って来ない。
○今日でほゞ小供物ジャンバーを終って、明日から大人物ジャンバーに移る。

　残った二年の学生生活、一体どうしようかと折にふれては考へる事である。育

88　第Ⅰ部　翻刻編

英資金の道はもちろん断たれている*。父からの援助は当然拒まねばならない。完全自活と云ふコースの上に如何に党活動を結びつけて行くか、これが大きな課題である。現在の所一応完全に解決してしまった積りだが、いざふたを開けて見ん事にはどうなるか判らない。しかし、これだけは云へる。生命をかけてやれば出来ない事はない筈だと。　──少し大げさかな──

　9月11日　　火曜日　　晴

　小田さん出所、一年百ドルのきっちり三分の二だったと云ふ。学識と云ひ、人格と云ひ最も尊敬すべき同志の一人であった小田さんだが、それだけに出所後の活躍を期待する事又切なるものがある。

○東上の途中、明生君が立ち寄って呉れた。藤崎も一緒に来ていたそうだが会へなかったのは仕方がない。中屋が一年ぶりにやって来ると又この二人も丁度一年ぶりにやって来た。駅に迎へに出て、眼鏡を落してしまった事、竜安寺、仁和寺、を一緒に訪った事、嵯峨野を嵐山までてくった事、なつかしく一年前が回想される。

　泰治が猛勉にすっかり消耗しているらしいが困ったもの、貞子もルンゲ[44]で九月一杯静養すると云ふし、心配だが、侃爾がスケッチ展に入賞し、御父さんから大きな額縁ちを買って貰ったと云ふのは愉快である。

　明生君の撮ったらしい、写真を沢山持って来て居り、硝子越しに見せて貰ったが、節子の大きくなっているのには今更驚く。克比古も目ざましい生長ぶりだ。おっとりした義兄さん[45]、町会議員に当選して、教育面で活躍中と云ふが、ボスにならないように釘を打って置く必要があらう。

○二人は又、家からの土産物をたずさへてミュレットを訪ねたそうだ。全く、人の気も知らないでと云ひたくなるよ。

○黒々と東の空に沈む牛尾山の真上にポツンと星が一つ。かなりな光度の星であ

---

*　「育英会の奨学金は入獄中は停止されたが、学生生活に戻ってからは復活した」（信爾談）

る。何と云ふ星か知るよしもないが、夜毎に仰ぐ星に甘美な想像を楽んだメソポタミヤの古代遊牧民のようには、もはや美しい幻想は湧いては来ない。ぽつんと牛尾山の上に光る大きな明るい星をじっとみつめながら、平和を思い、新しい未来を思っている私である。

○舞鶴市当局は、日傭労働者中の共産党員、シンパ二十六名の就労禁止を通告した。コミュニストを中心にがっちり結束した日労組合に対する公然たる弾圧である。理由は怠業セン動、作業妨害であるが、もちろん出たら目だ。これを名にし負ふ舞鶴日労が如何にはねかへすか、期待はむしろそこにかけられる。

9月12日　水曜日　曇り

例によって例の如く、今日の一日も又終らうとしている。
　　Ich möchte schlafen aber du müste tanzen! [46]

民族の独立と平和、新しい未来のためにこの瞬間も朝鮮の野に自らの生命をかけている幾多の朝鮮、中国の若者達を想ふ時、私も又心に剣を抜くのである。ラジオは米軍の朝鮮戦線に於ける大攻勢を例によって仰々しく伝へるが、同時に英雄的な人民軍兵士達の抵抗によって攻勢も大した効果のない事を渋々認めざるを得ない。十数次にわたる中立地域侵犯と云ひ、挑発的な攻勢と云い、平和を欲しない米帝の戦争への意図は正に露骨である。果して何れが真に平和を欲し、何れが単に口先のみで平和を唱へているのか、判っきりさせられるであらうといみじくも喝破したトルーマンの意図とは全く反対に全世界の人民は誰が、平和を脅かすものであり、戦争を目論み、自己の利益のためには全人類を破滅に導かうとも、てんとして省みない奴であるかをはっきり知らされたのである。

ニュース解説は、最近の輸出入不振、殊に原料高による機械、船舶の輸出停頓を伝へる。目と鼻の間にある中国から鉄鉱、石炭を輸入していた当時と比較し、太平洋の彼方から運んで来ねばならない現在では、鉄鉱でトン当たり十数ドル、石炭で十ドル以上の経費がつくと云ふ。綿々と窮状を訴へられたドッヂは池田にかう云ったそうである。「百億程補給金を出し給へ。」と。
　成る程補給金を出せば資本家は一息つくだらう。しかしその金はどこから出

る。国民大衆から。完全なソウシャル・ダンピングである。而もそれは、何と競争相手を叩き倒さんとして行った華やかなりし頃のそれとは似てもつかぬ「タコ」が自分の足をかじるような哀れな、みじめなそれではないか。生き行く道は唯一つ、起死回生の法は極めて明白、中国との貿易再開である。所がニュースが途中で切れたため好くは判らないが、何とか協議会だとか、運営会だとか云ふ一部買弁資本家連は、「今後の日本経済は、アメリカ経済との協力をより一層強めねばならず、中共貿易などは考ふべきではない。」と声明したらしい。すでに自ら大戦を通じて、250％にふくれ上ったボー大な生産力を抱へ、どうにもならない危機を戦争によって打開しようと狂奔する最高度に発展した資本主義経済たるアメリカ経済に協力する事が、完全なる植民地経済となる以外の何物でもない事は常識でも判断出来る事である。しかし尚かつそれをやらざるを得ないと云ふ事、そこに世界革命の段階に於ける資本主義のあがきを見る事が出来ると共に、買弁資本と鋭く対立する民族資本、植民地経済の下、どん底に衝き落される農村、奴隷的低賃金労働に搾取されるプロレタリアート、

　そこに広汎な民主民族戦線への大きな展望を胎むのである。

○大衆路線の確立、実質的非合法下に置かれた党への課題はそこになければならぬ。

　1951年　　　9月13日　　　午後晴

○李在守五工場へ転業、かねての熱望が、企らずも今朝のK担当との正面衝突によって意外に急速に実現したと云ふ訳である＊。

○先に予備隊幹部として、追放解除の旧佐官級多数を採用した予備隊に更に尉官級400名を十一月に入隊せしめると云ふ。秋田、新ガタにキャンプを新設し、富士山麓、北海道に大規模な演習地を設ける。そろそろ士官学校、兵学校も復活しそうなものだが、

＊　「五工場は印刷工場。活字が見られるというだけで希望者が多かった。李在守が看守となぜ衝突したか記憶にない」（信爾談）

日記本文（1951年）　91

　予備隊は政府が何と云ひ繕ろおうと断じて軍隊である。戦車、高射砲、対戦車砲で物々しくも装備した警察が一体どこにあるだらうか。云々される憲法改正、再軍備は単に月給、退職金を出さねばならぬ高い軍隊を、ハガキ一つで否応なしに引張り出せる安い徴兵にしようとする計算高い支配階級連の打算にすぎないのである。

○　参院議長の佐藤尚武、車中談でおっしゃるには、「再軍備問題に関して、講和条約、日米安保条約は憲法に優先するのだから憲法改正などは問題ではない。」と。つい先頃までは、マック[47]は憲法に優先するなどと、切り札的に使はれていたが、今度は又大変なものが飛び出して来たものだ。憲法64ヶ条は、国家の最高基本法である位は小学生でも知っている。アメリカ様の云はれる事ならと至上命令のように、否以上に崇めたてまつる彼等はさしづめアメリカ教々徒なんだらう。

○　是が非でも、無茶苦茶に押し通してでも、再軍備を決行しようとする支配階級その焦りの中に私は歴史の逞しい足音を聞く。

○　厳として存在する日本共産党、がっちりとスクラムを組んだ労働者、平和と、自由のために斗ふ学生、知識人、1952年は1931年とは、本質的に違って来ているのである*。

○　今晩も又、牛尾山の上に、一際明るい星が、印象的に輝いて居る。彼方に白く浮く高塀の向ふから、「火の用心」！と呼ぶ子供の声が、かすかな拍子木の音と共に風に乗って流れて来る。
　　初秋の静かな夜である。

───────────

*　「1952年は講和条約発効、つまりアメリカ占領下から日本が独立する年。1931年は満州事変の年で、翌年、日本は傀儡国家である満州国を樹立させた。アメリカが日本を傀儡国にして事実上の植民地化を企てても、思うようにはできないと思った」（信爾談）

92　第Ⅰ部　翻刻編

1951、　9月14日　　金曜日　　曇

○ 朝焼けが美しい。

○ 売国全権団一行帰国す。

○ 米国上院議員56名は、日本の対中国単独講和反対の声明を発した。

○ "Wirtschaft und Gesellschaft China" 下巻入る。

○ 「昨日又かくてありけり、明日も又かくてありなむ。」[48]

○ 午後作業中、突然鼻血をみた。大山と行った風呂でよく鼻血を出して困った事を思ひ出す。

"Those who speak patriotism are not always really patriotist."[*]

○ 雨になった。静かに降っている秋の夜の雨である。

　9月15日　　土曜日　　終日雨

○ 「月ごとに月見る月は多けれど月見る月はこの月の月」[**] か、折角の名月もこの雨では、さっぱりである。

　中屋から葉書があった。僕とどっちがどっちと云った下手な字の奴だが、中屋らしいあっさりした書振りが久振りになつかしかった。彼奴には珍らしい事に最近の学生運動の動向を知らせて呉れたのは有難い。

○ 全学連中央執行委員会が49年5月の大会以来、中執委のとった基本方針を満場一致で再確認した事、

---

[*]　「「愛国心を語る者が真の愛国者とは限らない」。高校時代の恩師茅野良男先生に教えられた言葉。出典は不明。茅野先生は当時疎開して竹田高校の英語の教員だったが、後大阪大学教授となった」（信爾談）

[**]　江戸時代の随筆『一挙博覧』に載っている元の歌は「月ごとに」ではなく「月々に」である。「中秋の名月の歌として誰でも知っている歌だった」（信爾談）

○ 中執委不信任を決議していた関西学連代表が、自己の分裂的行動を自己批判し、協力を声明した事、

○ 戦争反対、単独講和反対の線で条約批准を中心に全国学生総蹶起を行ふ事、

　上の二つは、椎野自己批判の具体的表れかと思ふが、Mさんに依頼してあった詳細な内容が未だ来ない今では、何とも即断は下しかねるが、関西学連の自己批判は、そのまゝ同学会のそれと見て間違いないのだから、仲々意義は重大である。

○ Berlin の世界青年学生平和祭に、西欧諸国の凡ゆる妨害を蹴って約200万の青年が結集した。尚それには少数の日本代表も参加したと云ふ。

○ 徹底した思想抑圧の下に、現高等学校において組み込まれている戦争教育は最近、黙視するに耐へない程露骨化して来ているそうである。

—— 　早稲田新聞より、 ——

○ 午後、茶園部長に呼ばれた。戒護の調べ室で話したんだが、何となく愛キョーのある独特の話し振りで、熱心に話す茶園さんの顔をじっとみつめていると、まばらな山羊髭、日に焼けた額のシワに、ふと或るペーソスを感じさせられた事である。用件は両親からの手紙についてで在所中の心得をこんこんと一条り御説きになられたわけだった。

　手紙は月曜にでも渡される事だらうが、九月三十日から三ヶ月間の休学手続きをとった事を知らせて来た。もったいない事には前期分の授業料を納めてしまったとの事、十冊ばかりの本を棒にふってしまった事は残念だが仕方がない。三ヶ月間の休学とはえらくしみったれた事だが、三浦さんに連絡して、出来れば、明年九月までの一年間にしようと思ふ。

○ 三分の一仮釈を当てにして、未決通算すればなどと書いて来ているが、冬を越す積りの僕にとっては些か迷惑な期待である*。出所後の大きな課題の一つに家

---

* 「刑期の三分の一以上を過ぎると、服役態度や改悛の情などを勘案して仮釈放されることが認められている。僕の場合、拘置所留置期を通算すれば、重労働2年のうち8ヶ月を過ぎれば仮釈放の可能性があり、家族はそれを期待したのであろう」（信爾談）

94 第Ⅰ部 翻刻編

族の啓蒙を忘れてはならない。

○ 三国外相会議が終った事、全権帰国で自由党が大騒ぎしている事。

9月16日　　免業日　　曇

　第十四代京大学長は、滝川幸辰と服部教授との間で決選投票を行った結果、分校主事の服部教授に決定したと、ニュースが伝へている。ヒューマニストだと云ふ服部主事の学長就任は僕にとっても喜ばしい事である。

○ 芦田[49]が又吠えたてゝいる。再軍備すれば一ヶ師団につき2億ドルの援助が得られるのだとさ。

○ 夜に入って晴れて来た。十六夜の月も姿は見る由もないが、流石に空も明るい。塀の外からは賑やかな月見踊りの唄が聞えて来る。

9月17日　　月曜日　　晴

○ 今日から文学部が開講した筈である。
○ 工場対抗角力大会で8工場は6工場を三対二で破って二回戦に進んだ。
○ 八月分作業賞与金が、16円50銭だった。五割減とは驚いたが、例の共同謀議事件がたたっている事は明白である[*]。
○ 西ドイツ再軍備問題、アデナウアー[50]の声明あり。

9月18日　　火曜日　　曇

○ 八工場担当の北野看守は、金沢刑務所へ転任のため今日限りで退き、代りに明

---

[*]　「作業賞与金には熟練度やその他によって等級があったはずだが、当時について記憶がない。それで自弁の品物を買うことができたが、実際には「はがき」が買えた程度。釈放の時、刑務所在所中の賞与金200円余りを払ってもらった記憶がある。五割減の原因となった共同謀議の内容は覚えていない。多分石鹸よこせぐらいではなかったか」（信爾談）

日から三工場の滝仙看守が来るそうである。二年八ヶ月にわたる工場担当であったと云ふ事だ。

○ リッヂウェー夫妻の天皇夫妻訪問、新たなるファシズムの中心に再び天皇をまつり上げようとする内外反動勢力の意図は露骨である。

○ イランとソ同盟との間に通商バーター協定が結ばれそうである。

○ 大橋法務総裁は、現在立案中の国家安全保障法について、法務委員会で言明している。詳細は知るよしもないが、治安維持法の再現である事は明白だ[51]。

9月19日　　水曜日　　曇後晴

日銀券遂に4000億突破、
市中銀行への貸出しは、2400億、4ヶ月間に1000億の増加である。
○ 円山、川端[52]の判決で、京大生三名にそれぞれ数ヶ月の懲役が云ひ渡されたと云ふ。執行ユーヨなしでである。——詳しい事は判らないが——
○ 三等飯は一日計算五合6勺だと云ふ*。一寸多すぎるようだが、それにしても随分大食いしているものだ。折があったら精確な所確めて見よう。

9月20日　　木曜日　　晴

○ めっきり涼しくなった。朝の洗面の水がかなり冷たく感じられる程だ。房では

---

* 「戦中・戦後の米穀の配給制度では、成人で1日約300グラム（2合1勺）とされていたから、この数字はやや多いようにも感じる。が、昔は成人で1日6合といったこともあったため、これぐらいは供されていたのかもしれない。主食は労働内容によって5等級に分かれていた。筒に入れて固めた麦飯と、朝は味噌汁と漬け物、昼・夜は副食一品と漬け物が添えられていた。所内で野菜等の自給自足もあり、当時の貧乏学生にとっては、日常と変わらない食事で、外の世界との落差はほとんど感じなかった。むしろ時々供されるニシンの煮付けは骨まで食べられ、美味であった。1952年度の刑務所の副食費（菜代）は1日17円だった」（信爾談）。「飯の筒型を抜くと、4級飯なら4の数字が型抜きされて浮き彫りになっていた」（伊藤清太郎談）

96　第Ⅰ部　翻刻編

昨日からシャツが渡ったし、工場でも今日は上衣が支給された。あの独特の臭の例によって鼻をつく獄衣だが、上衣を着れば、まんざらでもない懲役ぶりだぞと、襟を立って一寸凄味もきかせて見たくなる事である。

○同志小島は八月二九日遂に北野病院で亡くなったと云ふ。御母さん、妹さんの附そいがあったとは云へ何事にも不自由な拘置所の病舎から、最後に病院に移されたのだらうが、遂に執行停止は受けられなかったらしい[*]。留置場での極寒の一月が君の病勢を決定的にしたのだが、思へば憎んでも憎みたらぬ卑劣な売国奴共である。革命を夢見つゝ敵の兇手に中道にして倒れねばならなかった君の英雄的最後に万斛の涙をそゝぐと共に、新たなる憤りに燃へて更に斗ひの道を衝き進む事を君の死に誓はふ。

○休戦会談再開の気配が強い。
○英国総選挙実施の旨、アトリー声明、四月のウィルソン商相、ヴェヴァン労働相の辞任問題と云い、英支配階級が社会主義の虚飾さへもかなぐりすてんとする意図は露骨である。

○東京の大久保君から手紙があった。

○「やましな」九月号が入った。俺の随想は矢張り没になっている。小田さんの「万葉集と啄木」と題する随想に何時もながらの鋭どさを感じさせられると共に、小田さんなき「やましな」の凋落を想った。

---

[*]　小島興が亡くなったのは8月2日。「小学校の同級生だった。運送会社で逮捕された時、小島に逮捕状は出ていなかった。連行されるとき、たまたま会ったので「逃げよ」といわんばかりに「俺逮捕されたわ」と言うのに逃げよらんと。その晩自宅でつかまってまいよった。一人逃げたら卑怯やと思ったんかな。小島は結核だった。大阪拘置所から四条畷支所の病監に押送される時、「これから行くわ」と挨拶してくれたのが別れとなった。最後は結核専門病棟のある梅田の北野病院に移されおかあさんと姉さんがみとったと聞いた」（伊藤清太郎談）、「小島さんの葬式には大勢の警官がやってきて式場を包囲し、刑事が近所の家の二階から参列者の写真を撮っていた。共産党は恐ろしいと町中の噂になった。小島さんのお祖母さんから聞かされた」（伊藤ツユ子談）

秋の夜の獄舎(ひとや)の中に、独り壁にもたれながら
同志小島よ、私はあなたの死を想っている。
新らしい歴史のため斗ひ、平和と独立に命をかけた
あなたの英雄的生き方を、激しい斗ひを、私はじっと考へている。
遂に相見る事を得なかった同志小島よ、
しかしあなたの名前はこの私の胸にしっかときざみこまれたまゝ
永久に消える事はないでせう。
あなたの死を想ふ今、私の血潮は私の中に高鳴っている。
その高鳴りは、固い独房の壁も、頑丈な鉄の格子も
妨げようとするあらゆるものを乗り越へ、はてしなく
たかまり、ひろがって行く。
君よ、これだけは信じてよい。雄々しく倒れた君の後には
新しく更に十人の君が起ち上っている事を、
そう、同志小島よ、あなたの死は、丁度、新しい世界の稔りのために、地に
落ちた一粒の麦のようなものでせう。
一人のあなたの跡から幾十人の若者が進み
幾十人のあなたの背後には更に幾百人、幾千人のあなたが続く、
避け得ぬ日まで、収穫の日までは、平和と自由のために
その逞しい足取りが、力強く大地を揺する事でせう。
鈍い光の下、墓場のような静かさの支配する
獄舎の壁に、黙々ともたれて、
同志小島よ私はあなたの死を想っている。いつまでも、いつまでも

1951年　9月21日　　金曜日　　晴

○ 舎房軍*と行はれた角力の第二回戦は、4対1の惨たる敗北に終った。八工場
が弱いのではなく、相手がけた違ひに強すぎるからだ。

---

*　「舎は、囚人の住む獄舎を棟ごとに第○舎とよび、房はそのなかの個別の部屋をいう。記
　　憶が定かではないが、舎房軍とは獄舎のなかで雑役に従事していた囚人たちのチームだっ
　　たと思う。私は第4舎だったが、同じ獄舎でも工場は縫製とか印刷とか作業別の工場に分
　　かれて整列して出役した」(信爾談)

98　第Ⅰ部　翻刻編

○オッタワ宣言発表。
○中部戦線で米軍は開戦以来最大の規模で大攻勢を始めた。何れが真に戦争を欲しているか、事実はいかなる宣伝にもまして雄弁である。
○特別発信の手続きを取って貰った。
　　　0.→ 3.

　9月22日　　土曜日　　晴

○午前中、変てこなアンケートが行はれた。「日米安全保障条約についてどう思ひますか」「再軍備について」など16問、当局の Kopf [53] の所在を一応疑ふに足るものだ。

○池田 [54] から葉書があった。身体の調子が秀れぬと云ふが。

　9月23日　　日曜日　　快晴

○相撲大会、小倉君出場、戦績は云はぬ方が、いや書かぬ方がよからうと云った所。

○オーストラリヤ、共産党非合法化のための国民投票は15万票の差で、反対と決定。
○臨中指導部検挙者の起訴で検察当局が困っているらしいのは愉快だ。

　9月24日　　月曜日　　曇　　「秋分の日」

○二日続きの免業、おかげでゆっくり本の読めるのは、有難い。

○房の前で大きな声で雑談している。「刑務所の中で、真面目でおとなしいと云はれる奴は出て行ってもすぐ帰って来る奴だ。一方やんちゃで手の付けられないと云はれる奴ほど性根がしっかりしてるから、帰って来るのは少いものですよ。

それが証拠に今まじめで、おとなしいと云はれている奴には、累犯者が大部分です。……」なるほどそう云ふものかなと思ふ。

○「春分の日」には大拘で味もそっけもない汁粉らしいものを食はされたのを思ひ出すが、今日のお萩は美味かった。こんな生活では、およそ糖分などには、月の世界ほど縁が薄くなるのも止むを得ぬ事だが、それだけにたまたまの甘さが尚さらたまらなくなるわけだ。河上博士の随筆にも「萩の餅」と云ふ好篇があったが、博士が戦時の飢餓生活の中に、思ひ出を繰って見たように、一つ僕も「甘さへの追憶」でもものして見るかな。──

○三風整頓[55]

○学習、実践、如何して私の中に根強く巣くうプチブル性を抜き去るか、大きな課題である。

公元[56] 1951、 9月25日　　曇　　火曜日

獄中暦日無し[57]、単調な日々が繰り返へされる。
　「朝起きれば、飯が食へる。そう思って床に就く、
　後五時間すれば飯が食へる、そう思って仕事をする」[58]か。

　「朝の飯が大きいと一日中心楽しい。汁の実がいつもより沢山だと一日が心豊かである。」、そうでもないけどなあ、

○だけど飯をゆっくり食べられないのには一寸まいる*。近頃は大分慣れて来たようだが、最初は胃の具合が悪くて困った。百千の下らぬ小言の前に何故「ゆっくりかんで食べろよ。」の一言を云って呉れないのだらうか。気が附かないと云

＊　「朝は起床後30分ほどの間に、寝具の整理、洗面、用便、便器の回収、食器の返却、工場に出る準備などをしなければならず、食事時間はわずか数分であった。昼は工場内で、夜は自分の房に帰って食事をとるが、食事時間が極端に短いことは同じであった」（信爾談）

ふよりも、むしろ根本的な考へ方なり、態度なりに問題がありそうだ。

○担当が代って工場が見ちがへる程明るくなった。

9月26日　　水曜日　　雨、夜に入って止む

○谷大コーラス団、光華女声合唱団のために、今日は作業を一時中止して教誨堂に入った。久し振りに接するコーラスは、仲々きれいなものだったが、どこかピントのぼけている感じである。きちんとした学生服に身をかためた壇上の学生達は一体何を考へ何を見ようとしているのだらうか。囚友連中は、又この間の宮川会の奴と比較したそれなりの感想をもっているようだ。
　カチューシャ*、民青の逞しいコーラスを思ひ浮べながら、色々と考へさせられた事である。

○臨中検挙は岩田、川上の二氏を除いた全員六名を釈放して、次の段階に入った。両氏の勾留理由開示裁判は28日の予定である。

9月27日　　木曜日　　午後晴れて来た。

○休学手続きの件で三浦夫人宛特別発信した。四ヶ月振りに出す三浦さん宛の手紙だが。

○イラン問題紛糾[59]

○仰げば満天の星、そう云った表現が浮んで来る。惜しむらくは鉄格子に限られた視野はわずかに、天体東半球のみだが、しかり何と美しい秋の夜の澄み切った星の色だらう。宝石をちりばめたようなと陳腐な云ひ草も、さこそと肯かれる今宵である。すだく虫の音、いよいよ高い。

---

*　「ソ連抑留帰還兵が中心となった「楽団カチューシャ」という歌舞団があって何度か見に行った。ロシア民謡やコサックダンス舞踊などたいへんな熱演だった」（信爾談）

9月28日　　金曜日　　快晴

　明年度より米の統制撤廃の由、巨大な半植民地経済の歯車の下に、過小農的農村経済の破局への突進は決定的に早められるであらう*。

○ ブラッドレー[60] 来日、

1951年　　　9月29日　　土曜日　　晴、夕に入って曇り、風も出た。

○朝夕めっきり涼しくなって来た。朝などは肌寒い程である。「秋だなあ。」つくづくそう感じる。

○今日の午憩時には工場対抗の野球がグランドで行はれた。5インニング戦で、スコアーは3対2、惜しくも(?)敗北と云ふ所だが、内容は何と出たらめな御寒いものだった。

　一回の肩馴らしも、トスバッチングもやらずにいきなり試合させられる選手も可哀そうだが、それはお互ひ様、出場選手が二、三人を除いては、てんで野球を知らぬ連中ばかりと来ては些か唖然とさせられる次第である。二百名になんなんとする大工場中から23人の自セン、他センの候補、その中から選りすぐった9人だけに下手な筈はないのだが、そこは懲役である。手並を知る由もないだけに、はったりが幅をきかせる事になる。本当に上手なしかし内気な連中はどうしてもはったりのきつい連中におされてしまふ。みすみすボロの出る事は判りきっていながらも、嘘勢を張りたがるルンペン・プロレタリアートの心裡である。今日の一塁手の如き、あれではキャッチボールさへやった事があるのだらうかと云はれても仕方あるまい。他の連中にしても大同小異だ。

　懲役と虚勢、いゝ勉強になった。

---

* 「戦時中の1942年以降、米は食糧管理法により統制された。それは買い取り価格を高く設定することで農家を保護する役割も果たしていた。また、農家は統制以外の米を闇米として売ることにより、かつてなかった利得を得ていた。統制が廃止され市場原理に純化されれば、農家の所得保障は失われ、零細農家は没落するであろうと考えた」(信爾談)

○18日附の御父さんからの手紙、点検*前、茶園部長がわざわざ房まで持って来て呉れた。

　昨日の出房時、Wittfogel 返して置いたのに、代りの本は今日に至るも入っていない。明日は免業日だと云ふのに全くヤマが悪いよ**。

　　9 月30日　　　日曜日　　　雨、夕方に至って止む

　最近、どうも、スランプ状態だ、日記も以前のように精力的に書くと云ふ事が、おっ劫になってしまった。どうもいけない。

○御父さんの手紙、気持は判りすぎる位判るのだが。世代の差と云ふのか、変革の時代には避けられぬ事なのだ。真の歴史学徒としての道は歴史を解釈し、センサクする事ではなく、歴史を創る事にあると云ふ事、親不孝ではない。断じてない。吉田松陰を親不孝と罵り、雲浜を非情者と誹る者があるだらうか。

○明日から、いよいよ十月に入る。竹田では栗の盛りと云ふ頃だらう。

　　十月一日　　　月曜日　　　曇

○十月に入った。もう本格的な秋なのである。Meditation の秋、……俗事に煩はされるおそれのない有難い境遇……親むべき灯火も、書物もないだけに、尚更 Meditation! Meditation!

○「人文地理学。」幾ら待っても下りて来ぬ、畜生！

○今日から、百二五名の二時間残業が始った。当分続く事だらうが。

---

*　　「点検は在室確認の点呼。朝夕 2 回。起床後と帰房後に行われた」（信爾談）
**　「「ヤマが悪い」は刑務所の俗語でうまくいかない、気分が悪いほどの意味」（信爾談）

○ブラッドレー、朝鮮行き、社会党は講和問題を巡って、左右の大もめ、或はこの当りで左右分裂の可能性もありそうだ。

陸士、海兵出パリパリの元将校（中、少佐級）四百余名、予備隊幹部として、さっさうと入隊。

Oh, wonderful!! How speedy the reconstruction of Japanese Army is!

暇つぶしに河上博士の詩でも書いて置かう[61]。

　　一、一つ建物の中に、男ばかり千余人も寝ていれど
　　　　墓場のような静けさの中を、終列車の音の遠く消ゆる時
　　　　牢獄の夜はうら淋し。
　　二、窓の隙もる風の音もなく　水の如くに流れ入る　冬の夜半
　　　　独り眼覚めて
　　　　襲い来る胃痛をこらへいる時
　　　　老残の身はうら悲し。
　　三、されど一度天わが骨肉を苦めて、
　　　　わがためにわが志しを鍛錬すと思ふとき、
　　　　鼎鑊甘きこと飴の如きかな[62]。
　　四、かくて又、我は遠く思ひを
　　　　イベリア半島のプロレタリヤの
　　　　英雄的斗争に致しつゝ、心に劍を抜いて
　　　　起って歌ふかな、
　　　　老驥伏櫪、志在千里、烈士暮年、壮心不已[63]。

　老博士、三年六ヶ月の獄中生活を思ふ時、私はこのわずかな拘禁生活にすら、ともすれば音を上げそうになる私自身を唾棄したい。

十月二日　　火曜

十月三日　　水曜日　　晴

○東京の明生君から、端書があった。無闇と人は好いが、ピリッとした所の少しもない人だと思う。

○1952年度、米国予算はその80％512億ドルが軍事費である。二次大戦中にも見られなかった未曾有の戦争予算だ。正に東洋的現象だと云へよう。Kapitalismusの二五時！⁶⁴⁾

○英国労働党中央委員選挙は、定員七名中四名迄左派で占めた。殊に左派の旗頭ベヴァン元労働相は85万票と云ふ記録的得票であったと云ふ。平和を欲する人民大衆の本能は独占資本の全力をあげての宣伝をも跳ねかへして逞しく盛り上る。
　　　俺達は信じてよろしい。人民の力を！

○社会党、通称日本会社党は又々左右中入りみだれてのごったがへしである。

十月四日　　木曜日　　晴

○日当りのよい窓側に腰を下ろして、呑気に針を使っていると、ポカポカと暖まって来る心地よい小春日和についうとうと眠りそうになる事である。

○米政府再びソ同盟の原爆々発について声明⁶⁵⁾、昨日の出たらめな予算通過の直後。意図ははっきりしているよ。

○ 6日ぶりに本が入った。和辻の「風土」

十月五日　　金曜日　　晴

○国家公務員十二万五千の首切、千三百億の補正予算、閣議で決定。

日記本文（1951年）　　105

○中屋から端書があった。立川、横浜辺では防空訓練が復活しているそうだ。
○デトロイト銀行頭取ドッヂが、1952年度予算問題で又ぞろ御入来だそうである。ニューヨーク銀行頭取ダレス[66]と共に正に好一対と云った活躍ぶりだ。

○ミュレット問題を巡って、義理立てだなんだかんだと人を馬鹿にした奴等だ。カビの生えそうな義理や人情なんかで、こん〔な〕所まで来れるかい*。

○さあ馬力をかけて「風土」でも読まうか。4百頁二度読み返へして、来週の木曜日まで。これがノルマだ。

　　十月六日　　土曜日　　晴

○どうした事か、今晩かかったラジオはN.B.Aとか云ふ例の民間放送だった。感想は「下らない！」

○明日は免業日だ。何か演劇でもあるらしいて……

　　十月七日　　日曜日　　晴

○岡崎官房長官[67]曰く、コミュニストにはジュウリンされる基本的人権なんぞないそうだ。
　　ハッハハ……。

○今日の演劇、例によって街のボスの持って来たものだったが、その一座の中に、「青空洋子」とか云ふ当年7才とふれ込んだ小供がいた。天才少女とはやしたてられ、「長崎物語」や「買物ブギ」等を歌って呉れたのだが、舞台を跳ね廻

＊　「救援運動の中で、ミュレット神父のところに寄宿し、彼の保護を得ることで保釈を勝ち
　　取ろうという話が進められた。私がそれを断ったのは共産党に義理立てしてのことだと周
　　囲で憶測されていた」（信爾談）

る可憐と云へば可憐なその姿にふと思ひ浮べた言葉がある。

——「自分の子供にブギウギを歌はして、ふところ手をしているような親は絞首刑にしてやりたい。」——

明日、故郷に出す端書の原稿

○もう栗も盛りを過ぎた頃、庭の柿はとっくに侃爾達の胃の腑に納った事でせうか。山科の里もすっかり秋の気配、小春日和の午下り、工場の窓際に腰を据へ静かに針を使っていますと、ポカポカと心地よい温かさにふと夏ももうすぎてしまったのだなあと今更のように感じる事です。

　九日附の御手紙先日落手致しました。何時に変らぬ御慈愛にみ〔ち〕た御手紙不孝を重ねる身を恥じながら有り難く拝見致しましたが、ミュレット家寄寓問題に関する私の考へは私の抱いています信念とそれから帰結する今後の取るべき道についての判断から、つとに決定していた事で決して御父さんのおっしゃるような事情ではない事を更めて申し上げねばなりません。休学については、明年九月一杯まで延長して頂くよう三浦さんに私の希望を伝へて置きましたから。

　泰治の頑張りぶり、明生君や中屋達から詳しく聞いて喜んでいますが、一般的教養、社会常識と云った方面にも心掛けるよう注意してやって下さい。貞子には呉れ呉れも自愛する事、亮子、侃爾にはしっかり勉強するように。

　御母さんにも、決して御心配なさらず、殊に無理を重ねないように御父さんからも御伝へ下さい。一日も早く○列*に帰る事がこゝでの私共の斗ひだと思ひ、大元気で作業に精励して居りますからと。

　御身体に御気をつけ下さい。皆さんに宜しく。

10月8日

　十月八日　　月曜日　　曇

○六月三十日に僕等と一緒に工場に下り、以来ずっと一緒に働いて来た高木君**は、今日出廷のため福岡に送られて行った。人のよすぎる位よい面白い若者だっ

＊　　原文ママ。「○は戦。敢えて伏せ字にした」（信爾談）

たのに。これで残ったのは田所君と僕だけ、星霜移り人は去りか。

○ニュースが肝心の所で切れて詳しくは判らなかったのだが、大橋は「ゼネスト禁止法案」を今国会に提出するらしい。当然と云へば当然すぎる政府の処置だが。……

○詳しい国内外の情勢を知りたい。つくづくそう思ふ。能勢君にでも頼んで見ようか知ら、……

○御父さん宛に端書を出して置いた。

十月九日　　火曜日　　曇、午後に入って晴れる

○中屋から端書があった。この前とは打って変った調子の面白いもの。
　「大砲よりもパンを、ピストルよりも基本的人権の確立を！」
　「一弾落ちて天下の終りを知る」*──私達の標語だそうだ。

○今晩のニュース解説によると、エジプト政府は遂にエジプト・イギリス共同防衛条約の破棄を通告したそうである。イランと云ひ、エジプトと云ひ、イラクと云ひ、帝国主義支配一般に対する中東民族主義勢力の力強い昂揚は民主陣営にとって確かに大きな力である。

○今晩もニュース前になって、ラジオを切ってしまった。馬鹿にしてる。

**
前頁　「高木君は一般犯罪で服役中だったと思う。拘置所の雑居房などとは違って、刑務所ではそれぞれの犯罪の内容について聞く機会がほとんどなかった。ただ少しでも話せば、彼の罪が思想的犯罪かそうでないかはすぐに判断できた」（信爾談）

---

*　「旧制中学の国語の教科書に坪内逍遥の文章があり、その表題に「桐一葉落ちて天下の秋を知る」とあったのをもじったもの。ひとたび革命が起これば、アメリカを中心とする世界構造が崩壊するという意味だったか」（信爾談）。坪内逍遥「桐一葉」は豊臣家没落を描いた歌舞伎の戯曲。

○明日は、若しかすると三浦さん達がやって来るかも知れない。伝へるべき用件は本の宅下げの事、休学手続きの事、…………

十月十日　水曜日　──双十節──　晴

○1911年十月十日武昌起義[68]の日から、今日は丁度四十年目である。正に崩潰せんとする清朝権力がその絶対支配の最後の支柱として築き上げた新軍が、却ってその崩潰を決定的たらしめる鉄槌となった事は四十年後の今日にも何か暗示的なものがある。

○やっと待望の転房が実現した。66房から78房へ。…………暗かった以前の部屋に比べて、こゝは又気持のよい明るい房である。と云っても、もちろん相対的にだが。

○フォイエル・バッハ論が入った。

1951年　十月十一日　木曜日

○ラジオかゝらぬ、やまわるし。

○今日、僕等の帳場で指輪[69]の紛失事件があった。残業の連中に後をまかせて、帰って来たが、どうなった事やら。

1951年　十月十二日　金曜日　どんよりとした日和

○指輪は有ったそうだ

○秋季野球大会、十一工場対製洗炊[70]の試合は 2 対 0 で製洗炊の勝、面白くない試合。

○「やましな」十月号入った。講和記念号と称するもの。

○脇田[71]から端書があった。「没法子[72]はすてねばならぬ。現実を直視する事」

○本の事、ラジオの事、面会の事、どうもむしゃくしゃする。明日は改めて文化地理学、人文地理学の取下願を出すと共に、教務面会を請求してやらう。

10月13日　　土曜日　　曇

Nothing!!
{
　Engels "ドイツ農民戦争" ──90￥
　　　　　"住宅問題"
　小田切秀雄 "日本近代文学研究"
　Lenin "共産主義左翼小児病"
　　　　　"一歩前進二歩後退"
　タカクラ・テル "ニッポン語"
}

10月14日　　日曜日　　雨風

○三軍可奪帥也。匹夫不可奪志也[73]。

○颱風接近の由、風が強い。九州には今夜上陸すると云ふが。

○ニュース、全然入らない。

10月15日　　月曜日　……降ったり曇ったり照ったり、全く変てこな天候

○夜に入った。真円な十五夜の月が、牛尾山の肩にその皎々たる姿を現して呉れた。久し振りに見る月にじっと鉄格子に立ちつくす。きれいだ。何とも云へぬ程美しい。素晴らしい月夜である。

110　第Ⅰ部　翻刻編

○プチブル性の問題、失ふべき何物かを未だ持っているもの、退くべき余地を自己の背後に存する者、乗り越すべき道は唯一つである。

　　──白い手を汚す事、退くべき余地を自らから切り取る事、──

○又曇ってしまった。

10月16日

○午後、三浦夫人と江藤氏、川井氏？の三人の面会があった。キスレンコの「ホー起する人々」[74] 遠山の「明治維新」*を入れて呉れたと云ふ。

　おっそろしく高い面会で、全くアッと云ふ間だったが、二ヶ月振りに三浦さんの顔を見る事が出来たのはうれしい。

○夜、皎々たる十六夜の月が、牛尾山の肩から登って来た。雲一つない大空に照々として輝く月。

　　小島祐馬「中国の革命思想」25.3[75]　130￥　弘文堂
　　戒能通孝「裁判」26.5　岩波新書
　　川島武宜「日本社会の家族的構成」23.5　学生書房　　　94￥

　（宮川実「経済学入門」22.3　青木書店　200￥

　　「アジア民族と文化の形成」江上波夫　23.5　100￥　野村書店
　　「文明の起源」チャイルド、ねずまさし訳　26.6　岩波新書　上・下、各100￥

───────────────

＊　　遠山茂樹『明治維新』岩波書店、1951年。「この書は、明治国家を近代国家とするのではなく、絶対主義政権と規定した。戦後歴史学の出発点となった名著で、当時の学生、とくに歴史を専攻する学生にとって必読の書であった」（信爾談）

十月十七日　　水曜日　　快晴

○ 十七夜の月が登った。

十月十八日　　木曜日　　快晴

○ 貞子から葉書があった。

十月十九日　　金曜日　　雲多し

○ 久し振りに、ニュースが掛った。日本が独立国である以上、自衛権はある。自
衛のためには種々な安全保障の道を講じねばならない事は当然であり、そのため
には戦争になってもいたし方ない。──吉田の議会における答弁である。

十月二十日　　土曜日　　雨、夜に入ってますます激し

　　全官公を中心とする労働者の批准反対総蹶起大会が、午後二時から円山で行は
れ、一方市学連も売国講和反対デモを行ったと云ふ。
　　　──若驥伏櫪、志在千里──壮心たかなる[76]──

十月二十一日　　日曜日　　曇、午後晴

○ キリスト教誨、ニュー・オルレヤンス神学校々長ヴェヴェル？博士一行の来所。
　　　　　　　　　　　　　　　　　　　　レヴォル

十月二十二日　　月曜日　　晴

十月二十三日　　火曜日　　雨

○ 21回目の誕生日、私の人生に於ける最も意義深い誕生日となって呉れる筈であ

十月二十四日　　水曜日　　曇

○ 社会党遂に左右に分裂す。裏切的社会民主々義はますます決定的に大衆から遊離して来る。
○ 朝鮮会談、明日から再開。

十月二十五日　　木曜日　　曇後晴

○ 三浦さんから葉書、S.K から九枚にわたるボリュミッシュな手紙が届いた。同志三浦の士族の商法ならぬコミュニストの商法も案ぜられる*。それよりも、S.K の激しい批判には強い衝撃をうけた。読み終ったせつないきなりガンと頭をなぐりつけられたような感じがした事を告白しなければならない。敗北主義的偏向、たしかにそうであった。情勢判断の粗笨（そほん）なまゝについズルズルと敗北主義の泥沼に足を踏み入れてしまっていた僕、救ひ難いプチブル性、何よりも忘れてはならぬ斗ひを完全に放棄してしまっていた俺、――

　　立ち直る事、再び斗ひの中に自己を見出す事――

十月二十六日　　金曜日

○ 今日から、残業せざるを得なくなった。停電騒ぎで三十分早く繰り上げと云ふ事にはなったものの、これからが思ひやられる。ラジオは、聞けないし本は読めないし、全く「ヤマ」悪い限りである。毎日二時間づつを搾り取られるようなものだからな。

○ 安全保障条約、講和条約は衆議院を通過した。反対は47、会社党右派が加はれば76、――心の底からのいきどほりが湧く。――

―――――――――――
＊　「銀行員だった三浦さんの夫は、組合活動を理由に退職を余儀なくされた。袋物を加工する事業に手を出したり露天商をしたりしたがうまくゆかず、数年後離婚した」（信爾談）

○ イギリス総選挙、明日は完全な結果が判明するだらう。ニュースは保守党＝保酒党のほぼ確実な勝利を伝へるが。

○ 「人文地理学」「文化地理学」丁度二週間ぶりに入って来た。
大山の認印もなつかしく感じられる。

○ 円山事件の判決、「京都市公安条令は憲法違反であるが、有罪である。」でたらめな判決である。

十月二十七日　　土曜日　　晴、後曇

○ チャーチル戦争内閣誕生す。
○ 講和、安保両条約には、民主党内でも青票を投じた幾人かゞあったらしい。吉田浙江閥*中心の出たらめな買弁政策に対して真向から対立する愛国的ブルジョアジ──それはつまり民族資本、中小企業を代表するものに外ならぬのだが、──が公然と現れた事、否具体的な数として、国民の前に始めて大きくクローズ、アップされた事の持つ意義は極めて大きい。──民主民族戦線の大きな前進のために──

十月二十八日　　日曜日　　曇　うすら寒い日和

○ ドッヂ横浜着
○ N.H.K 国会討論会、分裂した社会党を代表さして、水長[77]を出席させている。さながら同一政党のメンバーの座談会のようにしか聞こえないのも当然と云ふ所。──分裂は外部勢力！──労働組合の事ですぞ──の圧力によるものだそうだ。

----

*　「浙江財閥は中国の蒋介石の出身基盤。親米反共路線をとる吉田茂の支持基盤は中国史における買弁企業家集団であると擬えた」（信爾談）

114　第Ⅰ部　翻刻編

○協和の持って来た演劇、例によって例の如し。

十月二十九日　　月曜日　　晴、夕焼が美しい。

十月三十日　　火曜日　　曇

　　懲役われ生けるしるしあり、
　　　　夕飯につけるサンマの大いなる見れば[78]
　　　　　　ハハハハ……
○"魅せられた〔る〕魂"第二巻取下げ願提出、

十月三十一日　　水曜日　　快晴

○十月最後の日、
○思ひがけなく三浦さんがやって来た。所が大ケッ作、三浦さんが人間違ひで病室面会に連れて行かれたのである。面会担当に連れられて一工場の角を廻って来ると、グレイの洋装をした婦人が部長と一緒に医務の門を入って行く。後姿の三浦さんによく似た人だなあと何の気なしに見送ったのだが、やがて待合所で腰を下して居ると医務の門が開いて「間違ひだ、間違ひだ。」と大声で云ひながら部長が出て来る。続いて出て来た先刻の婦人を見ると、何と似てた筈、本物の三浦さんである。眠り込んでいる洋子ちゃんを横に抱いて、きつねにつままれたような顔附きで出て来た。びっくりした僕が思はず立ち上って「どうしたんです？」と問ひかけると、未だ驚きの覚めやらぬ顔で、「びっくりしたわ。」と答へる。それもそうであらう。尋ねて来た僕が、足腰たゝぬ重病で病室に寝てると云ふ。心配しながら行って見ると、とんでもない人違ひだったなんて。
　しかし普通の人では到底見る事の出来ない刑務所の中をたとへ一寸でものぞく事が出来たのだから大きな「コボレ」だ。きっと今時分は例の「イロリ」の辺で、興奮しながらその事を皆なと話している事だらうて*。

○ゲル[79]二百円。「魅せられた〔る〕魂」四・五巻。世界十月号。

十一月一日　　木曜日　　曇

十一月二日　　金曜日　　曇

○朝起きたらこの続きを読まう、そう思ってフトンをかぶる。
　後五時間したら本が読める、そう思ってミシンを踏む。
　　人を食った懲役の心である。
○一週間やらされた残業も今日で終りである。もうこりごりだ。

十一月三日　　土曜日（文化の日）　　曇、雨

○めっきり冷えこんで来た。夏シャツ、薄い木綿上衣、夏ズボン一枚の惨めな恰
好で一日中をふるいながら読書にすごす。

「やましな」十一月号入る。同志李相台の短歌九首が特選になっている、変っ
た内容としては、「二都物語」の要約、大映々画「源氏物語」のシナリオ要約、
──監修だとか、考証だとか、殊勝らしい事を云っても、つらぬくものは大映
調、源氏にチャンバラさせるなぞに至っては完全な冒瀆である。

○マンネリズムを切り抜けようと焦る編集部の苦心は判るが、所詮は既存の枠内
で危機を切り抜けようと目論む資本主義国家と一緒。

十一月四日　　日曜日　　快晴

○三日来の秋らしくもない陰うつな天気に引きかへて、今日は又うって変った素
晴らしい天気、山科の秋季運動会も滞りなく済んだ。

───────────────
＊　　「都会の家にはめずらしく三浦家の茶の間には囲炉裏が切られ、下宿人や来客の団欒の場
前頁　　になっていた」（信爾談）

百米のレコードは15秒１、八百米リレーは２分４秒、社会では中学一年生の記録であらう。不自然な環境の中に足も腰もすっかり弱ってしまっている我々である。

○ 久し振りに食ったリンゴ、去年の今時分、安藤さんがよく一ヶ五・六円の奴を買って帰って呉れたものだが。

十一月五日　　月曜日　　「秋の空」

○ ロマン・ロラン "L'âme enchantée"[80] 一巻、二巻、三巻、揃って手許に届いた。素晴らしいぞ‼

　嵐の中の国連総会、社会主ギ陣営と、帝国主ギ陣営のそれぞれから、お互ひに平和提案を行ふらしいと取沙汰している。全世界の人民の前に、何れが真の平和提唱者であり、何れが人民の利益を守るものであるか明〔々〕歴々地に示される日が近い。

　否むしろ、崩れ行く基盤のために口先きだけででも平和を云々しなけれならなくなった事実が肝心である。自分のでっち上げて来た現実の嘘構をつなぐためには、其の時、其の時、口から出まかせの嘘言を積み上げて行かねばならない人のように。

> Freudvoll und Leidevoll,
> 　Gedankenvoll sein; Hangen und bangen
> In schwebender Pein;
> 　Himmel-hoch Jauchzend,
> Zum Tode betrübt,
> 　Glücklich allein ist die Seele, die liebt[81]

十一月六日　　火曜日　　晴

○ 今年の稲作は十年来の不作であると云ふ。天祐(てんよう)とそれにもましての人祐──独占資本の危機転嫁政策──、それがどんな結果をもたらすか。

日記本文（1951年）　117

○炭坑ストライキ、いよいよ高まる。
○政府は遂に明年四月からの統制撤廃を延期させられてしまった 。

十一月七日　　水曜日　　（曇天）

　人を近代的にしてやるために少しでも役に立てるとしたら、僕にとって、これ
ほど嬉しい事はない。これから先の自分の活動を夢みて、又その成果を想って、
工場の噪音の中にもふと放心している僕を見出す。僕自身が一つの L'âme
enchantée である事――

11月8日　　木曜日　　曇、午後晴

○新しいノートが今日入った。先月十二日願箋を提出して以来丁度四週間目であ
る。23日に出した「明治維新」も未だ入らぬ。

○英・米・仏三ヶ国共同提案による軍縮案発表、欺瞞と謀略の書。

○郵税引上の影響か、何時までたっても今月分のハガキが来ない。急いで木村の
奴に手紙をと、ジリジリしてるのに、畜生！

11月9日　　金曜日　　晴――曇

○ヴイシンスキー外相[82]の平和提案、詳細は判らないが、北大西洋同盟の結成、
米軍々事基地の他国に於ける存在は完全に国連憲章違反である事を指摘し、朝鮮
問題の解決、早急な平和条約会議の開催など具体的な平和提案らしい。

○アラブ連盟は正式に近東共同防衛に対する四ヶ国提案を拒絶した。

11月10日　　土曜日　　晴

○11月分の端書が来た。早速房に持ち帰る。

○ このノートも、今日でピリョウドを打つ事にしよう。明日からは新しいノートに又さゝやかな記録をつゞけて行きたい。

日記「新らしき歩みのために」

〔第 2 冊〕

大判大学ノート　………使用許可11月 8 日.

総頁数　120（60枚）（櫻井）〔朱印〕

Mut verloren, Alles verloren!
　　Es wär besser, nicht geboren.*

……to strive, to seek, not to find, and not to yield**……

---

*　　39頁註 ** 参照。

**　テニスンの詩「Ulysses（ユリシーズ）」の一節と思われる。ただし原文は To strive, to seek, to find, and not to yield. である。邦訳は「努力し、求め、探し、そして屈服することはないのだ。」（西前美巳編『対訳 テニスン詩集』岩波文庫、2003年、106-107頁）。

1951年11月11日　　日曜日　　晴

　今日から新しいノートに移った。前のノートでは後の方になればなる程、日記も簡単になり、粗雑になって行ってしまったが、これはむしろ生活のマンネリズムと云ふよりは、本格的に入って来るようになって来た本のおかげで、とても忙しくなって来たためだ。今晩はと云へば例によって、マカレンコの残りを読んでしまはなければならないし*、それに「人文地理学」も少しは進んで置きたいし、一分の間も惜しい位である。おまけに S.K へも手紙を書かなければならぬ。頑張れ、頑張れ！

○キリスト教誨、「幸福について」――
　　――腹の中に一物もない時、人間には道徳に至る何の素材もない。――

○S・K への手紙の草稿、――極めて簡明に、――
　　――S・K君、君の手紙は先月25日無事落手した。紙面の都合でごく簡単に結論をつけるが、敗北主義的偏向、たしかにそうだった。情勢判断の粗笨なまゝに――僕自身の行動の意義すら完全に見失っていた僕に、まして事件以来の救援会活動の正しい評価など望むべくもなかった。――知らず知らずに敗北主義の泥沼に迷ひ込んでしまっていた私、救い難いプチブル性、何よりも忘れてはならぬ斗ひを何時の間にか完全に放棄してしまっていた私、
　　君に指摘された事実には、些か弁明さしてもらいたい事情――完全なつんぼさじき、おまけに盲なんだ――もあるのだが、僕はむしろこの事件に処して来た根本的な僕の態度そのものが、敗北主義的なそれではなかったのかと反省せねばならない**。
　　立ち直る事、再び斗ひの中にはっきりと自己を確立する事、S・K君、君の更め

---

*　　マカレンコ（Anton Semyonovich Makarenko 1888-1939）はソ連の教育家、作家。1950年12月からマカレンコ著作集が三一書房から刊行された。「読んだのは第1回配本の『愛と規律の家庭教育』だったと思う。三浦夫人が読んでいたのを借りた」（信爾談）

**　「S・K の批判は、文学部学友会が大学当局の退学勧告撤回を要求して、無罪釈放、最低でも保釈をかちとろうとして頑張ったのに、拘禁を認め安易に休学届けを提出するのは敗北主義だというような主旨であったと思うが、詳細は記憶していない」（信爾談）

て確認さして呉れた塀を貫く赤いきずなの触感にかけて僕はそれを誓おう。君の気ずかって呉れている其の他の点避け得ぬ日に備えて、体を鍛え、学習に努める事は僕を信じて呉れていゝ。この点では或ひは君なんかよりは、うんと恵まれているかも知れないのだから。

　静かな夜半に、小春日和の放心したような午下りには、よく図書館前広場を、法経第一教室を思い、君等の絶間のない激しい斗いを想う。ニュースに蹶起大会を知り、反戦カンパニヤの高まりを聞いてわ、思わずこぶしを握る事だ。嵐の中に君を始め同志諸君の健斗を祈って、ペンを擱こう。近ずく冬を前にして、身体を大事にして呉れ給へ。

　ついでだが、三浦さんに次の事を連絡して欲しい。二十日迄には大山の本を含めて6冊の宅下げ手続きを取るからと、ドイツ農民戦争、住宅問題

　　1951年　　11月12日　　　月曜日　　　雨

○お天ちゃん京都行幸、おかげで一時間以上も早く閉房である。
○大学の連中は大分デモったらしい[83]。

　　1951.　11.　13.　　　火曜日　　　曇、夕方に入って晴れる

○明るい大きな十四夜の月が牛尾山の裾から昇る。
○風呂から上って整列している時、ふと教誨堂の前の小さな銀杏がすっかり色づいてしまっているのに気が附く。文学部の傍の銀杏並木の日毎の色づきに、しみじみ秋を感じた去年の今時分を思った事だ。
○天野文部大臣は今日の議会で昨日のインター奉迎事件について発言し、学校行政に対する文部省の監督権強化を云々している。真に申し訳ないと只管（ひたすら）恐ろしている所は些かコッケイだが、思想善導、補導課行政と開き直られては笑ひ事ではすまされない。此の事件を契機の内外の圧力は当然関係学生の処置問題にまで発展させる方向に向けられようが、それに対する伝統をかけての反弾圧斗争は更に京大学生運動の前進に大きなエポックとなるだらう。対象はすでに学校ではなく、天皇遺制そのものとからんだ反動国家権力そのものである。

11月14日　　水曜日　　快晴

○遠山の明治維新入った。二十三日以来22日目である。
（グリエール「ロシヤ水夫の踊り」）──ニューヨーク・フィルハーモニック・オーケストラ──
○内外評論[84]発行停止。
○天ちゃん事件で、大学当局は断乎たる処置を取る事を補導会議声明として発表。
○イラン問題調停失敗。
○マッカーサーが、トルーマン政策を戦争への一筋道だと非難演説したと云ふ。口に平和を唱へながら、戦争を目論んでいるのが、トルーマンだと。──完全なる泥試合──
　　──天ちゃん事件の意義は極めて重大である。

11月15日　　（木曜日）　　曇〜雨になった。夜

○三週間もの間、一本の端書さへも来なかった時化続きを中屋の例によって例の如きハガキが破って呉れた。早稲田では平野義太郎[85]の講演会さへも当局の苛惜ない弾圧の前に潰されてしまったと云ふ。パージ以来合法の第一線にあった平野、淡[86]も、すでに非合法に追ひつめられて来ている事、正に「俗界の事態はますます急を告げている」のである。しかし「嵐の中に歌い続ける意気は早大生の中にも脈々と波うっている。安心して可なり」と。

　　──俺達は歌い続けるのだ。見るものを、知っているものを、真実であるものを、──

○「問題は至極簡単である。万才！を唱へる代りにインターを歌い、日の丸に代へるに反戦、平和のプラカードを以ってした。問題はむしろそれをさながら不敬罪扱いに大きく取り上げようとする企みにある」最初は単純にこう評価していた今度の「天ちゃん事件」は私の浅薄な理解よりもはるかに大きな意味をもっているようだ。狂暴な弾圧の前にますます尖鋭化する斗争の一環として、反動権力の最も神秘的な面を摘抉した京大生の果敢な斗争は、それだけに権力の一層の怒り

を買ふわけである。それを唯単に、党にとって（＋）であるか（－）であるかと云ふように取上げる事は単に無意味であるばかりではなしに有害ですらあらう。

○ 同学会解散が命ぜられたと云ふ。
○ やっと舎房着にズボンが一枚増衣となった。それまでは完全な〔以下原文欠〕

11月16日　　（金曜日）　晴

○ 孫といふ同志が北海道から押送になって三舎に、名古屋で常任をやっていた松原と云ふ男が便舎*に、それぞれ来てるそうである。

1951. 11. 17日　　晴　　（土曜日）

○ 昨日からラジオが故障とか。おかげでさっぱりニュースも聴けない。しかし又うんと本が読めると云ふ利益もあるが。
○ 年賀ハガキの受附、家と、三浦さんと大山と三通だけだ。
○ ドイツ・イデオロギー第一部を読み終えて、ふと眼を上げると「いまち」くらいの月が牛尾山の左肩のあたりに出て来ていた。例によって、アヒルは喧ましい。

1951.　11月18日　　日曜日　　晴

○ もう山はすっかり紅葉している。山の秋から冬えの慌だしい移り行き。もうこれで三度目の冬を迎える同志李、朴は日毎に色あせて行く牛尾の山を眺めながら一体どんな感慨に浸っているのだらう。

○ 演芸は、京極のボスの提供した岡晴夫、西村小楽天一行だった。外に居れば到底関心すら向けもしないこんな連中を見れるのも、全く刑務所のおかげだ。唄ふのは例によって例の如き流行歌だが、しかし二時間にわたって、二二曲も歌いま

＊　「便舎は受刑者の懲役労働の一部署で、各監房の木桶便器の中身回収、洗浄が主な仕事であった」（信爾談）

くったエネルギィシュぶりには些か感心＝（寒心？）させられた事だ。

○とにかく何を見せられても、いきなりカチューシャと思ひ比べて溜息をついてしまふのだから世話はない。

○糊と紙を雑役からせしめて、床板の隙間、隙間、硝子の割れ目など、すっかり目張して置いた。一応の越冬準備完了である。

○天ちゃん事件は、どう発展している事だらう。

1951. 11月19日　　月曜日　　晴

○大山の「人文地理学」を返し、キスレンコの「蜂起する人々」の取下げ願を出す。
○風土、フォイエルバッハ論、文化地理学、人文地理学、中国史概説（上巻、下巻）計六冊の下附願提出。〔宅下〕
○「世界」十月号未だ下りて来ない。今日も又竜仙担当を通じて催促しておいたが。

○四日振りにラジオが掛る。声が低すぎてはっきりは聴きとれない。
○国連総会では、米・英・仏三ヶ国が、軍縮に関する修正決議案を提出したらしい。
○朝鮮会談も米軍の新提案を巡って新しい動きが見られるようだ。
○講和、安保両条約の批准手続完了。
○米国は、イラン問題に対するこれまでの中立的態度、自称（似而非）をかなぐりすてる英国との共同宣言を出すかも知れない。

　　大学当局は同学会を解散し、６名の委員を退学させ、服部学長が辞任すると云ふ態度を決めたと云ふ──噂──

日記本文（1951年）　125

11月20日　　火曜日　　晴

○昨日やっと直ったばかりのラジオは、又ぞろ故障とかで聞かされない。
○11工場の伊藤君が、やっと夜間独居を獲得して来た。分布は夜独七名、雑居四名、独禁六名、計十七名[87]。

11月21日　　水曜日　　晴

○労救の長谷川氏と上野の二人が面会にやって来て呉れた。立会は上野、畑、茶園の三部長、仰々しい事。天ちゃん事件、水長宅投石事件で八名の学生が、無期停学処分に附せられていると云ふ。これに対する学生側の斗争方向は服部学長をも含めた教授、学生の統一戦線結成の方向へ強力に推進されていると云っていた。

○事件と同時に国会で大きく取上げられ、アメリカでも問題化し、ロンドン・タイムスが論じ、モスクワから放送されるなど、正に天下の京大かなである。

○「世界」十月号、未だか未だかと待ちあぐねていたら何と不許可になっている。早速検閲係の林氏に面接をつけておいたが。
　　○先ず、理由を質す事、一部分か、それとも全体か、
　　○次に不許可は四級であるからではないと云ふ事をはっきり確認する事、
　　○「中央公論」を許可し、而も「世界」を不許可にする事は、意識的にしろ、無意識的にしろ、思想弾圧ではないか＊と云ふ事、

○上野は、「ドイツ農民戦争」「住宅問題」を入れて呉れた事と思ふ。

○ラジオ、今日は掛って呉れた。人民軍側の反対提案提出、ダレスの来日、服部学長の衆院法務委員会えの喚問[88]、等々。

＊　『世界』1951年10月号は「講和問題特輯」と銘打たれ、都留重人、山川均、安倍能成などが執筆していた。「不許可の理由は不明だが、すでに調印され発効を待つ講和条約に疑義をさしはさむ特集は、軍裁受刑者に読ませるのは不適切だと考えたのか」（信爾談）

11月22日　　木曜日　　晴

○ "魅せられたる魂" 第四巻入る、

○ 8月以来、三ヶ月振りの体重測定があった。54キログラム、1.5キログラムの増加、それが、三ヶ月来の僕の最も象徴的な生活白書の結論である。面会に来る奴、来る奴口々に痩せたな、痩せたぞと云ひかけるし、囚友は囚友で「君は近頃めっきりやせたよ、矢張り独居は他に気兼のないだけ体に毒だな」などと、ひやかすしで、内心冷厳な結果にびくびくもので秤台へ乗ったのだが。

　月割りにして500グラムづつの増加である、今の私の一日一日の体重が、1930年以来の私の人生における最高のレコードを常に指示しつゝあると云ふ事になる。出所までには、是非60kgまでこぎつけたいが、この調子だと後一年かゝる計算だ。

○ ドイツ語辞典、工場へ持って行って修繕して来た。お手のものゝ端切を使って、総クロース表紙にしてやらうかとも思ったが、許可を求めた担当氏への手前もあってそれは止め、

○ 「世界」不許可の件で、丁度今日工場に廻って来た教務の大田氏をとっつかまへて、詰問するとあべこべに長々と愚痴話や、抱負を聞かされてしまった。

　「世界」不許可は内容によるのでも、四級だからと云ふのでもない——いや結局、級の問題、戒護との問題が根本なのだが——。何故「中央公論」を入れて「世界」を入れないか追及されゝば、たちまち弁明に窮する事は目に見えて居ながら、尚且つ敢へて不許可にしたと云ふ所に、現在林氏を始め教務の連中の陥っているヂレンマがある。

　彼等をこのヂレンマから引ずり出して、一歩前に踏み出させる事、

　三、四級者への私本の差入禁止に見られるアナクロニズム、戒護権力への教務の屈伏

　我々は教務の尻を叩かねばならない*。

○ チャタレー公判の論告、求刑あり、検察ファッショ。

8 月20日	11. 20		2. 20	5. 20
52.5kg ………→	54kg	………→	55.5kg	………→57

11. 23.　　金曜日　　曇・雨

○ 勤労感謝の日、即ち免業日、御祝と称して汁粉を食はして呉れた即ち記憶すべき日である。

○ 朝鮮会談は、停戦境界線の問題で両者の意見が一致したそうだ。

○ バークレー、ラスク来日、アメリカ上院は日本が若し新中国を承認すれば、対日講和条約を批准しないだらうと。——当然である。アメリカとしてはだ。

11. 24日　　土曜日　　曇、晴、曇、雨

○ 李相台が、病舎に行ったと云ふ。何でも指を落したとか云ふ事だ。

○ 入江*、大塚の二人も四・五日前から、夜独になっている。

1951. 11. 25日　　日曜日　　曇

○ 「魅せられた〔る〕魂」一巻、二巻を読み直している。

　　"意気地なしであってはならない。"アンネットは意気地なしではなかった。真実を追ふ火の様な情熱と、そしてそれを一貫する力強い意志とを身にうけた新しい女性である。私自身が一個の魅せられた魂であり、しかもそれを貫くべき意気地の不足を——熱情では誰にも負けないぞ——不安に感じているだけ、真実一路の彼女の道は尚更、私を励まし、引ずって呉れる一つの力強

---

* 前頁 「私本閲読や筆墨許可を出すのは囚人の更生を担当する教務課であったが、何かと権利を主張しトラブルを起こす政治犯に特別待遇を与えることをめぐって、刑務所内の規則や秩序維持を担当する戒護課と対立があったと思われる」（信爾談）

---

* 「入江は、反米活動をして軍裁にかけられたと聞いた。共産党員だったと思う。出獄後は左京区の細胞群委員会の専従をしていた」（信爾談）

さをもって呉れる。

　　──意気地なしであってはならない。──

1951年11月26日　　月曜日　　曇

○ぐっと涼しくなって来た。各地に初雪を見ていると云ふが、
○ドッジの素晴らしい活躍ぶり。植民地日本の面目躍如たるものがある。
○衆院法務委員会に、青木君や、服部さん、永田市警局長出頭[89]。
○天野文相が、何でも「国民実践道徳要項」なるもの出すとか、天皇を国民道徳の中心と思惟奉ると云ふが、完全に「臣民の道」アナクロ版。

　アナクロが、しかもアナクロでない所に、天ちゃん事件と不可分に絡み合ふ当面の大きな問題がある。カント学者天野氏よ。貴方の善意にも拘らず、我々人民は遠慮なく「反動理性批判」を築き上げて行くでせうよ。

○七舎の未決に京大生が来ていると云ふ。而も三、四名だと。
○今夜から檻房着として、蒼然たる綿入チョッキが一枚づつ渡る。

11. 27日　　火曜日　　雲多く、うすら涼し

○板門店休戦会議は最大の難関であった、停戦境界線の問題で両者の意見が一致し、第三、第四の議題である監視機関問題、捕虜交換問題に今日から移ったわけである。
○英国会の対日講和承認、前労働者相ベヴァン氏の反対論、「対日講和は純粋に軍事的な面から結ばれたものであり、今後二ヶ年以内に予想される原子戦争の前提である。」
○ラジオ寸感、録音のテクニックについて、昨日の法務委員会における青木君の発言と云ひ、今日の岩間氏の発言[90]と云ひ、その録音の不明瞭さは、他の部分の明瞭さに比して見るとき、完全に作為によるものとしか思へない。

　さもあればあれ、例へ新聞、ラジオ反動勢力の掌握する宣伝機関の全力を挙げてのデマ、中傷、宣伝も、決して人民の肉体的感覚を左右する事は出来ない。減税を唱へ、経済安定をうたおうとも、現実に生活は困難に、腹はへって来るのだ

から。

○七舎に大津の地区委員で西田清君と云ふ同志が来ているそうだ*。

11. 28日　　水曜日　　晴れたり、曇ったり

○「世界」不許可の件で、林教務次席に会ったのだが、てんで問題にならない。「世界」が、「中央公論」と同じスタイルのものであり、同じ層を対象とするものである事は認める。何故「中央公論」を許して、「世界」を許可しないかと云ふ理由は私自身にも判らないし、君が納得のゆくまで説明して欲しいと云ふのなら課長に聴いて見て貰ふ外はない。とにかく三、四級者に雑誌を許可しないのは、こゝの内規であって、私には何故「世界」を許さないかと云ふ事よりも、何故「中央公論」を許したかと云ふ事の方が判らないのだ。

　　——と、かう云ふのである。——
○明日、工場から教務課長への面会願を出す事にする。
○英・米・仏は、パキスタン・イラク・シリヤの三国提案を容れて、ソ同盟を含めた四国軍縮会談を開く事に同意したと云ふ。

○ジュール・ヴァレスの「蜂起する人々。」入房、「魅せられたる魂」第一巻を返納し、「ドイツ農民戦争」の願箋を出して貰ふ。
○15日の中屋以来、全然消息なし。

11. 29日　　木曜日　　晴

○工場で大鋏紛失事件の起ったおかげで、今日は点検終了後閉房である。五番帳

---

*　西田清は、未成年であったため奈良の少年刑務所で服役し、京都刑務所には収監されていない。未成年であったことが知られてなかったため、誤った情報が流れたのであろう。「奈良少年刑務所では、先に入った共産党の同志たちが獄内闘争をして、検身場でのカンカン踊りといわれる裸体検査を止めさせていた。パンツをはいたまま中を見せるだけでよかった。そんなこともあってか「共産党」は受刑者から尊敬されていた。講和条約発効の夜、奈良少年刑務所から出獄した軍裁受刑者は日本人2名、在日朝鮮人2名であった」（西田清談）

場で失くなったのだが、工場のこるくまない捜検もその甲斐なく、結着は明日に持ち込まされてしまった。出て来ない限りは明日の朝飯は、お預けだと茶園部長の凄味だが、どうなる事か。

○反デューリング論、やっと読み上げてしまった。もう何時頃か、さっき夜勤の看守から注意されたし、もう九時近いのかも知れない。今晩もよく冷える。今朝は初めて霜が降りていたし、しみじみと刑務所の有難さを知らされる時季の到来にふるわされたのだが、此の分では、明朝も又雪のような霜を拝まされる事かも知れない。

○「人」の十一月十日号が、入っている。

○予備隊にバズーカ砲が配布された事を紹介している。砲口は何に向けられるか。「打ち方始め」は誰の口から発せられるのか。

　　——云はずと知れた事である。——

　　（今日よりは かへりみなくて アメ公の しこのみたてと 征でたつわれは*。）

Ⅰ1. 30日　　金曜日　　曇

○今日で十一月もピリョウドを打つ。いよいよ本格的な冬を迎えるわけだが、充分以上に健康には留意していく積り。体を鍛える事、学習に努める事は、我々に与へられた斗争の大きな課題である。

○鋏紛失事件は、便舎の連中まで駆り出してのものものしさだったが、再度の総検のあげく製品倉庫から発見されてケリ。

○定員法改正法案は参院で徹底的に骨抜きされ、辛じて通過。

○タイでピブン一味の反動クーデターがあったらしい。

---

*　「万葉集の「今日よりは顧みなくて大君のしこの御楯と出で立つ吾は」（今奉部与曽布）をもじったもの。戦時中「愛国百人一首」に入れられて人口に膾炙した」（信爾談）

日記本文（1951年）　131

12月1日　　土曜日　　晴

○四、五日前からこじれた風邪が、どうしても直らない。水のような鼻汁を、すすり上げ、すゝり上げアイロンを使っていたが、今日は熱まで加って気分がすぐれぬ。担当に告ってアスピリン一服を貰って来た次第だ。一服呑んで今日は早めに寝る事にする。

○東大の次期総長は矢内原忠雄に決ったと云ふ。

「日本近代文学研究」小田切、もう一度入れて貰はうと思ふ。
三好達治、吉川幸次郎、「唐詩選」岩波新書、
「文明の起源」上下──　チャイルド
「吉田松陰」（岩新、）
　（アジアの変革[91]、）
──明生君にカンパさせる事

12月2日　　日曜日　　晴

○朝からずっと、遠山の「明治維新」を読んでいる。
○一日から国連で、四国軍縮会議が行はれている。
○電産のスト、G.H.Q. のエーミスは労働組合側に対して、今日中に解決する事を命令（勧告）している。合法戦術の限界は、労働者大衆に肉体的感覚として、感得されて行く。すでに昨日は大阪高検で弾圧の方針を明かにしているし、構造的危機を、賃金政策と戦争準備スペンディングとで切り抜けようとする内外反動権力に対してすでにその基盤（超過利潤）を失っている民同勢力[92] は、ますます急速に影響力を失って行くであらう。

12.　5日

　いかなる形態の政府と云へども、人民の目的に背反するものとなる時は、いつ何時たりともそれを変更し、廃止し、人民の安寧と福祉とにもっとも有効であると考へられる原則を基礎とし、もっとも有効と考へられる形式に、政府の権力を

132　第Ⅰ部　翻刻編

組織し、もって新しき政府を樹立する事はまさしく人民の権利である。
　　——アメリカ独立宣言
100%　Americanism
　世界に対しては、インターナショナリズムの仮面を被ったアメリカ第一の
ショーヴィニスティックな国家主義、個人的には資本主義的成功第一主義の物質
万能主義、文化的には、「アメリカ合狂国」を象徴する野獣的なバーバリズム、
　　　シンクレーア*の分析

○三晩かゝって、やっと Sinclaire を読んでしまった。早急に読んでしまふと云ふ
至上の目標のために、止むを得ず犠牲にして来た二日分のためにも今晩はゆっく
りこのノートにたわごとでも書きつけねばならないようだ。おまけに今日は三週
間振りに落手した手紙、お父さんからのもあったし、話題は豊富だ。

○今更のような激しい斗志と憎しみとを、シンクレーアによって完膚なきまでに
暴露された資本主義の専制機構に対してかきたてられる、「全身から、血と汚物
を滴らせながら」我々の前に立ち現れて来ているこの怪物を打ち倒すために、い
かに我々の同志たちが、血みどろに斗って来、倒れて来たか、又我々が、斗って
行かねばならないか。この「プロレタリヤ戦術教程」はその先人達の遺していっ
て呉れた貴重な手引に外ならない。限りない怒りを透徹したエスプリでシニカル
に盛り上げて行く、シンクレーアの筆は30年の時をへだゝって、現在アメリカ帝
国主義の本質を完全に摘抉して余す所ないのである。

○お父さんから手紙が届く、ひたすらに僕の健康のみ案じていて下さる愛情の深
さには云ふべき云葉もない。原尻の礼子さんが安西姓に代った事、泰治が猛烈に
勉強している事、貞子が少しは元気になっている事、母さんも必ずしも健康はす
ぐれない事 。

――――――――――――
*　シンクレア（Upton Sinclair 1878-1968）。アメリカの小説家。社会主義の視点でシカゴの缶
　　詰工場の実態を描いた『ジャングル』（1906）、コロラドの炭鉱ストライキを扱った『石炭
　　王』（1917）、石油企業の醜聞を暴いた『石油！』（1927）などの作品をのこした。「高校時
　　代父の蔵書『世界文学全集』で『百パーセント愛国者』『人われを大工とよぶ』などを読
　　んだ」（信爾談）

12. 6日　　木曜日　　晴

○工場で散髪の番が来た。くりくりに刈って貰い、束子でごしごしと洗って、鏡に青々と光るあまり見事でもない青道心*ぶりを見た。科学分類の室で始めて井元氏と会った時、彼の刈り立てだったらしい青々とした頭が、どうも気になってしようがなかったのを思い出す。あれからもう何十ぺん散髪の番が廻って来た事だらう。今では面会に来る連中の長髪が却って奇異に映るようになって来たが、向ふでもこっちの異様なイガグリ頭に机一つの隔りながら、その持つ意味を今更のように感じさせられている事だらう。

百数十の青々と光る坊主頭、片眼の国では両眼は不具である。

○魅せられた〔る〕魂、第二巻を返納し、第五巻を入れて貰った。

12月7日　　金曜日　　晴

12月分の端書が来た、明日が発信日だし早速房に持ち帰って認める事にした。先ず下書き。

御父さん、29日附の御手紙先日落手致しました、此の前お端書したのは確か十月だったかと思ひます。あれから二ヶ月、随分御無沙汰してしまった事ですが、其の後健康も快調に山科の冬に臨んでますます張り切っていますから御安心下さい。この山科に落ち着いてからも、もう何時の間にやら半年を閲(けみ)してしまった事は今更のような驚きを覚えますが、それだけにこゝの生活にもすっかり馴染んで参りました。以前はいつも51キロを上下していた私の体重もこゝ数ヶ月は堅実な上向線を見せ、三ヶ月に一度の体重測定も8月には52.5キロ、先月には54キロと、これまでの最高レコードを示し、この分なら六十キロ位までも案外早く辿りつけるかも知れぬぞと、つい伯楽の一顧[93]も与へて見たくなります。

書籍も労救や、三浦さん達の献身的な御努力のおかげで充分差入れられ、獄中での学習もいよいよ軌道に乗って参りました。限られた時間を最も有効に使はね

＊　「青道心は仏門に入ったばかりの僧侶。散髪は月1回程度だった」（信爾談）

ばならない今となっては、以前あまりにも安易に過した年月が、如何にも悔まれて仕方がありません。限られた環境におかれゝば、おかれるほど、ますます湧き上って来る学習への情熱、人間と云ふものは勝手なものだと今更のように感じさせられますね。

　天皇行幸事件を巡って、外では大きな波瀾が起されているようですが、むしろこれは、考へて見ればごく些細な事件、──積極的に乗り出した検察当局が、事件以来月余を経ながら、決定的な断を下し得ないでいる事実が証明するもの──を、恰かも不敬罪然と大げさに取り上げようとする意識の所在をこそ問題としなければならないのではないでせうか、要は成心を去る事、そして現実を直視する事です。

○四国会談、殆んど決裂、

　12月8日　　土曜日　　曇、午後に入って晴。

　12月9日　　日曜日　　晴

○早朝、いつものように濃い霧が獄庭をとざしている。閉めきった窓のガラスの内側にも一面に水滴が付き、すべてが灰白色に何もはっきりとした姿はとらへられない。肩口の冷えに一晩中、みの虫のようにフトンにくるまったまゝ転々していた私も、起床の号令がかかっては、しぶしぶそれでも温かい巣を離れぬわけにはいかない。

　12月10日　　月曜日　　晴

　十二月十日、十二月十日、拘置所の頃、七舎の頃、そしてつい此の間まで、どんなに此の日の事を思って来た事だらう。とんでもないお甘ちゃん！
　留置場の中では明日にも出れる事を信じ、京都拘置では保釈を頼み、大阪では三分の一出所を想った。どうしても抜け切れぬ認識の甘ちょろさから徐々になしくずしに腹を据へて来たこの俺、それはむしろ俺のような小心者にとっては、こ

の上なく幸せな事だったかも知れない。ずるずると事態が「御前は死刑だぞ」と
おどしつけるようになったとしても、案外この調子で呑気に腹の据っている俺を
見出すかも知れない。いやさうに違ひないなどとこれ又甘い空想もして見たくも
なる。無防備都市の凄惨なシーンに完全にふるへ上った僕だったのだが、案外そ
の状態にぶちこまれて見れば、「党生活者」の龍吉[94]のように自己の期待もしな
かった強さを自分自身の中に発見する事かも知れないと楽天的な今である。

「王侯、将相何ぞ種あらんや、」[95]俺だって、俺だって、人並位の事はやれる筈
なんだ。

とにかく、刑期の三分の一は今日終へた。三分の一と云ふ言葉も今の俺には単
なる獄中生活の一エポックとしてしか意味を持たない。とは云っても完全に清算
し尽したつもりの私の心と云ふパンドラの箱の隅に、不安な希望のうずくまって
いるのはしかたがない。

或ひは、二十五日までに仮出所が待っているかも知れないし、待っていないか
も知れない。いずれにした所で俺の取るべき道は一つしかない。

──よりよき闘いへ！──

○ダレス羽田着。
○エジプトの動きが面白い。

12月11日　　午前中降ったり止んだり、しかし夜に入って晴れる、月が美しい、

○「やましな」十二月号入房、完全なマンネリズム、「図書室」に芥川や藤村を
もって来たり色々苦心はしてるのだが、結局映画解説にお涙物、ナンセンスもの
を以て得々としてると云ふセンスの限界から抜け出せない。

結局不得要領な巻頭の嘆きにしたところが、林氏自らがはっきり新しい立場を
見出さない限り永久に解決されるものではない。どうにもならない現実の桎梏の
中であくせくしながら、現実の枠外の結果を求めようとするのだから世話はな
い。一切の批判を禁じながら、批判させ、超克させようと云ふのだ。

○ダレス、いよいよ活躍開始。

136　第Ⅰ部　翻刻編

12月12日　　晴　　水曜日

"魅せられた〔る〕魂"第三巻を返し、"詩経・書経"の願箋を出す。
○ラジオ故障、
○作業賞与金五ヶ月が丶りで百四十一円になった。もう一月もすれば、岩波の三つ星、二冊買へるだけたまる*。
○今夜も素晴らしい月である。雲一つない。十四夜位だらうか。

　12月13日　　木曜日　　晴

○甲斐さん面会に来る。ノートを二冊入れて呉れたそうだが、本が一冊も無かったのには、些か失望、今まで何度も来て呉れたのに、あの人が甲斐さんだとは今日まで気が付かなかった。茶のオーバーから黒い詰襟を覗かせ、長髪をかき上げながらポツポツとうつむきがちに語り続けるあの人の整った顔立ちを硝子戸越しにみつめながら、ふとあらぬ方に思ひを馳ている自分を発見する。あの刃傷事件、中学一年の春の、**──
○脇田、池田も一緒に来ていたそうだが、会へないのは残念である。
○あと十日で休暇だそうだ。こゝに来るとまるで季節への感覚が無くなってしまふ。そう云へば去年の今頃はもう竹田に帰っていたのに──
○同学会は、例の建物から、すっかり追払はれ、今は学友会[96]に転り込んで来ている。名物の掲示板もすっかり取り払れ、法経の地下に潜っているとの事。
○御父さんが最近はずっと理解を増して来たと云ふ。うれしい事だ。

○今月の進級準備会で、僕の三級昇級が決定したそうである。茶園さんのお説教、

---

*　「当時、岩波文庫は頁数の多少によって★印の数で値段を示していた。貧乏学生にとって星の数は重要だった」（信爾談）
**　「甲斐さんは竹田中学時代の先輩で、当時、京大農学部学生。中学時代は柔道部のキャプテンで、いわゆる番長であった。当時、学校間の対立で喧嘩することがよくあり、竹田中学と三重農業学校との間ではしばしば、刃物まで手にした喧嘩が行われた。彼はこの喧嘩に加わって退学になるところを、おそらく教員であった父が温情を以てとどめたのであろう。その関係か、父が面会を依頼し、刑務所出所のときも出迎えに来てくれた」（信爾談）

○ 教誨堂で、近畿刑務官討論会をやっている。工場からの帰り、チラッと見た所では、仲々の盛会ぶりである。明々と電灯をともして。

○ 各舎房へラジオを引込む工事のため、こゝ数日はニュースも望めない。
○ ドイツ農民戦争、Der deutsche Bauernkrieg 入る。

○ 李相台が昨日出獄した事を聞いた。真面目すぎる程、真面目な男、同志李の逞しい斗いのために彼の出獄を心から祝福する。

12月14日　　金曜日　　快晴

○ こゝ数日暖かい日が続く、アイロンのためよその工場よりも割にましな洋裁工場だが、その上に南の日が長く射し込んで来て、午下りなどは、ポカポカと汗ばむ程の小春日和である。
○ 教務課長面接の催促をしておいた。29日からもう半月にもなるのに、馬鹿にした話だ。
○ 十六夜の月が登って来る。薄い雲があるのだらう、おぼろにかすんで。

12月15日　　土曜日　　快晴

○ 午憩時、教誨堂で進級の申し渡しがある。八工場からは11人（二級二人、三級九人）、今月は特に多い。丁度刑期の三分の一終へた所で時期としては先づ妥当な所。後六ヶ月で二級になれゝば。
○ 今日から工場着、舎房着共通である。

12月16日　　日曜　　晴、午後に入って崩れる。

○ 今日は朝から、"The State and Revolution"*に取組むが、遅々として進まない。それに何時もの癖で昼間はどうも気が散って仕方がない。精神の集中力が散漫で、一つの事をやりながら又一方では外の事を考へていると云った僕の欠点はど

うかして直さなければいけないのだが。

　それも原書を読んでいる時は少しはましだ。普通の本を読んでいる時と来たら、眼は結構行を追っているのに、（声をあげて読んでいてもだ）頭の中ではふっと外のとりとめもない事を考へている。本のやゝこしい箇所では尚更それがひどい。「反デューリング論」を読みながら、明日のお菜の事を想ふと云った調子。小さい頃の乱読がたゝったのだらうが、直さなければいけない事だ。

　とにかく昼中かゝってやっと二十数頁、語学力の低下が痛感される。

○辞書を引き引き読んでいると、担当がやって来て、もう寝たらどうだと云ふ。「今夜は寒い、外はもう真白だぞ」。何の気もなしに、この云葉を聞いていたのだが、今歯をみがきに立って、ひょいと窓をのぞいて見て驚いた。真白なはずだ雪が降っている。まだ大して積ってはいないようだが、急に寒くなって来た。ブル、ブル……

　　12月17日　　月曜日　　曇

○中屋と平林が面会に来て呉れた。中屋と一寸論戦したが、すこし云ひ過ぎもあったかも知れない。いつもならもっとくわしく書く所だが、何分今日は忙しい。この位にしておかうか。

　　12月18日　　火曜日　　曇

○もうこれで丁度一週間ラジオが聴けずにいる。朝鮮がどう動いているか、近東がどうなっているか色々気がゝりだが、一週間や十日ラジオが聴けなかった所でまさか歴史の歩みに変りがあるわけもないので、呑気に本でも読んで来ている。もう十二月も半ばを過ぎ、外でもさぞ色々とうるさい事だらうが、こゝではこれと云って気をつかう事もなく、おかげで今日は、「君は肥えて来たね」と云はれた程だ。

＊
前頁
「ウラジミール・レーニン『国家と革命』の英語版。誰が差し入れてくれたかは記憶なし」（信爾談）

僕等がこうやっている間も、平和と独立のための人民の斗ひは嵐の中に果敢に続けられている。僕等がこうやってこゝに生活する事自体が一つの斗ひであり、それをより意義あらしめる事は我々一人一人の努力にかかっている。

平和、平和の建設、我々は凡ゆる機会を利用して絶間ない斗ひをくりひろげて行かねばならない。

○今日一日別に変った事もなかった。

12月19日　　水曜日　　　晴

12月20日　　木曜日　　　晴

○日中はポカポカと暖かい。と云っても12月である。外はもちろん木枯がふきすさんでいるのだが、高い広いガラス窓を通して、一杯にさし込んで来る南の日射しをうける昼間の工場では、アイロンの電熱のせいもあって、全くむせかへるような暖かさである。こゝ数日毎朝、霧の深い日が続く、そして霧の深い日はきまって素晴らしい天気なのである。

○市職が大規模なゼネストを敢行している。市職の委員長は逮捕されているとも云ふ。

○京大でも職員組合の座り込みが伝へられる。安藤君はどうしているかしら。

――正しいということは、立派です。しかも本当の正義はその天秤の前に坐って皿が上下するのを眺めていることではないのです。それは判断し、決断を実行する事です。――

12月21日　　金曜日　　　晴

○市交労が、三日来ストライキを行っている。滝仙看守の話では、押寄せた警官隊にバリケードで対抗し、割木で渡り合い、水をぶっかけるなどの事件が一部ではあったという。多分にIfつきの話だが、話半分に聞いても斗争の尖鋭化は素晴らしい。市職幹部の検挙も伝へられるが、地公法か政令か[97]、いずれにして

も、京都労働運動史上、画期的な斗争が予感される。

○例によって例の如き一日、「住宅問題」が下りて来ない。

　12月22日　　土曜日　　雨

○又土曜日が廻って来た。明日は免業日である。
○工場で計算工をやっていた小野が、八年の刑期を二年六ヶ月つとめ今朝出て
いった。恐らくはクリスマス特赦にかかって24日の朝釈放になるのだらう。とも
あれ、二ヶ月以来、只管（ひたすら）この日を待ち侘びて来た李、朴の両同志の失望は、気の
毒で仕方がない。たとへそれが善意から出たものであっても、両君にかうした希
望を――しかも十中八九確実なものだと――吹き込んだ外部の人達の行為は罪な
事である。河上博士の自叙伝の中にも、仮釈の噂さに一人希望をもやし、一人失
望、落胆する心境を書いてあったように思うが。

○警官隊と衝突したのは、壬生の車庫（斗争本部）だったそうである。
○"住宅問題"が入房した。

――そうです。それでは十分ではないんです。だけど何時十分になるでしょう？
生涯の終りにおいてさえ、自分は知っている、自分には確信がある、自分は一切
を検討したと、果して誰がいいうるでしょうか？　それじゃ彼は何時も明日に延
ばさなければならないでせうか、行動するのを？　一日、一日と延ばす事によっ
て、人は卑しくなり、堕落し、汚れ、生存者どもの塊りとなって最後の日に到着
するのです。何時ぼくは生存の権利をうるでしょう。――

――一切の悪は、誰も自身の利害や、情熱が脅かされる線以上に、まじめになら
うとしないところから来るのです。――

　1951年　12月23日　　日曜日　　曇後晴

　今日は冬至です。一年の中で夜の暗さが一番長いのが、今日なのです。明日か

らは、昼間の光が夜の暗さを、少しずつ少しずつ征服して行きます。私の逮捕されたのは、未だ寒い、冷たい冷たい雨のしょぼしょぼと降りそゝいでいた二月の朝でしたが、それから日は長くなり又短くなり、暖かくなり、暑くなり、そして涼しくなって、日の最も短い、寒さもこれからますますきびしくなる今日、冬至の日が廻って来たわけです。あと一週間余りで私にとっては、あまりにも意義深い年であったこの51年は終ります。

○ Xmas Eve の御祝いは、本当は明日の夜なのですが、何事でも社会の標準では測れないこの刑務所では、丁度免業日に当った今日一寸早手廻しにクリスマスをお祝いしました。教誨堂には大きな大きな、ここの云葉で云ふと社会並みのクリスマス・ツリーが美しく飾られ、子鳩会とか云ふクリスチャン・子供会の可愛いい、女の子達が、美しい無邪気な踊りを沢山見せて呉れました。鹿爪らしいお祈りも、鼻につくお説教もなく、今迄どんな演劇にもどんなお話しにも、決して、拍手した事のなかった偏屈なこの囚人も今日ばかりは、一生懸命に拍手してしまいました。無邪気な、本当に無邪気な、ちっちゃな小供達は、丁度学校の学芸会と同じように、一生懸命に Holly Night を歌い、カッコウ・ワルツを踊って呉れたのです。舞台の上の小供達を見つめながら、又私はこの子供達にあのみじめな戦争の惨禍を決して見せてはならない。この子供達が真直ぐに、スク・スクと育って行ける社会をつくってやって置かねばならない。俺達はその礎のための一つのピエール（小石）なのだと云ふ事を今更のように心に誓った事でした。
　「赤い靴」[98] 以来、日本の、ことに都市のプチ・ブル層には、バレー熱（以前は、自分の娘達に日本舞踊で商品価値をつけるのが常だったのに、アプレ[99] の親達はバレーの方がより魅力的になったのでせう。）が急に盛んになって来たそうですが、今日の舞台では、ことにその感じをつよくうけました。
　日本における、キリスト教其のものが、ことにプロテスタントが、いわゆる開明的プチブル層に根をおいているだけに、このことはむしろ当然かも知れませんが。

○ それに又、この小供達は私達に思いがけぬお土産まで持って来て呉れました。美味そうな（又本当に美味しかった）おまんぢゅうを二つずつです。以前お菓子屋のガラス箱に、美味そうに並んでいるのを見た事のある、しかしプロレタリヤ

学生の私には、たゞ見るだけで凡そ縁の遠かったあの栗色につやつやしたおまん
ぢゅうです。食器口から、それを配られた私は、しばらくは食べてしまふのが、
惜しく、手にのせて、眺めたり、鼻を近よせて嗅いだり、そして結局は、少しづ
つよく味いながら胃の中に送り込んでしまいました。子供頃はよくこんなお菓子
を、先ず先きに皮の方をはがして食べ、甘い餡この分は一番最後までとっておい
たものですが、幾ら、独居房でも、この年になってはそうもできま〔せ〕ん。

（　パンが二個、汁粉が二度、お萩が一度、西瓜が一度、リンゴが一度、それ
　に今のお菓子が二個——
　　これが入所以来、6ヶ月間の間食のすべてです。

12月24日　　月曜日　　晴

○今夜から又ラジオが掛りました。スピーカーの舎房引込み工事のため、ずっと
聴けなかったのですが、やっと2週間ぶりに復活したと云ふわけです。
○今晩はXmas・Eve。
○ニュース解説によると、朝鮮休戦会談は三十日の会談成立期限を後三日に控え
て、未だはっきりした見通しが出ないらしい。
○市交労の越年斗争、結局は敗北に終ったそうです。地公法をふりかざしての徹
底的弾圧、バス、トレーラー動員のストライキ破り、高山・蜷川の恥知らずのく
わい柔、当然の事ながら、限りない憎しみと憤りがこみ上げて来ます。
○紡績労働者、4万8千名ストライキに入る。
○日銀の発券高は戦後最高の4780億円を示している。

12月25日　　火曜日　　……雪曇り。……

　今日も又、変った事は何にもありませんでした。朝、三等飯を一本食い、昼も
一本食い、夜もう一本食い、子供服の二枚も縫ってしまうと、一日は終えてしま
うのです。何の変哲もない一日・一日の繰り返しです。時折ミシンを踏みながら
も、ふととりとめもない空想にふけっている私自身に気が附く事があります。こ
れからの苦しい斗ひの事、必ず僕等のかちとって見せる勝利の日の事、その後の

輝かしい社会主義建設の夢、もう解放以来三年になる新中国のきっと凄まじい勢いで進められているに違いない発展への期待、……獄屋にあっても、空想だけは、自由自在に世界中を過去にも現在にも未来にも飛び交う事が出来るのです。
○もうずい分、誰からも手紙が来ません。5日にお父さんから来た一通きり。塀を越す唯一のつながり、塀を貫く赤い絆の感触をますます強くして呉れる使者、手紙を待つ心と受ける嬉しさの身に沁めば沁む程、よし、今度僕が獄外にあり、誰かゞ獄中にある時はきっときっと便りを欠かす事はしまいと固く誓っている事ですが。

○吉田が内閣改造を行っている。旧特高官僚大橋が予備隊、国警の専任大臣になっているのが、治安庁実現の前提と云ふ所だらうが、内務、陸・海軍省の胎児、それとも売国省と云った所か?
○アメリカではトルーマンがタフト・ハートレー法発動を声明している。アメリカ独占資本主義の完全な末期症状
　　──他民族を圧迫する国の国民は決して自由ではありえない。──

12月26日　　　水曜日　　　曇・雨

○もう26日、早いものです。

12月27日　　　木曜日　　　（晴）

○思いがけなく、本当に思いがけなく、三浦さんが面会に来て呉れました。久し振り、この日記を繰って見ると、十月三十一日、例の人違い事件以来、殆んど二ヶ月振りにです。たった二ヶ月で久し振りなんて一寸ぜいたくかも知れませんね。「魅せられた〔る〕魂」の続きだとか、資本論だとか待望の本を持って呉れたのだそうですが、年末でも〔う〕整理が終っているからと受付を断られたと云っていましたが、例によって例の如き刑務官僚行政には呆れてものも云えません。
　二ヶ月振りに見る三浦さんは、顔色も悪く、少しやつれて元気なさそうでしたが、相変らず明るい云葉でいろいろとねぎらい、知らせて呉れる女学生奥様です。しかしこの数ヶ月敢然と、──あへて敢然と云ひたいのです、──行商生活

を斗い抜き、思想的にも、実践的にもますます高く深く生長して来られた——と思います、——同志三浦夫人でもありました。

下山さんはずっと病床だそうです。安藤さんを通じて激励の云葉を伝へて貰うように話しておきました。

辺〔渡邊〕さんは北川さんと結婚し、組合を止め、行商生活を斗っているそうです。首切られたのではなくて、自分から止したのだそうですが、一寸可怪しいような気がします。全銀連の京都支部はつぶれてしまったそうですが。

12月28日　　金曜日　　晴

○高山は、市交労の革命的労働者7名を臆面もなく首切ったと云う。
　　唾棄すべき裏切者‼

12月29日　　土曜日　　曇後晴

蔵末だと云ふのにのんびりした一日でした。正月用の特別貸与として、檻房にも一冊入りましたが、何と「宮本武蔵」第七巻。

三週間にもなる書経・詩経も中国語表現文型も、さっぱり入りません。明朝催促して貰はうかと思ひます。

12月30日　　日曜日　　晴

今日の日曜日は3日と引換えに出役しなければなりませんでした。午（ひる）まで作業し、片附け、午飯を食ってからは年末教誨とやらで教誨堂に入り、教務課長の長話を聴かされ、一時過ぎに入房と云う事になりました。房に帰ってからは硝子を拭いたり、床を掃除したり、後は正月を待つばかりと云う所です。

31日

○さっき年末総入浴とかで風呂に行って来ました。いつものカーン・ドブンの方ではなくて、今日は四舎は全部七舎の独居風呂でしたので*、久方振りに綺麗に

澄んだ湯槽の中に同志仲川と差向いにのんびりと浸っ〔て〕いる事が出来ました。幸い僕等が一番に廻り合せたので例の異臭たゞよう下水風呂はまぬがれたわけです。一年の垢を洗ってさっぱりした気分で座っています。

○点検もさっき終って窓の外はすっかり暮れてしまった。所内放送のスピーカーだけが、下らぬ流行歌をひっきりなしに流している。じっと眼をつむる。廊下も本堂もすっかり拭き掃除をおえて、もう皆んな年の夜の食膳に揃った事だらうか。御馳走を前にして、ニコニコ顔の侃ちゃんや、剛尓の恰好が、泰治のしかつめらしい顔が、貞子の笑っている顔が、お酒のカンをつけながら物思わしげなお父さんの顔が、やつれたお母さんの顔が、そして僕のためにポツンと据えられているだらう陰膳のもの悲しさが、——次ぎ次ぎと浮んで来る。皆一緒に気持よく祝い楽しむには、あまりにも大きな空虚さが、ぽっかりと大きな口を飯台の隅にあけている。お父さんが、おトソの杯きを廻わそうとつと泰治の方に向きを変へる時、その時一瞬お父さんの心をよぎる影、——

あゝ、それを思うと僕はたまらない。——

しかし、平和な一家をこんなにぶちこわしてしまったのは誰だ！　一体誰のお陰げでこんなになったのか。

自分の欲望のために、自己の本当の祖国である「もうけ」のために、八千万の民族を、否何億のアジア民族を飢餓と絶望に追い込んだばかりか、未だその生々しい血の乾きやらぬ中に、又々一握りのほどこしのために、民族の血を利益をも、世界独占資本、戦争屋の手に売り渡して、恬として恥じない支配階級ども、戦争え戦争え、自分の残虐極まる人民搾取機構を維持しつゞけるだけのために、人類を原子戦争の渦中に引きずり込まうと凡ゆる人民の抵抗を押しつぶしながら、突進するアメリカ帝国主義。

心の底からの憤りが湧き上って来る！

平和を叫ぶ事が、犯罪であり、圧制政府に対して人民の権利を主張する事が、侵略であり、搾取と弾圧のための自由世界を唱えつゞけるフランス革命が、専制

---

*
前頁　「風呂は1m幅くらいの溝のように横長の浴槽で合図と共に両側から一斉に入った。入浴時間は脱衣から拭く時間もふくめ全部で10分ぐらいだった。年末、総入浴ということで七舎の独居風呂に割り振られたか」（信爾談）

に苦しむ人民達のフランス帝国に対する侵略であり、アメリカ独立戦争は、アメリカ人の英国植民地の侵略であり、明治維新は西軍の幕府に対する侵略戦争であった*。——

——こんな事は、今年になるまでは世界中一人だって知らなかったに違いない。——

戦争、反対、自由、民族の独立 !! ——

戦争に進む巨大な歯車のわだちの中に、歯止めのために飛びこんで行く、小さな石、たとへ一つ一つは難なくつぶされ、砕け去らうとも、後から後から、飛び込んで来る小石の量は必ずや殺人機械の回転を止め、更には破壊さえしてしまう事だらう。

人類一定解放![100]

俺たちは新しい歩みのための灯台であり舵手である。

○千九百五十一年が暮れようとしている。私にとっての忘れ得ぬ年、千九百五十一年が。この年の二月、あの冷たい雨の朝、戦争に狂奔するアメリカ帝国主義と、日本買弁官僚、外国資本の手先どもは、その血にまみれた手で一人のプチブル・コミニストを、それなりのきびしい試錬の中に叩きこんで呉れた。

以来十ヶ月、不安と焦慮の中に、幾たびか動揺を重ねながらも、私はどうやら、正しいコースを見失ふ事なしに、とうとう今日まで辿りついて来れた。そして同志たちの力強い支援と、励ましの下、民族の独立と、人民の解放と永遠の平和のために、身命を賭する逞ましいボルシェヴィキの一人としての私自身を確立して来た。——少なくともそう信じている。——

この一年の試錬が、もしなかったとしたら、何時までも私は卑怯な日和見プチブル・コミニストに止まっていたに違いない。きびしい現実と安易な気持との背反の中間に、とことんまで堕落していった事だらう。その意味では今年は私自身にとって素晴らしい、内容にとんだ、意義ある一年であったと云える。

○ニュースはリッヂウェーの年頭メッセージを伝へる。その白々しい偽瞞と恥知

---

* 「民族の統一と解放のために闘う朝鮮戦争が、共産主義による侵略であるというならば、圧制者の側から見た歴史は日記記述のように考えられると、当時は考えた」（信爾談）

らずな厚顔さに更めて限りない怒りと憎しみを感じる。

1952年　　1月1日　　火曜日　　晴、一時曇

　1952年、新しい年が今日に始まる。51年が私にとって偉大なる試錬の一年であり、同時にさゝやかながらも生長の一年でもあった事をひそかに喜ぶと共に、今年一年をも又力強い歩みの一年たらしめる事を誓う。たとへ一日一日は苦しい努めであり、茨の道であらうとも、私は赤旗の下固く組まれたスクラムの一員として、人民の解放と独立と反戦のため凡ての苦難を踏み越えて行かう。避け得ぬ日は近づきつゝある。

　闘いの中にこそ、私自身の正しい逞しい生長は期待されうる。

　自己を逞ましい一個のボルシェヴィーキと鍛え上げる事、如何な難局に立たされる事があっても常に方向を見失う事のない正しい行動の指針としての理論を身に付ける事、――この方針の下、いかに今年一年を悔いなき年、意義ある年とさせるかは、すべて私の努力如何にある。

○朝　　　餅二個、ゴマメ、ゴボー、カズのコ、一皿、味噌汁、沢庵漬、四等飯
○昼　　　黒豆、カマボコ、福神漬、四等飯
　間食　　ミカン二個
○夜　　　小鯛の塩焼、大根と人参の酢のもの、福神漬、四等飯

○午前中、教誨堂、一杯きこしめされた所長の年頭講談、呆れかえって物も云えない。

1952年　　1月2日　　水曜日　　曇

　"一切の領域に於ける人類の如何なる創造も、その前には影をひそめるところの一つの偉大な事業が今我々の前に横っており、そしてそのためには、我々は如何なる犠牲、如何なる苦痛をも忍ばねばならぬ。"

○朝　　　餅二個、昨日と同じ正月料理一皿、味噌汁、沢庵漬

- 昼　　　ゴボーの「きんぴら」一皿、福神漬
- 間食　　乾柿一串（五個）
- 夜　　　蛤汁、里芋の煮付、福神漬

○今日は初風呂です。一昨日と同じ７舎の方え行って来ました。
○間食に乾柿五つ、梅湯と乾柿とミカンとで祝ったこれまでの元旦の朝をふと想いました。河上博士にならって、この二日間、刑務所の正月料理の献立を書き留めて見たのですが、これだけの正月を果して何％の国民が送れた事でせうか。どうしても私達の考えはそこに落着いてしまいます。

○本につかれて、ふと眼を上げた時、窓の外は何時の間にか雨になっているのに気がつきました。喧ましかったラジオもさっき絶れ、今は中央の方で何やら声高な夜勤看守達の話し声と寂しい雨音だけが、獄舎の静かさを破ります。重苦しく圧するやうな爆音が頭上を過ぎて行きました。雨滴れの音が一きは高くなります。いつもの事ですが、重苦しい爆音は、殊にそれが今夜のように静かな夜だとたまらなく不快に感じられます。凄惨な戦争中の嫌な印象のためでせうか。朝鮮に斗ふ英雄的な労働者、農民が、頭上に迫る爆音に対して、きっと抱いているだらうあの何かたゝきつけてやりたい怒りが、腹の底からこみ上げて来ます。又一つ爆音が遠ざかって行きました。

　1952年　1月3日　　木曜日　　午後に入って晴れる。

- 朝　　　1日及び二日と全く同じ
- 昼　　　人参、竹輪の煮付、福神漬
- 間食　　栗マン頭二個
- 夜　　　粕汁一椀、高野豆フと白滝の甘煮、福神漬

○今日は慰安の「映画会」でした。「ニュース」、ディズニィーの色彩マンガ「Silly Symphony」、豊田四郎演出の「せきれいの歌」（東宝）、何しろ画面が暗くて、てんでお話しにならなかったのですが、でも「無防備都市」以来十一ヶ月振りの映画、面白く見て来ました。公楽会館でやっていた「白雪姫」はとうとう見

ませんでしたが、短編とは云いながら「Silly Symphony」には彼ディズニーの幻想性の片鱗が窺はれるような気がしました。

「せきれいの歌」は水木洋子のシナリオで、音楽学校の卒業演奏会の中継放送と、それにきゝいる作曲家（山村聡）の回顧を中心として、時局便乗者として歩んで来た才子の彼と、音楽学校卒業後彼と結婚しすぐ別れた、真面目な、良心的な声楽家（轟）、彼との間に出来たその娘、の母子とを非人間的な戦争中の文化弾圧の過程の中に描かうとしていました。暗い記憶、その抵抗の描き方も消極的で反戦映画とは云えなかったようです。

○ とにかく大したものではありません。

○ 全然運動せずに食ってばかりいるので、胃にもたれてしようがありません。夕食はとうとう半分、残飯に出してしまいました。

○ 夕食には、温い粕汁がつきましたが、その鼻をつく香りの中にふと久住の姉さんを想いました。それと共に例の White シャンペンも*。

○ 今朝から、"はるかなる山河に"[101] を読んでいます。非人間的な国家機構の中、無慈悲に死へと、駆り立てられて行ったあまりにも高価な犠牲。その解決の方法を知らぬまゝに、どうする事も出来ぬ苦悩を抱きながら、あまりにも無価値な、下らないものに捧げられて行ったその純粋な魂を想う時、私はしみじみ、正しい歩みを歩んでいる私の幸福を知ります。私は決して、何故あの時、命をかけなかったかと悔む事はしないでせうから。——

○ 「やましな」新年号が入る。下らなさ、読む気もしない。「魅せられた〔る〕魂」のダイジェストには呆れを通りこして腹が立つ。一体こんなダイジェストを誰が書くのか、そいつの良識を疑ってやらねばなるまい。

　　一月四日　　晴　　（金曜日）

○ とても寒い朝でした。今日からは例の綿入れチョッキと足袋を工場に持って行く事になり、週日の夜は No チョッキ、No 足袋でふるえなければなりません。

---

* 　「姉淳子の嫁ぎ先は酒造家であったので、清酒製造過程でできる濁り酒をいつもごちそうになっていた」（信爾談）

でも、元気！　元気！　今日、工場の鏡をふとのぞいて見て、顔のポチャポチャ
と肥って来ているのに自分ながら呆れてしまった程です。

　　一月五日　　晴、時々曇　　（土曜日）

　　一月六日　　日曜日　　雨

○御父さんえの端書を書きかけたのだが、どうもペンが滑らない。御変り御座居
ませんかと書いたま〉後がつゞかないのである。又にしようと思う。

　　お茶を飲みたい、濃い、にがいお茶を、
　　　黄緑りにすんだ入れたてのお茶を、
　　白磁の湯呑で静かに味いたい。
　　　その温みをじっと掌にめでながら。
　　免業日の夕べ、食後に飲むことので来る茶、
　　茶とは名ばかりなその生ぬるい湯を平食器に注ぐ時、何とも云いようのないわ
びしさを、味気なさを感じさせられる時、殊にそう思う。
　　白磁の湯呑、母の手作りの茶*、そしてチンチンと鳴る鉄ビン、
　　白磁の急須、お茶をのみたい、熱いにがい茶を、

　　一月七日　　月曜日　　晴

○故郷えの端書を書く。「レーニン主義の諸問題」[102]、一番後の論文から、先に
読み始めている。

---

*　「茶葉は毎年、寺の山内の畑で母が摘み、大鍋で葉を煎り熱いまま、むしろの上に広げて
　　手のひらで撚っていく。子どもも総出で手伝い、両手が真っ赤になる。これを７回ぐらい
　　くりかえして茶葉ができあがる。さらにこれを篩にかけて、そのうちの小さなものを取り
　　出す。これは若い新芽の部分で玉茶といってもっとも上等な茶とした。茶の製法は中国江
　　南の龍井茶とほぼ同じだった。当時の郷里の生活は米以外完全に自給自足であった」（信
　　爾談）

日記本文（1952年）　　151

　　 | 月 8 日　　火曜日　　曇、時々晴

○朝、七工場の屋根にうっすらと雪が残っていた。夕方点検前になると又雪がちらつき始めていた。

○やっと年賀ハガキが配られる。村田、三浦夫人、明生君、泰治、お母さん、それから、亮子、侃爾、剛尓寄せ書きのもの、すべて六枚、十枚位は予定していたのに、些か失望ものだが、それでもやっぱり、嬉しくなつかしい。
　家からのは、そろって早く帰れ、帰れと云ふ。あゝ、さはさりながら、さりながら！

○泰治が、 2 月27日頃上京の予定だと云う。

　　一月九日　　晴　　水曜日

○小崎から一枚、那須と木村の寄せ書きが一枚…………
　　──決定的な段階と共に、決定的に明るい日が近づく、──

○正木君*が、独居にぶち込まれたと云う。原因は未だ判らないのだが。何でも戒護で部長連に、「看守は一体懲役の頭に褌しをひっかけていゝものか、どうです。」と猛烈に食ってかかっていたと云う話しもあるから、恐くは、検身場の事がきっかけに違いないと思う**。

───────────────
*　　正木通夫。1928年京都市生まれ。当時同志社大学法学部学生で共産党の同志社細胞所属。朝鮮戦争が始まると大学正門で毎日反戦ビラをまく。「朝鮮戦争は国際独占資本の陰謀だというようなことを書いたビラまいたんですよ。あれがいかんかった。 8 月の末か 9 月の初め頃に家宅捜査が入り親の目の前で逮捕されました。府警本部の留置場に入れられ京都拘置所を経て大阪拘置所に送られました。軍事裁判の検事側証人は大学正門の守衛やった。判決は重労働 2 年罰金300ドル。判決がきまって四条畷の分所に送られました。パクられた人がたくさんおったですよ。共産党の人、朝鮮の人が。沖縄軍事基地建設に送られる噂も流れておりました。京都刑務所に送られたのは12月初め、寒くて震えたことを覚えています」（正木談）。大阪の軍事占領裁判所月例報告によると、軍事裁判は1950年11月14日。

一月十日　　曇　　木曜日

○深更、雨になった。そのくせ妙に冷えこむ。

一月十一日　　曇後晴　　金曜日

○大山が、年賀電報を打って寄こした。彼奴らしいやり方だ。何しろめずらしいものだ。連中もめずらしがっている。

○だんだん寒さがきびしくなって来る。しかし、冬来りなば、春遠からじ。
　　──我等が日々は涙に濡れて、苦しき努めなれど、避け得ぬ日は、近づけり。
……

○正木君はもう帰って来ないだらう。

一月十二日　　晴　　土曜日

○と書いた筆の下から、今日帰って見ると正木君がちゃんと房に帰っている。詳しい事情は明日ゆっくり聴いて見よう。

○月が出て来た。寒むざむとさえた冬の月、

**
前頁
「検身場は、懲役労働の後、工場から物品を持ち出していないか、裸体検査を行う場所。看守の目の前で褌をとって両手をあげ一回りさせられる」（信爾談）。ただし正木通夫によれば、検身場でなく工場での暴力に抗議したという。「看守は、懲役は人間でないといって何かと棒で叩いた。ヤマモトというヤクザの若頭だった強盗殺人犯に目をつけ警棒でばばんと殴るのに腹がたち、猛烈に抗議したのが問題になった。懲罰房に行かされたか記憶にないが、朴基鉉が（政治犯の）皆に話をし皆で看守の暴力に抗議してくれた。その後、刑務所に要求して四工場で囚人会議を開かせたが、うっかり僕が「囚人自治をやろう」ちゅうなことをいったところで打ち切られ二度と会議はできなかった」（正木談）

一月十三日　　（晴）　　日曜日

○慰安演芸として一燈園の「すわらじ劇団」の興行があった。演物は、城山余聞（一幕）、故郷（一幕）、天野屋利兵衛（三幕）。衣裳も、小道具も仲々豪華なもの。熱演だとは、云へたようだが、このような宗教運動の反動性だけは、つくづく考えさせられた。あらゆる問題がすべて個々人の善意で解決させる。一つブルジョア相手にとっくりと御説教やって貰いたいもんだ。

一月十四日　　終日雨、みぞれ　　月曜日

一月十五日　　晴　　火曜日＝（成人の日）

○ "成人の日"で、有難い事に免業日である。大馬力をかけて、1300頁の "諸問題"をやっと読み上げてしまう。

○間食、ビスケット十枚…………

○十工場にいた小倉君が、数日前五工場に転業して来た。それまで、唯一人はっきりした連絡のとれていなかった同志として彼の動静は、全然判らず、再三の夜間独居勧告*も、俺だけは頑張ると拒否しつゞけていたその態度に些か不満を感じな〔が〕ら、意志の疎通が不円滑な現状では仕方がないと、むしろその呑気さに感心させられていたのだが。

　同志李の話では、昨日彼は李君に彼がすでに脱落して居り、十一月から労救の面会も断っている由を告白したそうである。理由として、彼が母一人、子一人の家庭であり、彼が投獄された結果は、御母さんが姉夫婦の家に引き取られている現状で、到底、今後のきびしい斗争に耐えていける自信がない事、家庭の貧困を救うために一刻も早く出獄したいと願っている事。しかし何も党や、主義そのものに不信を抱いているからではなく、今後も一シンパとして、活動して行かうと

---

*　「刑務所内でも共産党同志お互いに連絡を取り合い励まし合っていたが、雑居房では連絡がむつかしい。そのため、夜間独居に移るよう勧めていたが、それを受け入れなかったのではないか」（信爾談）

154　第Ⅰ部　翻刻編

思っている事などを挙げたらしい。

○数ある中には、当然予想しなければならぬ事だが、京刑においては最初の例であると云う。彼に対しては今後も温い態度で接する事を棄てゝはならないが、しかしその行為に対しては、それが人民に対するはっきりした裏切である事を、明白に指摘してやらなければならないと共に、彼が、この上の恥知らずに成り下る事のないように監視を怠ってはならない。

　──しかし、彼もずい分苦んだ事だらう──

　一月十六日　　晴、午後に入って曇る。　　水曜日

○労救から年賀端書があった。
○御父さんからの手紙、啓ちゃんも何時の間にか結婚している。三浦夫人不信任だそうだ。
○泰治の受験、早速特別発信を請求しておく。
○ノートが入った。うすっぺらな奴。

　一月十七日　　晴、一時曇　　木曜日

○労救面会、長谷川君一人、三浦夫人は病気で本は今日も駄目、
○世界経済会議[103]に招待されているメンバーには、大阪商大の名和さん[104]、京都では蜷川などがいるそうである。
○労働戦線は、悪法反対[105]に総評の線で統一されそうである 。

○防衛分担費650億、予備隊費540億、海上保安隊費70億、防衛予備費560億、そして賠ショウ費200億！

　一月十八日　　曇、一時晴　　金曜日

○硫安[106]一俵の値段が、遂に千円を突破したと、"今日の問題"は伝える。政

府の買弁農村政策による農産物価格の釘付、しかも基幹産業、鉄、石炭の原料高からひゞく生産資材の急騰、殊に生産原価の40％以上を占める肥料価格が、この一年間に硫安30％、石灰窒素60％、燐酸に至っては、実に100％の値上りを示していると云う。

　今後の日本経済の買弁化はますますこのシェーレ拡大[107]を生み、農村の疲弊は、正に半植民地中国の農村生活を再現する事であらう。外国独占資本による日本経済の収奪は、ことに農村小生産者に破局的様相を以て結果するに違いない。

　必然的に、反帝国主義斗争は広く、且つ深く農村一般を捲き込み、労、農、民族ブルジョアジーを含めた民主民族戦線の客観的基礎はますます確立されて行くであらう。

○戦傷者遺家族援護費231億をめぐって遂に橋本厚生大臣は辞任してしまった。買弁予算に対する支配階級内部の反対派、──

○「蜂起する人々」返納

　1951年　1月19日　　晴　　土曜日

There's no accident.!

　1951年　1月20日　　晴　　日曜日

○キリスト教誨、ヨハネ伝福音書、"イエスのことば"、パンフレット二部を貰って来た。

　1951年　1月21日　　晴、一時雨　　月曜日

○三浦さんが面会に来て呉れた。赤いベレーをかぶって丸々とよく肥えた洋子ちゃんを連れて。"歴研の五一年度大会報告"、"魅せられたる魂"第6巻、資本論第一巻、第一分冊、世界十二月号など持って来て呉れたらしい。──待望の本──

年末に会った時よりは、大分元気そうになっている。

１月22日　　晴　　火曜日

○思いがけなく、宗像から端書があった。朴とつな手紙の書きっぷり、ユーモラスなのんびりした彼奴の風貌を想ってなつかしい。小学校の前の橋が流されてしまっていると云う。よっぽどな出水があったに違いない。

１月23日　　晴　　水曜日

吉田の施政方針演説、——破廉恥極まる買弁の辞！

１月24日　　晴・午後曇　　木曜日

　ダレスがはっきりとヤルタ協定の破棄を上院で宣言している。日独ファッシズム帝国主義に対抗し民主主義擁護の戦線を張った十年前と完全に変質しきったアメリカ帝国主義の立場を公然と認め、平和勢力に大胆に挑戦する事実を公告する重大な発言である。
○紀元節復活の目論見、——ますます急テンポの反動化、
○書経返納、「歴史における民族の問題」願箋提出、

１月25日　　金曜日

○午前中は快晴、午過ぎになると一天俄かにかき曇り雪の舞い出す始末、それが又夕方になるとからりと晴れ渡って、西日が長く工場の中に差し込んで来た。
○房に帰って、例の窓辺会議*に出席して見ると、何でも西村と云う渉外掛りの看守が朴君の所えやって来て、三分の二釈放は覚束ないと云ったらしく、朴君がとても気にしている。それを李君が盛んに反証を挙げて三分の二出所可能説を裏

---

*　「夜独の共産党員同志の間で、看守の目の届かないところで密かに窓を通して会議らしきものを開いていた」（信爾談）

付けていた。黙って聴いていると突然正木君が発言してかう云ったのである。
――西村云々は問題じゃない。しかし我々の場合、現在の如き国内外の情勢推移
の中にあっては、三分の二出所など到底不可能となる場合のある事は覚悟してお
かなければならない――と。

　的確な判断、果断な行動、正木君は素晴らしい同志である。
○しかし又、三歳半をこゝに過して来た李、朴の両同志、その不屈の斗志、とも
すれば、ふらつきがちな私の斗志をたえずかきたてて呉れる。
○開会中の国会を焦点として、こゝ数日反吉田的言論が、ラジオにも多い。独
断、専行一途に買弁的戦争準備にまい進する吉田浙江財閥のあまりにもみえすい
た買弁政策に不安な一部の支配階級、買弁資本に対立する民族資本、ブルジョア
ジー、俺ならもっと巧妙にやるのにと云う同一陣営内の反吉田派、総体に最近の
支配階級内部の反対派の反吉田的態度を反映するものであらう。

○五〇年秋のレッド・パージ反対斗争、早稲田大学事件の公判が今日開かれたと
云う。ニュースがこのことに言及するや、忽ちパチッと放送を切りかへてしまっ
た刑務官僚共の神経過ビンさ、あまりにも、みえすいたやり方だ。

　｜月26日　　雪が舞ったり、陽が照ったり　　土曜日

○今晩わ、又何と云う風の吹き廻しだらう。6時40分頃、ラジオ大阪から何か外
の放送もがなと、調節し始めたラジオが何とモスクワ放送をキャッチしたのであ
る。恐らく係の連中は何も気がつかなかったのであらう。十分間ばかり、国際
ニュースをそのまゝ流しつゞけた。「こちらはモスクワ放送局でございます。」と
云うはっきりしたアナウンスにやっと気がついたらしいが、後の祭！

○朝、茶園部長の点検に手をついておじぎしなかったと云うので、李、仲川半の
二人が残房させられてしまった。

○父宛に特別発信を認める。

一月二十七日　　晴　　日曜日

○ ひどい霜である。すっかり曇っている窓硝子を透して見るのに、前の花壇が白く凍ってしまっている。

　"柴扉暁に出ずれば、霜雪の如し"[108] か。

○ 三浦さん宛の端書を書き上げる。

○ エジプトでは、エジプト社会党の指導する民衆反帝デモが昂揚し、政府は全土に戒厳令を施いたと云う。民衆の下から盛り上る反帝主義斗争が完全に支配階級のブルジョア民族主義性を圧倒しており、早くも支配階級はその前にたじろぎ、おびえつゝあるに違いない。

一月二十八日　　雨　　月曜日

○ 頭をグリグリの青坊主に刈って貰ったので隙間風がえらく身に沁みる 。

一月二十九日　　曇・雨　　火曜日

　我々の獄中における態度は、如何にあるべきものか、殊に獄内規に関して、先日の李、仲川両君の問題、更に現在三舎階上に在る中東、万城、高田、きょう四同志の点検時の敬礼拒否問題*、しかも、それが、夜独では、九名中二名、三舎では、六名中四名と云う少数者の孤立斗争として現はれていると云う点で、慎重に反省すべき問題となっているのである。

○ 正木君の指摘するように、刑務官僚達の敵であると同時に味方とすべきものであると云う二重性、──

○ 我々の行動すべては、それが革命にとってプラスとなるか、マイナスであるかと云う事で決定せられねばならぬと云う事、──

○ 又我々共産党員のプライドは、看守部長にその点検時に頭を下げる事位でふっ

───────────────

*　「獄中では朝晩、看守の点呼の際、囚人は部屋のなかで正座して、何番だれそれとフルネームで名乗って看守にお辞儀することになっていた。一部の同志がこれを拒否し問題となった」（信爾談）

とぶようなけちなものなのかと云う事、

○我々の獄内斗争は、我々の実践を通じて我々の拘禁が如何に不当なもので〔あ〕り、又我々の主張が如何に正しいものであるかを大衆に示し、少くとも大衆の共感を組織する方向に向けらるべきものだと云う事、

○しかし、看守・部長をも含めた広範な層に共感を組織せねばならぬと云う事は、もとより獄内民主化斗争を否定するものではなく、むしろより一層、それを積極的に肯定するものである事、——それこそが真に党の主張の正しさを確認させ、大衆の信頼を増すものだから、

　　一月三十日　　曇、時折薄日の洩れる程度　　水曜日

　世界資本主義の根柢からの危機、それを軍拡スペンディングにしのごうとする独占資本必死の計画、更には冒険的戦争えの跳躍——

　それは単に破局の到来を一時的におくらせ、しかもその規模をますます深化拡大させるものにすぎないとはいえ、——

　しかもそれすら完全な第三期症状のヨーロッパ資本主義には不可能となりつゝある。わずかにカンフル的効果を与へようと目論むアメリカ帝国主義＝独占資本の対外政策も、彼自身の完全な動脈硬化の現実的となっている現在ではすでにその限界に達しているものと見ねばならない。

　　——NHK「今日の問題」を聴いて、——

　　一月三十一日　　曇・時折雨　　木曜日

○「歴史における民族の問題」入房。24日以来一週間目、明日"住宅問題"を返納して"魅せられたる魂"六巻の願箋を出す事にする。

○お母さんからの封緘葉書、泰治は教育大に決定したそうである。それもよからう。陽ちゃんの家が火事に遭ったと云う。一体どうなんだらう。

○今日の問題、"行政協定[109]"に秘密条項はあるか"——黒幕で進められる植民地化の取引に対する国民の直観的な不安、不満をそらし、ごまかすための全宣伝

機関あげての狂奔、——

　　二月一日　　晴　　金曜日

○第一のニュース、そして最大の喜びは、同志李、同志朴の二人が今日遂に出獄
出来た事である。四八年以来、実に三年四ヶ月余りを獄中に、前衛中の前衛とし
て果敢に苦しい斗いを斗って来た両同志であった。一口に三年と云う、しかしわ
ずか二年の刑期にすら動揺し、ひるんで来た私にとってそれは何と云う圧迫感を
もって迫って来る事だらう。両同志の燃やし続けて来た、そしてこれからもます
ます高く燃え上らせて呉れるに違いない不屈の斗志、その前には、卑しい、見下
げはてた、見栄張りの臆病者、この私などはひざまずくだけの価値すらもない。
唾棄すべき日和見主義者、背水の境にあってすら、右顧左眄、人の後え、後えと
逃げ隠れたがる、御前、御前には、この二人の逞ましいボルシェヴィキを同志な
どと呼びかける資格は全然ないのだ。的確なる判断、キ然たる態度、尊敬すべき
同志朴基鉉、素晴らしいファイト、燃えるような情熱、愛すべき詩人、同志李在
守。
　我々の先頭にあって常に果敢な斗ひを続けて来て呉れたこの二同志。お前がも
し、真当にボルシェヴィキたる決意と良心とを持つ共産党員であるならば、お前
はこの二同志が守り続けて来た我々の人間としての権利を、斗い続けて来た全収
容者のための人権の確立を、果敢な斗争の中に守り続け、擁護しつゞけるべきだ。
　二同志の出所を機にお前はこれまでの日和見性を一切精算し尽し、更めて斗争
の中に自己のボルシェヴィキとしての道を確立するために、新たなる決意を固め
ねばならない。たゞ勇ましい言葉はいつでも並べられる、肝心なのは、実践だと
云う事、これを忘れてはならない。——

○今日も今日だ。お前は反則品の石鹸を房に持ち込まうとして、検身場で看守に
発見され、卑屈な謝罪でやっと許して貰ったではないか。共産党では、大学で
は、石鹸を脇に隠して舎房に持って入る事を教えるのかと、お前はお前一人の卑
劣な人格のために、党の名前まで汚してしまった。俺は違う、俺は革命家なの
だ、俺は懲役とは違うんだ。同囚たちとの隔意ない交はりの中に自らを高く持し
て来ていた筈のお前が、何時の間にやら、完全なルンペン・プロレタリアート、

懲役並みになり下ってしまっていたのは、一体どうした事なんだ。わずか半年あまりの刑務所生活でいつか自らのプライドを、もっとも大事な共産党員としてのプライドを、完全にわすれ果てゝしまったのか。

○百日の説法、屁一つの例え、お前のきづき上げて来た党に対する信用と、共感も、すべてはお前の行動一つにかゝっている。舎房で石鹸の使用が禁止されている。それじゃなぜ使用を許可するよう要求しないのだ。衣類が汚れる。それじゃなぜ洗濯の回数を増す事を要求しないのか。それを反則でこそこそごまかそうと云うやり方、もっとも卑屈な、もっとも意気地のない手段、それでは、自分を含めた全人民大衆の生活のために斗う事なしに、こそこそと自分だけの欲望を満そうとする泥棒のコースと一体どれだけ違うのだ。

○しかも、それがその看守の好意で内々に片附けられ、しかも彼はわざわざ四舎まで明日担当に謝って返して貰うようにと云いに来て呉れた。その後変な様子に心配した正木君が、「何かあったのかい。」と尋ねかけて呉れたそれに対して、あまりの恥しさに「何、ちょっと工場でジャンバーの改造をやっていたのが、検身場で引っ掛ったのだ」と慌てゝ嘘をつかねばならなかった一層のみじめさ！
　　馬鹿野郎！　お前みたいな意気地なしは、いっそ死んでしまったらどうだ！
　　懲役以下の人間、お前よ。

　　二月二日　　晴　　土曜日

○昨日の soap は、担当が黙って返して呉れた。自分の卑しさがたまらなく恥かしい。

　　二月三日　　曇　　日曜日

○ "歴史における民族の問題" 読了。直面する平和と独立の絶対の課題は、特に選ばれた民族問題を巡って、全巻に強い抵抗の線を打ち出しているが、歴史学としての果実は去年の「諸段階」[110] より大分少いのではなからうか。山辺健太郎氏[111] などもはっきり指摘しているようだ。

二月四日　　雪が終日舞いつゞける　　月曜日

○一番帳場の小鋏紛失。
○今夜は節分、去年の今夜は丁度機関紙会議。帰りに東一条の混雑振りにびっくりした事だった。

二月五日　　火曜日

○ねぼけ眼をこすりながら起きてみてびっくりした。外は一面に真白である。一面に水滴の附着した硝子窓をすかしてみるのに五センチ位は積っているようだ。さて、フトンを片づけてさあ顔を洗おうと水道の蛇口をひねって見る。幸い凍りついてはいない。安心してジャージャー出していると、いきなり排水管と洗面台のつぎめから、水がザーッともれて来るのに二度びっくりである。
　寒さに排水口が凍っているのであらう。この冬に入ってから最高の寒さである。

○雪の朝はやもめの洗濯と云はれるが、朝はなるほど型通りの快晴、午後からは、又雲が多くなり始め、どこからともない粉雪がずっと舞いつゞける。

○昨日の小鋏紛失事件は、結局便所から出て来た。独居行き三人。

二月六日　　午前中晴、午後に入って又雪がちらつく　　水曜日

○西の空はきれいに晴れ上っているのだが、東には薄ずみ色の雪雲が大きく張り出している。時々雪が舞って来て、外の冷たさは相当なものだったらう。その寒さの中を、思いがけなく三浦夫人が面会に来て呉れたのである。
　黒ビロウドの見なれたオーバーを着込み、硝子を隔てた向いに腰を下している三浦さんは、此の前よりもずっと元気そうだった。

○1950年度 "歴史学の成果と課題" "日本近代文学研究" "太平天国" 三冊を差入れて呉れる。木村担当の曰く、「お前の本屋さん。」
○同志三浦は、再びサラリーマンにカム・バックだそうだ。──？

—— ！——

○人新聞「一月二十日号」、戦争準備に狂奔するアメリカ、

二月七日　吹雪　木曜日

　暗い雪空、ふりつゞく雪、それも強く、はげしい風に乗って、降ると云うよりも、むしろ横なぐりにふきつけて来る。時折一陣の疾風に屋根の雪はパッと煙りのように捲き上る。吹雪のひな型だと云えよう。
○朝からふりつづいて、未だ止みそうもない。—— 6時半現在、——

二月八日　晴　金曜日

○夜半から雪が雨に変ったため、昨日の雪は、期待したほどは、積らなかった。それに今日の、雪の朝の好天気で、びっくりするほどの暖かさに、もう殆んど溶け流れ、北側の屋根や、庭先にまばらに残っているだけ。すっかり暗くなって、十三夜位の月が鉄窓の上の方にポツンと掛っている。軒を伝ふ雪どけの水がショボショボと冷たい音を絶やさない中を、時折バサッ、ドサッと屋根を落ちる雪塊の響きが人を驚かす。
○民主党を中心とする新党結成運動は、今日「改進党」として新い段階に達した。名前をいくら、とったりつけたりした所で問題の本質には全然関係はない。

二月九日　晴　土曜日

　「就寝！」の怒声が寒むざむとした獄舎の壁にすばれて行き、一時の騒然とした物音もやがて静まって、廊下にかゝったラジオの声がだんだんはっきりと聴きとれるようになって来た。
　例によって、掛ブトンで膝を捲き、その上に膳箱を置いた即製の文机、ペンを把ってふと窓を見やると、鉄格子の中ほどに十四夜位の大きな月がやはらかな光を放っている。
　今夜はそう寒くない。…………

164 第Ⅰ部 翻刻編

○ 「きけわだつみのこえ」*を読み直している。二年前とは又別な態度で。

二月十日 晴 日曜日

○ 牛尾山の肩からまあるい大きな月が登った。
○ 慰安演劇、浪曲と歌謡曲、どうもかなわない。

○ 「わだつみのこえに応える──日本の良心。」読了。小さい頃、楓のような手を挙げて、「兵隊さん万才！」と叫んだ覚えのある私、そして敗戦直前には、わずか十四才（16才）の中学生動員隊として、陸軍工廠に駆り出され、非人間的な、残酷極りない強制労働に従事させられた覚えのある僕**、小さい胸なりに、死と云う問題に真剣に対決させられた、たまらない思い出のある俺***、そして、最も愛していた正兄さんを、ブーゲンビルで殺されてしまった私****。

○ 二年前は暗中模さくのプチブル学生として、今は牢獄に囚れの共産党員として。

○ ──読み終えた私の胸の中に今静かに高まり、高なっているもの、未来えの確信と平和のための斗いの決意！──

──────────

＊　日本戦歿学生手記編集委員会編『きけわだつみのこえ──日本戦歿学生の手記』は1949年10月東大協同組合出版部刊行。註101『はるかなる山河に』（1947年）の好評をうけ、新聞ラジオを通じて戦没学生の遺稿を公募、75名の遺稿を採録した。「戦時中知覧で特攻機の整備をしていた義兄が、シンガポールで処刑された学徒兵の「指をかみ涙流して遙かなる父母に祈りぬさらばさらばと」という辞世の歌をいつも口ずさんでいた。今、獄中にあって父母を想うとき、「指をかむ」しかできなかった学徒兵の身の上と心情が胸に迫った」（信爾談）。なお、この歌を詠んだのは京都大学経済学部出身の学徒兵木村久夫。
＊＊　「中学2年の時から動員されて、大分県大在の陸軍第二造兵廠坂の市工場で弾薬製造に従事した。火薬が尽きて弾薬がつくれなくなると、海から海水を汲み製塩に従事させられた。炎天下食べるものもなくたいへんな重労働だった」（信爾談）
＊＊＊「終戦直前、工場に再び火薬がまわってきた。ブリキ缶に火薬と起爆装置を入れた「2キロ爆発缶」をつくらされた。米軍が上陸したら戦車のキャタピラーの下に突っ込んで玉砕するときいた。訓練はさせられなかったが、自分たちの死がすぐ目前にせまっているようで不気味だった。終戦を迎えた時、やれやれやっと終わったとほっとした」（信爾談）

日記本文（1952年）　165

二月十一日　　曇　　月曜日

私は今、舶来の中古衣料を改造して
小さな小供のズボンを作っている、ごくお粗末ないゝかげんな唯足がとおると
云ったやつ。
「一体だれがこんなものを買うんだろう？」
うっかりそんな事をつぶやいていた。
たちまち鋭い返事、「共産党が買うよ。貧乏人が」一人の同囚、
「あっ、そうか」何て私はうっかりしてたんだろう。
ひゞだらけの節くれだった、そして
しわくちゃの百円札をしっかりと握った手が
ニュッと私の眼の前に突き出されていた。
背に、やせた赤ん坊をしょい、片手に鼻をたれた栄養不良の子供をひいた
労働者のおかみさんの黒い手が、
食うだけせい一杯のくらしの中から、子供のためにと
やっとのことで、こしらえて来た二三枚の百円札、
冬空に子供のために半ズボンを買ってやったおかみさんの
それでも満足げに帰る後すがたが一瞬、私の眼をよぎった。
こんなズボンは、決して街中には出て行かない。
場末のごみごみとしたあたりの古着屋に特売の札つきで出るにちがいない代物
だ。おまけに充用された労働は天下無類の懲役労働。
しかしそれを買うのは、ナイロン、絹、ギャバジン色とりどりの華かな衣服に

＊＊＊＊「正兄さんは母方の従兄の正則兄さんのこと。訪ねて来ると、いつも講談社の絵本をお土
前頁　産にくれて、実の兄のように慕っていた。ブーゲンビル島の野戦病院で亡くなったらし
く、戦死の通知のあった昭和22年秋に葬儀が行われた。その際、僕が読んだ弔辞が手元に
残っている。戦病死の悲報は当時記憶に生々しかった」（信爾談）。「「勉強しろよ」と口癖
のように励まして下さった兄さん！「ウン、勉強する。僕は大学に行く。そして船を作る
んだ」など小癪なことを言っていた私です。兄さん。なぜ一言おっしゃってくださらない
のです。今一度、本を買っていただけないでしょうか。愚痴です。全く愚痴です。〔中
略〕ブーゲンビルの一角ルクセイの野戦病院に傷ついた身を横たえて、兄さんが再起不能
を覚った時、戦況日に不利、祖国の前途危うしと観られた時、はるかな故山の親兄弟の上
に思いを馳せられた時の兄さんの胸中、思うだに胸もはりさけそうです」（弔辞より）

166　第Ⅰ部　翻刻編

は、高嶺の花ほども縁のない労働者のおかみさん。
そう想った時、私のミシンの踏み方はかわって来た。
丁寧に、念入りに、そして頑丈に、
一日でも長もちするように
私は一生けんめいにミシンを踏む。

　（二月十二日）　　曇り　　……火曜日……

○「魅せられたる魂。」六巻入る。

　二月十三日　　曇り　　……水曜日……

○うっとうしい日が続く。しかしそう寒くはない。午憩時、掛っていたラジオから、シューマン、流浪の民が流れて来た。
　心のオアシス、──そっとそれにふれた想い。──

○お母さんと、それに中屋から、手紙と葉書、
　お母さんからのは、泰治の受験と、それにミュレット先生の帰国について、ミュレット先生が帰米すると云う。ホッとしたような、それでいて残念な妙な気持、ずっと示して来て呉れた私えの厚情、すべてをつゝむ大いな〔る〕愛、私が先生に捧げる心からの敬愛。──
　十八日の発信日には、心からのお礼とお詫びを葉書しよう。
　中屋から。百八十度の転換、科学的に生きぬくと云う誓い*。──
　唯々、嬉しい。私の入獄が必ずしも無意義ではなかったと云う事。

　二月十四日　　晴　　木曜日

○泰治から端書があった。二月二十六日に上京すると云う。競争率は７・８倍だ

────────────

＊　「「科学的に生きぬく」とは共産党に入党、もしくは同調するということか。検閲を考え敢
　　えて曖昧にしたのであろう。但し中屋は結局入党しなかった」（信爾談）

と。

二月十五日　　雨　　金曜日

二月十六日　　午後になって晴れる　　土曜日

○一月分の賞与金通知、三級の四等工、行状、優で64円40銭、７ヶ月かゝって営々として溜め上げた更生資金 !! は263円である。岩波の三つ星２冊に、二つ星一冊と云った所、出獄までには、千円をためて、さて記念に何を買うとしよう。「党史」か「諸問題」を第一回入獄記念に買っておくのもいゝと思うのだが。

○小田切秀雄「日本近代文学研究」入房。一週間たらず、月曜に願箋を出して、土曜日だから正に記録的である。一体にこの頃はスピーディーになったようだ。

○ミュレット師えの端書、和文で認めておく。

二月十七日　　晴　　日曜日

○近頃、珍らしい気持よく晴れた日だった。と云っても位置の加減でこの房には、それこそ一筋の陽光すら差してはこないのだが。正面に見える山々の西日を一杯にうけて輝く山ひだのあたりのかげりがこの上もなく美しい。

○今日の宗教々誨、本願寺系の五色園なる組織がその少女歌劇団 !! なるものを連れて、仏教舞踊、仏教歌劇なるものを見せて呉れる。
　歌劇だって？　とんでもない歌劇だ。ナンセンス、こっけい、それを通り越して笑ふべき悲劇だ。その本質的な矛盾に急速に没落する本願寺が焦りに焦るこっけいな苦悶の一つの現れとして、又年端もゆかぬのに駆り出される小供たちにとって。
　神楽と、剣舞をつきまぜたようなその踊り、流行歌や、何とか節や童謡からひょうせつして来た歌、二年前の節分の夜、大山と二人で見に行った吉田神社で

「みこ」の踊っていた神楽や、近頃流行りの浪曲ドラマを連想せずには、いられなかった。

　　２月18日　　　曇　　　月曜日

　　２月19日　　　午後に入って晴　　　火曜日

　久住の義兄さんから便りがあった。節子や、克比古がずい分大きくなったと云う事、……

○世界経済会議について、村田省蔵、石橋湛山、北村徳太郎、名和統一、蜷川虎三、石川一郎、平野義太郎の七氏が招請されていると云う。村田、石橋、北村、平野は、参加えの積極的意志を表明し、日経連の石川だけが、はっきり拒絶している。理由は、「アメリカに済まない。」からだそうである。
　世界経済会議が人民勢力の平和政策の一環として如何に大きな意義をもつか。それはアメリカを先頭とする帝国主義勢力及び各国内の買弁権力が示す公然たる妨害と、中傷、恐怖感が証明して余りある。

　　二月二十日　　　晴　　　水曜日

○三月に一度の体重測定、十一月に比べて一キロ増しの五五キロ、14貫666目である。体位向上三ヶ月計画は目標の三分の二しか達成出来なかったわけだ。

　　二月二十一日　　　晴　　　木曜日

　Ｎ・Ｈ・Ｋの今日の問題、行政協定の問題にふれている。いかにも御用報道機関にふさはしい奴隷の言葉でだが、それでも、戦前のフィリッピン以下の状態におかれる植民地日本に対するお先真暗な不安がはっきりと感じられる。無制限の治外法権、軍事行動における一方的無拘束の権利。
　ぼつ然たる怒りが、こみ上げて来る。こぶしを振り上げたい衝動!!

滔々たる人民勢力の昂揚の前には、一切の面子をうち忘れ、民族の根本的利益すらうちすてゝ、アメリカ帝国主義の前に土下座して恥じぬ買弁支配階級、番犬官僚‼

　泥にまかされる民族の独立、原爆の劫火に焼き亡ぼされる人類の平和、番犬ファッシズムの嵐の下、最後の一枚までもはぎ取られる人民の自由‼

　そして突如起ち上がって一切の鎖りを引きちぎる人民大衆、労働者と百姓と‼

　共産党員たる第一の資格は、楽天家であると云う事である。如何んな窮境にあっても未来えの希望を失う事のない。…………

◦紡績界に、四割の操業短縮が、政府から勧告されている。日本経済の植民地経済えの切り換えの過程中における重要な一指標であらう。

　　二月二十二日　　晴　　金曜日

◦朝鮮向けの米軍軍衣ズボンで火のついたようにせき立てられて、今晩から突然の残業である。明日も居残りして日曜は免業出役だと云う。

◦今晩はゆっくりペンを把って一年前の回顧に時を捧げようと思っていたのに残業でさっぱり、……

　早いもので拘禁生活も今日で丁度まる一年である。一年前の今日、冷たい雨の煙るように降っていた朝、8時半過ぎ下鴨署に検挙されたのだった。

　21日の高安さんのドイツ語に徹夜してくたくたに疲れ果てた体を家のこたつに休めていた時、丁度21日の午過ぎであった。Mさんは坊やをつれて買物に、私は連日の試験、それに昨夜の徹夜で、いつとはなしにうつら、うつらしていた。とその時訪なう声、聞きなれた同志水田*の声である。上って来た同志水田は、二言、三言私と世間話しを取り交した後で切り出した。実は明朝、下鴨署にビラを入れるのに下鴨細胞から一人出して欲しい。又今夜の財政会議にも誰か出席させて呉れと云うのである。正直に云って私はその時ギョッとした。下鴨署、警察、ビラを入れる、まるで捕えて呉れと自分の身に「のし」をつけて差出す事と同じじゃないか。こんな考へが、一瞬頭の中をぐるぐるっと巡った。「其の内容

は？」「政令は大丈夫でせうね？」こんな質問が喉元までこみ上げて来たのを私はぐっと抑へ……何だかそんな質問をするのがいかにも卑怯らしい事のように思はれたので……沈黙の一瞬を破ってきっぱりと云った。「私が行きませう。財政会議はN君が出るでせう。」……

　同志水田は、時間、連絡場所を告げ、ビラを同志Aに託して今夜私の手許まで送っておくからと云った後、「A君もこんな仕事に一度出て呉れると変って来るのだがなあ」と誰に云うともなくつぶやいていた。後で思い当った事だが。

　同志Aはそのビラを持って帰らなかった。万事を明朝の連絡に託して其の夜はぐっすりねた。明日の宮崎さんの東洋史は振ってあるし、次の谷さんは明後日だし気づかいは全然なかったからである。

　薄暗い中に起き上った。時間は6時半。連絡予定の時間までには一時間あるし、そうあてる事はなかった。寝坊のMさんは未だ寝ている。こととこと、一人でお茶を沸かし、残りもののパンとマーガリンで腹を満し、登山帽とマスクとをもって玄関に出た。雨が降っている。だが仕事が仕事だ、傘など持っては出掛けられない。ズックにしようかな、軍靴*にしようかなと迷った挙句、雨も降っている事だしと軍靴にきめた。――この時、いつものように身軽いズックをはいて出掛けていたら私の運命も又別な道を辿っていたかも知れない。――

　連絡個所の出町の橋まで来た。時刻は正確に七時半、誰も来ていない。出町柳の駅の方も見た。一人もそれらしい人影は見当らない。一寸しゅんじゅんしたあげく、とにかく委員会の事務所まで行ってみようと歩き出した。しかし朝も未だ早い。事務所の扉は、固く閉まっていた。仕方がないので又元に戻って来た。と橋のたもとにJの同志T**が立っている。Tの話しは全然聞いていなかったの

---

*　「水口春喜。念のため、水田と仮名にした。水口は京大経済学部の学生で同学会の前委員
前頁　長。1950年秋、前進座事件や円山事件などで京大が30名ほどの学生を処分した時、水口も
　　放学処分をうけ、当時は、共産党左京区細胞群委員会の委員をしていた。彼の要請でした
　　ビラまきだったが、刑務所へは一度も面会に来ず、出獄後に会ってもねぎらいの言葉ひと
　　つなかった」（信爾談）。なお、細胞群委員会は1949年共産党の規約改正によって地区委員
　　会の下、細胞の上に位置する組織としておかれた。

---

*　「軍靴は当時復員軍人の持って帰ったものが闇市などで安く売られ、貧乏学生は頑丈な軍
　　靴を履くことが多かった」（信爾談）
**　「Jは法学部のこと。Tは誰だったか記憶なし」（信爾談）

で、おや、変な所でＴの野郎と遇ったものだなとそれでも歩み寄って行くと、彼も歩み出していきなり「ビラはあいつがもっている筈だ。」かう云ひ放ったま〻、鞍馬口の駅[112]に向けて足を速める。広場の電柱の傍にポケットに手を突込んだま〻の背の高い男が立っていた。

時間は8時半、予定よりも半時間遅れていた。もう登庁時刻もすぎて、下鴨署には、第二陣のポリ公たちが、ポツリ、ポツリと或いは自転車で、或いは徒歩で、出町の方からと、あをい橋[113]の方からとやって来ている。

三人は二手に別れた。あをい橋側に私と、出町の方に二人、下鴨署の正門前で登庁して来る職員達にビラを手渡し始めた。

内容は未だ読むひまもなかったが、もちろん政令に触れるようなヘマはやっていまいと確信している。しかし何しろ新米党員始めての荒仕事である。忽ち胸は動(ドウ)きを打ち始める。しかしそんな風はそぶりにも見せずに何食はぬ顔をマスクにかくし、先ず自転車で来たポリ公にヌッと一枚つき出した。片手で受け取って入って行く。次に来た男、テクッてだったが、それもジロッと眺めただけで、ビラを取って行った。こちら側は閑散、向ふの連中は仲々忙しそうだ。と署の正面のドアを排して一人のでっぷりと肥ったポリ公、後で岸本と云ふ男だと知った、が出て来、つかつかとＴの傍え行って二言、三言問いかける。相手にされないので今度は私の所えやって来た。「君達はどっから、来たんだ。えっ？」しつこく問いかける。私の胸はもう早鐘のようだったが、表面は、ふてぶてしく、相手にしない。と彼は又署の中に帰って行った。

Ｔが呼んでいる。近寄って見ると、どうも危険だから、一先ず遠のこう。君はあの橋のたもとに行け、僕等は出町の駅の側に行くから、そこに居てやって来るポリ公を捕捉しようと云うわけだ。もちろん異存はない。直ぐ上手と下手に向けて歩み始めた。

二十米も行ったかと思う時だ。目的の橋までは未だ50米もある。いきなり下鴨署から数人の若いポリ公共が道路にかけ出して来た。と目ざとく上手の私を認めた一人が、パッと私めがけて走り出す、忽ち一団全部がそれに続いた。私も反射的にかけ出した。だが軍靴の足は重い。所詮追いつかれる事だと判断すると、何、行く所まで行けば、勾留にもならないだらうと多寡をくくって、五、六歩で足を止めた。そして目の色をかえてかけ寄って来るポリ公共を迎えて立った。

こゝまで書いて来ると、もう九時だと注意される。後は明日と云う事にしよう。

2月23日　　晴　　土曜日

　五、六人のポリ公にかこまれ、帽子をかぶりマスクをかけ、手をポケットに突込んだまゝ、大勢のポリ公が執務している正面のホールを抜けて奥まった一室、司法室に連行された。こゝにもかなりの連中が部屋の四辺に据えられた机で執務しており、中央は空いて一寸した余裕が出来ている。私は先刻のポリ公、岸本氏の机の前に求められるまゝ腰を下した。帽子はかむったまゝ、マスクはかけたまゝで、そしてポケットから先刻のビラを出してゆっくりと検討し始めたのである。岸本は早速色々と問いかける住所は？　名前は？

　もちろん一言も返答はせずに全然無視していると、今度は一般的な話題を拾って議論をもちかけて来る。議論もとより辞せずで、色々と雑談を交えている中に時は移った。此の間に警察の方では検事局と連絡して地方公務員法にがい当するや否やの見解を求めていたのであらう。

　　　　　　　…………………………………………………………………………

　残業を終って帰房して見ると、本も、ノートも、フトンも、房中がひっくり返されている。検房である。

　ババエフスキー[114]の「金の星の騎士」早目によんでしまはう。

二月二十四日　　晴　　日曜日

○刑務所生活始めての免業出役である。三食を工場で摂り、くたくたになって帰って来たが、……

　　　　　　　…………………………………………………………………………

　一時間も経った頃であらうか、岸本と話している机の傍に、一人のポリ公がやって来た。署長の言葉を伝えて来たらしく、「住所と名前を聞いて帰し給へ。」と云うのである。──岸本も、更めてそれを訊ねる。ぢゃ一つ出たらめな奴を答えておいてやるのもいゝだらう。そう考へると、以前東福川に下宿していた事があるので、岡崎西福ノ川28、佐藤昭夫と思いつくまゝに云ってやった。岸本は喜んでそれを控える。しかし一向帰れとは云はないし、断乎帰せと要求をたゝきつ

けるだけの場数も踏んでなかった私なのでそのまゝ下らない話しをでも続けねば
ならなかった。

　十時頃だったらうか、相手は岸本から変って、部屋の一番奥に座っていた金谷
と云う四十恰好の主任となった。炭火のカッカッと真赤に火照っている大きな火
鉢を挟んで椅子に腰を下していた。十二時過ぎだったらうか、金谷は急に態度を
改めて、私を地方公務員法違反の疑いで逮捕する旨を告げ、こんな法律は知らな
いだらうからこれを見て見ろと「地方公務員法解説」なる三百ページ程の本を呉
れた。私も地方公務員法なんて聞いた事もなかったし、第一私が公務員でもない
のにそんな出たらめな事があるかと反駁してやった。すると彼はその中程を開いて、
その内容を示すのである。とにかく地方公務員法は去年の十二月の十二日だかに
公布され、その大部分の効力は８ヶ月後に発効するのだが、特にその中の、「何
人と云えども、公ム員に対して、怠業、罷業をせん動したものはこれを三年以
〔下〕の懲役、又は十万円以下の罰金に処する」[115]と云う項だけは２ヶ月で発効
し、それがこの月の十三日だと云うのである。

　十日前に発効した法律だって？　そんなものはそれこそ夢にも知らなかったの
である。

　とにかく検事局の見解は質した上の事だと云うし、どうせ大した事はなからう
が、二、三日泊って行くぐらいの事はあるかも知れないと覚悟を決めると、急に
心細くなった中に、せい一杯の元気をふりしぼって、とにかく午過ぎなのだか
ら、飯を食はせろと要求してみた。

　「それでは君、すまないが頼むよ」と金谷が傍らの一人をあごでしゃくった。
いよいよ留置場にぶち込まれるのである。全身が緊張する。

　　　　　　　　　　　　　　　　　　　　　　　　　　　　　　　　　　　　

　コンクリートの渡り廊下を連れられて、見るからに陰気な留置場の建物の前に
立った。ガチャリと鍵が廻る、薄暗い中に連れこまれた。生れて初めての留置
場、出来るだけ落ち着いていた積りだったが、やっぱり混乱していたとみえて、
はっきりとした印象は残っていない。

　当直所でかんたんな身体検査をうけ、バンド、ペン、時計、金などをあずから
れ、バンド代りには短い紙の紐が与へられた。これでズボンのバンド吊りをし
ぼってズボンを支へるのである。太い格子のはまった板敷きの檻房の中に追いこ
まれた。薄暗い隅に、汚い毛布にくるまって一人の先客がある。直ぐ飯をもって

来た。午ももう大分過ぎていたので先客の方は、もうとうにすんでいるらしかった。薄汚いぬり物の丸い容器は、丁度子供の頃の弁当箱のように、菜の部分と飯の部分とに分かたれ、得体の知れぬお菜と、それでも白い飯とが、もられていた。冷たいもっさりした何とも云えぬ味いの飯、私は先客が容器の蓋で湯を貰うようにと注意して呉れるまで、畜生、畜生！とはがみしながら無理矢理、胃の中に押し込んでいた。意地でも残してやるものか！

　飯を食い了ると少し落着いて房の中を見廻し、先客に声をかけてみる程の余裕が出来て来た。前は二寸ぐらいの間をあけてびっしり立った太い木格子、後には細い金網を張りつめた高い窓、天井にぼんやりと小さい灯の灯った一間半四方くらいの小さな房、毛布が四、五枚与えられていた。興奮していたせいか、真冬だと云うのにちっとも寒くはなかった。

　間もなく、一人のポリが連れに来た。何が何やら判らない内に、先刻の司法室の二階へ上げられ、指紋をとられ、写真をとられてしまった。白い台紙の上に、くっきりと浮んだ私の両手の指紋、あゝこれが指紋と云うものかと、多少は珍らしくさえ覚えた事である。

………………………………………………………………………………………

　　二月二十五日　　　夕方になって雪がちらつく、雨　　　月曜日

○工場、午後帳場の編成替えに、四番え移された。去年の七月以来ずっとその下で働いて来た朴さんから離されたわけだ。

○Ｎ・Ｈ・Ｋ、「今日の問題」世界経済会議を取り上げ、中傷、脅迫、奴隷頭の説教たる真価を遺憾なく示していた。必死にかゝる民主民族戦線の切り崩し！……

………………………………………………………………………………………

　留置場へ帰ったと思う間もなく、又直ぐ呼びに来た。調書を作るためだった。又金谷とである。弁護人には能勢さん*を択びたい旨を告げ、姓名は仮名であることを断った上で、佐藤昭夫とさしておいた。入手経路、共行者の氏名、もちろん全然答える事はしなかった。誘導訊問にひっかけようとしたり、脅かしをかけたり、金谷はいろんな手を尽した挙句、とうとう諦めて、「どうせ云う気ずかいはないのだから、単独犯にしとかう。」かうつぶやいて書き込んだりした。

もうずい分夕方に近かった。頭痛を覚え、熱があるように感じたので検温計を借った。７度八分、一寸した微熱である。金谷が心配そうにのぞき込むので、いや、熱の出るのは毎夕の事ですよと、はったりをきかすと、「では、直ぐ医者を呼ばせて見るから」と騒ぎ始めた。本当に医者が来た。診察は留置場の当直室でしたが、年配の医者が、しさいらしく小首をかしげて聴診器をあてる恰好がおかしくてたまらなかったが、こうなった上はと、こちらもさも病人らしくしょげかへっていてやった。「今日、明日にどうなると云う病気ではなし、投薬もしないでおきませう。」と医者、「取り調べには差し支えありませんか」と金谷、「大丈夫でせう」と医者、又司法室え帰って行った。

　暗くなった。「そばでも食べますか。」と金谷が云う。「そうですね」とあいまいに返事すると「では」とそば二個を註文する。

　　　　　　‥‥‥‥‥‥‥‥‥‥‥‥‥‥‥‥‥‥‥‥‥‥‥‥‥‥‥‥‥‥‥‥

　九時頃、ババエフスキーを読み上げる。風がひどくなって来た。ゴーゴーと真暗な空が鳴る。バラバラと投げつけられた小石のように、硝子に当たる雨粒、‥‥‥

二月二十六日　　　雨、曇、午後に入って晴れる　　　火曜

　今日は泰治が竹田を発つ筈の日である。今午後六時一寸過ぎ、ラジオは「今日の問題」を喋々しているが、泰治はどのあたりを走っている事だらう。希望と、不安と、好奇心の混りあった変てこな気持の泰治が、その初旅の車中に参考書でもくっていることだらうか。今夜中には山科ボン地をよぎって一路東え向ふので

---

*　註22能勢協の父親の能勢克男（1894-1979）。戦前から弁護士として活動する傍ら、反戦反
前頁　ファシズムの雑誌『土曜日』を発行、治安維持法違反で服役した。占領期は自由法曹団弁
　　護士として小林為太郎弁護士とともに京都滋賀の占領目的違反事件等の弁護を荷った。
　　「面識はなかったが、何か公安事件が起こればお願いしようと思っていた。軍事裁判には
　　大阪自由弁護団の山本治雄弁護士を紹介してくれた。講和条約発効で釈放された後も、6
　　月にあった破防法反対デモの日、私服警官が拳銃と警察手帳、手錠をデモ隊に奪われる事
　　件があり、夏休みに警察手帳隠匿容疑で再逮捕された。逮捕の時は警察手帳隠匿容疑だっ
　　たのに、勾留理由開示公判では濁点がついて手錠隠匿容疑にかわっていた。能勢弁護士が
　　根拠のない見込み捜査だと熱弁をふるって警察を糾弾されたのを覚えている。おかげで1
　　週間ほどで無罪放免となった。一度も弁護料は要求されなかった」（信爾談）

あらう。

··

　そばをおごられて、一しきり話し込んだ後、又留置場え連れて行かれた。さっきの診察で、それではと云う事になったらしく、帰ってみると、今度は畳敷きの保護室に入れられてしまった。四畳の畳の上には、もう二人の若者が、この二人は未だ未成年だった。汚ないフトンと毛布にくるまって寝ていたが、私のために場所を開けて呉て、余分のフトンと毛布を提供して呉れた。

　夕飯はもう全部すましていて、私にと残してあった一人分はもうそばすまして来たからとこの二人に食べさしてやった。この二人とは次の日の午まで同居していたが、例のトンコ節なる奴を始めて聞かされたのも彼等からだった事を思い出す。

　書き忘れたが、金谷と話している時、一人のポリが、共産党の田村[116]と云う奴が本人に会はせろと云って来てますぜと入って来た。「田村の奴久しく姿を見ないと思っていたが、帰って来ていたのか」と一寸腰をうかしかけた金谷は、「名前も云はない者には──（田村君が私の名を云はないから）──会はせられないよ」と云いながら、岸本と何やなさゝやき合いながら中座して行った。

　苦心して寝床をしつらえ、ジャンバー姿のまゝもぐりこみ、あらためてしみじみ天井の裸電球を見つめた時、当直巡査に電話があって、「君の友達が三人やって来て、何か云う事はないかと云ってるぞ」と呼びかけられた。寝たまゝ返事をし、鉛筆と紙をもって来させて、差入して欲しい本の名を書き、私が佐藤と云う名で入っている事、腹がへるから、パンでももってこいと、冗談まじりに伝えて貰った。

　しばらくたってからである。いきなり房の裏手からまぎれもないＯのよく徹る声が、「L.forth. No25!!」と呼んだ*。ついで「オーイ」とＵの声、「佐藤さん！」とＭ夫人、たまらなくなった私はいきなりはね起きて窓にとりついた。「オーイ、こゝにいるぞ」力一杯叫んだ。たちまち表の格子にかけつけて来た当直巡査が制止する。「一言だけ！」と断っておいて、「大丈夫だぞ」！　外では未だ「ガヤガヤ」と呼んでいたがやがて帰っていったらしかった。

··

────────────

＊　Ｏは註10大山。「「L.fourth.No25」は「文学部４組25番」の意味」（信爾談）

眼が覚めたら、もう明るくなっていた。例のもっさりした飯を食い、どぶ汁の
ような、味噌汁をすすって朝飯は終った。

２月27日　　晴、午後曇　　水曜日

○「歴史学の成果と課題Ⅱ」……十日目に入房、……
○18日に出した、ミュレットさんえの端書に返事があった。私に精神的な手助け
が出来なかったのが唯一つの心残りですと書かれ、教室でのよい生徒も人生上の
問題では完全に脱落者であること、一年後また帰って来るまで、私の事を神に
祈っていますと、――善意の人！――
○泰治は今頃車中だらうか。

　　　…………………………………………………………………………………

○其の日、23日は別に大した事もなくほっておかれた。戦争はどうですかと尋ね
た僕に、「起ればいいと思います。職にありつけるから」と答えた銅線盗みの昨
日の若者も、その日の午頃、出て行ってしまい、後は保護室に私一人となった。
所在なさに立ち上って周囲の板壁に一杯書き散らしてあった落書きを、丹念に調
べて廻ったり、大きな声で歌を歌っていたりした。
　「七条新地今井町――楼の××○○子さん、一目でいゝからも一度会いたい。
これが雄二一生のねがいです」云々と云ったような落書ばかりで心待ちにした
同志達の書き残したものが見当らなかったのに些か失望しながら、私は窓から折
釘を見つけて板壁の柔かそうな所にもって、大きく「革命え！」「共産党は人民
と共に不滅なり」とか書きつけて見た。金釘流の自分の字の下手さかげんがつく
づく情けなく思えた事だ。
　夜が来た。明日の朝検察庁に送られる手筈らしかった。二、三日中に出られる
事だらうが、谷さんの試験はとうとうふいにしたなあ。」その時は未だそんな呑
気な事を考えながら、所在なさに我が身をもてあましたその一日が暮れて夜と
なったのを喜び、寝床の仕度をする。天井の灯を眺めながら、ぼんやりと外の連
中の事を考えている時だった。突然、静寂を破ってワッと湧き起ったインターの
合唱、ビクッとした。かなり大勢〔の〕声らしい。私は飛び起き窓に取りついて、
懸命に唱和した。格子の前には、もう当直のポリ公が飛んで来ていて必死に制止
しようとしている。「大丈夫だぞ！」とはっきりとおる水田の声、「頑張れ！　明

日は検察庁にデモかけるぞ！」それは T の声らしかった。インター、私は感極まった。力一杯の声で、「有難う！」それだけだった。ざわめきは遠ざかって行く。私は寝床にもぐったまゝ歯を食いしばって泣いた。涙が頬を濡らした。嬉しかったのだ。たゞ嬉しかった。俺は一人ぼっちじゃない。一人っきりじゃない。

　素晴らしい歌、インターナショナルは…………。

　　　　　　　…………………………………………………………………

　始めての留置所入り、二日目の夜はこうして明けた。

２月28日　　晴　　木曜日

◦めっきり暖くなって来た。昨日、今日──陽の光ものどかに春めいて来た今日の午後、三浦さんと労救の長谷川君の面会があった。例によって例の如き長谷川君と、ひっつめ髪につゝましく座る三浦さん。

　世界経済会議出席に外務省はパス・ポートを拒否したと云う。本性露呈……平和勢力の着実な前進……

　　　　　　　…………………………………………………………………

◦ 8時40分だったと思ふ。其の日検察庁送りとなる数名の連中と一緒に手錠で数珠つなぎにされ、ゾロゾロと表の方に引張り出されて来た。表には無蓋車が待つ、そうして数米離れて、N 君と、O と、M さんがニコニコ笑いながら立っていた。M さんが目顔で知らせながら、指を一本口に当てた。N 君は二歩三歩と近寄りながら、押送の岸本に同乗を要求した。O は、黙ったまゝ突立っている。私は全身で安心しろと身振しながら、車にのった。音もなくズッズッと走り出す。三人は門の傍にじっと立っている。N 君は手を振った。

　──この時の私が何となく元気がなく心配だったとは、M さんが後から語った事である。──

　車は今出川の交さ点で一寸止る。ふと逃げたらと思う。だが手錠。それにこのドタ靴！　風に腰かけた横顔をさらしながら、私はインターを小声で歌った。自分自身をはげますために。

　車は検察庁の表口に横づけされた。

　施錠のまゝ、控え檻にぶちこまれる。もう十数人の先客、板の腰掛台に黙々と座っていた。

日記本文（1952年）　179

・・・

　その前夜の事だが、私が大きな声で歌を歌っている。その歌に、それは朝鮮の労働歌で「赤いチョゴリで働く乙女」[117]と云う文句の歌だったが、留置場の向ふの端で一人唱和している者がいるのに気づいた。同志かな一瞬ひらめいたのはそれだった。しかし誰も来ている筈はない。

　その不審は其の日晴れた。歌の主は李吉秀、若い朝鮮人だった。日やとい労働者だと云う彼は、ヒエイ山の米軍無電中継所の電話線を切って捕ったのである。「俺はあくまで出来心でした、生活が苦しかったのでと頑張る。」彼はそう云っていた。――真偽はもちろん知るよしはなかったのだが、しかし信頼出来そうなしっかりした朝鮮人だ。――彼は今二工場に居る。――

・・・

○今日、行政協定は調印された。日本民族の歴史に加えられた汚ジョクの一頁！

　2月29日　　晴　　金曜日

○今、何となく興奮しているようだ。今日の午後中をボタンをつけながら、数日中に迫っている米軍作業衣作業に処すべき私の態度について考えつゞけて来、帰房してからは、してからで同志正木とその事を話し合ったり――おまけに白木担当にそれをきゝとがめられたりして、――

　何時もの軽そつさで、知らず知らずに声が高くなって、今日のお前は大分自分の目論んでいる事についての悲壮感によっているんじゃないか。いざとなればその三分の一も出来ないくせに、頭の中ででっち上げた英雄的な？自分の行為にうっとりとなってみほれている。馬鹿野郎!!……

○アレクセイ・トルストイの「パン」[118]、それを読んでいるせいもあるかも知れない。――

　三月一日　　曇　　土曜日

○三月になれば、三月迄頑張ればと、耐えて来たこの冬であったが、もう生暖かい風に春のふくらみが感じられる三月がいつのまにか忍びより、そっと目の前に

現れていた。

○泰治は今ごろ東京で。……啓ちゃんの所で……

○「太平天国」岩波新書入房、割に早かった。

○米軍特需衣料到着、僕等の肩まででもあらうかと云う丈の長いズボンだ。就労拒否の事は滝仙看守に相談と云うより、予告と云った形で話しておいた。

　　三月二日　　曇　　日曜日

○大本教の教誨があったのだが、行かなかった。独居行きの前に出来るだけ勉強しておきたかったので。夕方Ｎ君から文芸講話*が廻って来る。

○フランスではドゴール国民連合派が内閣に参加したらしい。高まる人民平和勢力の圧迫の前に一切の面子をかなぐりすてる反動、買弁……

○回想録、独居でひまになってからと云う事にしよう。……

○宇部労働者の革命的もり上りは、弾圧法反対そうけっき大会に二万の大衆を結集させている。……中国地方が分派斗争の泥沼からぬけでた一つの証左であらう。

　　三月三日　　晴、午後に入って曇り　　月曜日

○学童服は後三日ないし四日かゝり、米軍作業衣にかゝるのは、金曜か土曜になる事だらう。

○今日は桃の節句、そして泰治の試験第一日である。…………

○「書経、明治維新、蜂起する人々、住宅問題、ドイツ農民戦争」下付願を出し、資本論第一分冊取下願〔宅下〕を呈出する。

---

*　毛沢東著・鹿地亘訳『一九四二年延安における毛沢東の文芸講話』（ハト書房、1951年）。
　　「夜汽車と呼ばれた独居房エリアは左翼の連中が多かった。年寄りの看守は見て見ぬふりをするので、政治犯同士ひそかに本を回し合っていた。小野君から借りたロマン・ロラン『魅せられたる魂』に感激したことを覚えてる」（正木通夫談）

日記本文（1952年）　　181

三月四日　　晴　　火曜日

「やましな」二月号、「人」新聞2月10日号、それぞれ入っている。映画ベスト・テンの四位に今井の「どっこいいきている」が入っている。あらゆる障壁と妨害を突破して前進座の同志や、パーヂの映画人がつくり上げた偉大な成果……むしろその努力、斗いと云うか。——

○近頃、さっぱりニュースを聴かせなくなった。

三月五日　　晴れたり、曇ったり　　水曜日

○今晩から残業である＊。三時間！　学童服を土曜日の夜までに納める予定だと云う。米軍衣料にか〻るのは、来週になる。演芸まで命がのびたわけだ。
○近頃、体の具合がどうもすぐれない。…………
　　夢ばっかりみて、少しも熟すいと云うことがないのだ。

三月六日　　快晴　　木曜日

○残業二日目、——、ほんとにもう春だ、ついこの間までは肌寒かった風が、今日などはむしろ窓を開け放って、吹きこむ風を満きつしたほうがずっと快適なくらいである。暖かい、しかも何となく身心を緊張させるような鋭さをもつ早春の風である。

三月七日　　終日雨　　金曜日

しょぼしょぼよく降った。昨日とは打って変ってしんしんと底冷えのする一日である。学童服は今夜で完全におしまい。そして明日は朝から米軍軍衣、……態

＊　「懲役労働は朝は8時前から休憩をはさんで5時頃まで従事した。ふだん、昼食は工場でとり夕食は自分の房でとったが、残業の時は夕食も工場でとり、そのまま仕事を続けさせられた」（信爾談）

度はすでに決定している。……

　三晩の残業、ラジオは何にも聴くことが出来ない。——

　　三月八日　　曇　　土曜

○いつもの通り、朝は工場に出た。朝飯を食った後、予定通り担当に、就労出来
かねる旨を告げた。「よし、後から戒護につれて上ってやるから。」と云うので
待っていると清水部長が飛んで来た。直ぐ保安課に行き、茶園部長に会い、「反
省して見なさい。」独居行きと云う事になったのである。

　僕としては、ともすればひるみがちな自分の弱さに鞭打ってともかく自己の良
心に背かぬ行動をとり続けてこれた事を心から喜んでいる。茶園さんの云うよう
に、仮釈が飛ぼうと、懲罰を打たれようと、問題じゃない。少しでも自己を鍛え
上げて行けるならば。……

○午飯前、教務から内藤さんがやって来た。茶園部長が早速教務課に飛んで懲罰
を主張したらしいのである。理由といきさつを充分説明した結果、ありのまゝを
課長に伝えませうと帰っていった。

　　三月九日　　晴　　日曜日

　今日は朝から素晴らしい天気である。少くともこの窓から仰げる限りでは、そ
れは天球の四分の一位しかないのだが、一点の雲も見当たらない。冬中、やっと
数センチ幅の陽光にしか恵まれなかったこの房もさすがに三月ともなれば大分陽
の射し具合も変って来て、ついさっきまでは二尺幅くらいの光の縞が北側のうす
汚れた白壁にくっきりと浮び上っていた。

　今日の免業日は懲役の演芸会のある日で、他の夜独の連中はそれぞれ楽しそう
に教誨堂え出て行ってしまった。正木君、大塚君、仲川君は、次々と房の視察口
からのぞいて、「行って来るよ。」とか、「しっかりやれよ。」とか口々に云い残し
て行く。演芸まで命が持つかしらんと、ヒヤヒヤしながら作業の進行ぶりを見
守って来た昨日までだったが、これも真に止むを得ざるものありか。……

◎点検も終った。風こそ一寸あったが、今日は一日中、よい天気だった。

三月十日　　曇、午後に入って晴れる　　　月曜日

○午前、大阪拘置所以来九ヶ月振りに、例の長三角形の囲の中え運動に出た。大阪の頃は一枡に三人づつだったのだが、こゝでは一人づつだ。手持無沙汰な事おびたゞしい。駆け足をしたり、体操をやったり、つかれてからは、じっと空を流れる雲を仰いで見たりした。

○工場から、歯ブラシ、ハガキ、石ケンが届けられて来た。
○茶園さんからは、一日中何の音沙汰もない。どうする積りだらう。

回想録を引きつごう。
　　……………………………………………………………………

　検察庁の控え檻では、手錠はずっとかけっ放しだった。時間をおいて、便所行きの希望者をつのるのだが、小便位では、そのまゝであった。ここで登録違反容疑で挙げられて来た立命館の同志金君に会った。浅黒い丸顔に金歯の目立つ金君はヴェレー帽をかぶったまゝ、焦すいした──飯を抜いていると云っていた。──恰好で隅っこの板腰掛の上に横になり、時々煙草を取り出しては、ものうげに火を貰っていた。
　私は其の日、下鴨署の留置場から、一寸ばかりの針金をひそかに持って来ていた。壁に落書きをした残りである。李、金の二人と眼の届かぬ片隅で話していた私は、ふと思いつくと、それを取り出して手錠の鍵穴をつゝいて見た。目ざとく李が見つける。黙って取るとその先端を具合よく曲げて自分の手錠の鍵穴に器用に突込む。──その位の自由はきくのである。──一寸いぢり廻していたが、やがてパチッと云う音と共に手錠は開いた。「どれどれ」と私はも一度その針金を返して貰うと今度は自分の奴を開けて見た。先の曲った針金を突込んで、ねぢると簡単に開くのである。三人とも片手錠になったり、両方とも外してしまったりすると、監視から見えないように、物珍げに手錠をいじり廻していた。
　検事調べに、控え檻の連中は次々と呼ばれて行く。だが私等の番は仲々廻って来ない。やがて昼になった。長い味附パンにジャムを挟んだ奴が一個づゝ、昼飯に渡される。食い始めたと思うと、李が呼ばれ、彼はパンを手に持ったまゝ立って行った。

一時半位だったか、金君が呼ばれ、次いで私も呼ばれた。"佐藤昭夫！"

一人のポリに連れられ、階段を上って三階に行った。一寸廊下を歩むと小さな部屋の前に出る。ドアを排して中え連れられると可成大きな机を前にして検事らしいのと、脇に若い書記が座っている。検事は椅子をすゝめると手錠を外し、先づ「君の名前は？」と問いかけ、言葉をついで「私は大江検事です。」と名乗った。

正直に云はねばならないが、私はこの時が始めての経験で、落着いた積りでも、ずい分上気しており、その時どんな言葉のやり取りがあったか、大江がどんな態度をとっていたか、今となっては殆んど思い出す事は出来ない。

とにかく、この検事調べでは、姓名・住所は完全に黙秘しつゞけ、ビラを配った事実はそのまゝ認め、地公法違反はそんな筈はないとつっぱったのだが、唯一つこの時、大江の挑発に乗って帝国主義論をやり、植民地化、軍事基地化の現実から、外国帝国主義を非難し、それをそのまゝ調書に取らしたのは大きな失敗だったと思っている。調書を作らすなと云う共産党員の戦術第一原則を知らなかったためだった。

調べを終って、下に下りるとMさんからの差入が届いた。ハブラシ、ハミガキ粉、手拭、石鹸、キャラメル、パン菓子、リンゴ、バナナ……、下鴨の連中に分けてやった。

夕方近く、他の署の連中がぼつぼつ帰り始めた頃、能勢さんの面会があった。地公法違反は最初の事件であるし、それが公務員以外の者に突然適用される筈はないと云う点で、大いに公廷で斗える問題である。後は弁護士の斗いで君の分は一先づ終ったのだから、姓名住所は、もう黙秘しない方がいいだらう。……弁護依頼書に署名、拇印を押した。

....

ぞろぞろとつながれたまゝ表え出た。下鴨署からの迎えである。二台の乗用車が待っていた。「君はこれから五条署え行く。下鴨は満員なんでね」こう云ったのは岸本だった。ドアを開けて貰って、背をかゞめながら乗ると後部座席に金谷が座っていた。帰りの便乗らしかった。

....

こうして、勾留三日目の夜は五条署の冷たい保護室で送らねばならなかった。……

翌朝、日曜日、岸本はサイド・カーで迎えに来、そのまゝ鳥丸通を北上して丸太町え向う。今日はいよいよ判事調べである。私は姓名、住所さえ告げれば、直ぐ釈放される事と、知らぬが何とやらで至極呑気にかまえていた。

三月十一日　　火曜日

　眼を覚ました時、丁度暁光は中天にまで達して、今日もよい天気かなあと思はしたのだったが、いよいよ起床で起き上って見ると様子は変って一面に曇っている。朝飯を食べ終って、食器を洗いに起つと、今度はびっくりした。大きなぼたん雪がゆらりゆらりと静かに舞い降りているのである。もう前の花壇はうっすらと白くなっていた。……雪はすぐ止んだが。
　去年の丁度今時分、京都拘置の階上十四房から、窓外を舞う季節外れの雪を眺めた事があった。

○午後、三時頃だったか。面会の呼び出しがあって、能勢君が来て呉れていた。「学業成績報告の件」で特別面会を請求したらしい。黒のオーバーに身を固めて長髪をきちんと中あたりで分けている能勢君は、例の童顔をほころばせながら落着いてしゃべる。
　報告して呉れた点数はいずれも恥かしくて気のひけるのばかりだが、ランクはどのあたりだらう。本は、「アジアの変革。」「Deutche Sprach」「プリミエール・パ」「プリミエール・レクチュール。」差入れて呉れたと云う。
○今日は全く変てこな天気だ。面会控所に入った時は、ポカ・ポカと暖い日射しだったのに忽ち風まぢりのみぞれがゴーッと渦巻く、かと思うと房に帰って来た今では、もうすっかり止んで青空さえも見えている。こんな天気の中をはるばる訪って呉れた能勢君なのに、ねぎらいの言葉すらかける余裕のなかった自分がたまらなく恥かしい。
○先日、下附願［宅下］を出しておいた本は、能勢君がもって帰って呉れた。……

○夕方の点検、大きなボタン雪が、又降り始める。降る片端からとけて、軒からポタ・ポタと落ちて来るのだが、量にもの云はせてもう前の花壇はうっすらと白くなって来た。鉄格子に顔をすりよせて空を仰ぐと、無数の煤［すす］が白い空をバック

に圧へつけるように舞い下りて来る。汚ない、汚ない、まるで天の煤を払っているのじゃないかと思はずにいれない。眼を水平に据えると今度は三舎の黒ずんだ建物を後にさすがに白い雪が小止みなしに降りつづいている。……

○子供の時間[119)] が始った。もう雪は止んだ。今日は全くの気違い陽気だったよ。

○資本論第一分冊入房、

◎軍需作業には従事出来ないと就労を拒否した私の態度について、いろいろな人からの批判をきいた。同志からは、事前に諒解をとっていた関係もあって、何にも聴かされてないが、同囚や、担当・部長からは種々云はれている。「気持は判るが、刑務所なのだから、仕方ないのではないか。」「ズボン位に目角を立てゝ、度量がせますぎる。」「大人（たいじん）は清濁併せのむと云うが、みすみす自分の損になる事をするなんて馬鹿の骨頂だ」

お前の第一の斗争課題は、如何にして早く出るかと云う事の筈だ。ルンペン・プロレタリアートの中で徹底ものぞめない反戦を宣伝する事と、早く出所して本格的活動を開始する事と一体どちらが意味があるのだ。これに対してはこう答えられる。

反戦が至上命令である現在、共産党員である私が断乎として軍需作業を拒否する事は、人民勢力の戦争に対する態度をはっきり看守なり囚人――それが極めて一部であるにせよ、――の前に示す事を意味し、むしろ些かの妥協をも排するコミュニストの潔ぺき性は、一切の打算をも超越するものである事を大衆に、又自分自身に示して行く事はそれだけで大きな意味をもつ。

更に私自身について云えば、私が自分自身のプチブル的消極性、筋金のない理論のよはさ、何よりも妥協しやすい日和見性をよく知っていれば知っているほど、清濁併せのむと云った器用な、そして人によっては極めて危険なコースを取る事は許されず、却って一切の、ともすれば妥協となりやすい危険から、しゅん厳に身を持して行く事が必要なのである。

後になって、こう云う態度をとった事を後悔する事があらうとも、現在、自身がその態度をとらなかったのは、正しくなかったのではないかと云う自責にかられるよりもはるかにましだ。少くとも今の私は少しも悔いてはいない。

昭和27年3月11日〔日付印〕　　　㊣〔朱印〕[120]

三月十二日　　　晴れたり曇ったり　　　水曜日

　眠っていた間に雪が降り積っている。大した事はないが、それでも向いの山々
は真白になっているし、軒下の植込みなどもすっかり雪をかむって、Xmas. Tree
を思はせる。昨夜はよく晴れて皎々と月さえ照っていたのにと、呆れる事だが。

○飯時に貰う薬罐七分目ほどの湯、両の掌でそれをじっと抱きながら、膝の上に
おく。掌から直かに伝って来るその熱さ、獄衣を通して膝にしみとおって来るほ
のぼのとした温かさ、冷えて来ると静かにゆする、グッグッと掌に感じる液体の
動きと、にはかに増す熱さ、最後には両掌で抱いてそっと持上げ頬にすりよせて
有りったけの温みをむさぼる、その温み、……
　　自分の体温の外は何にもたよる事の出来ない冬の独房での唯一つの恵み*、
……

○ファジェーエフ　壊滅。
○ショーロホフ　静かなるドン。
○二時過ぎ、茶園部長から戒護え、呼び出される。作業拒否について、再考を求
められたのである。もう一日考える余裕を上げませう。懲罰になれば、二年丸
公**は当然覚悟して貰はねばならないし、私本、筆墨の許可も取り消します。
　　そして長々と、わけの判らない──失礼かな？──御説諭。
　　何て単純で、善良な人なんだらう。……
○もちろん、私が従事したからと云って、二千着のズボンの仕上りが一分でも早
くなるわけではなく、拒否したからと云って一秒たりとも、遅れるものでもな

---

*　「独房では、朝食の時だけ500ccほどの小さな薬罐に入れた白湯が配られた。白湯が配ら
　　れるのはその時だけで、後は独房についている水道の水を飲んだ。普段、朝食の時間は10
　　分もなく慌ただしく懲役労働に出なければならず、薬罐の温かみをむさぼるような時間は
　　なかった」（信爾談）
**　「丸公は公定価格。当時は政府から配給される以外に闇物資が闇価格で出回っていた。刑
　　務所では仮釈放なしで刑期いっぱいをつとめることを意味する俗語だった」（信爾談）

い。私の出獄がおくれる事によって失はれる革命活動の効果と、こゝで拒否が生む反戦的価値とを較べれば、一体どちらが重いのだと云はれゝばそれまでである。

しかし、山科刑務所で軍需作業を反戦的立場から、拒否する事によって、人民の平和に対する態度をはっきり示すと云う事は私だけにしか出来ない斗争であり、又日和見的プチブルを数ヶ月早く迎える事が、確固たる斗争の決意にもえたボルシェヴィーキを例え数ヶ月の後であらうとも革命勢力の列伍に加えることよりも大きな意味を持ち得るとはどうしても信ぜられない。

私にとって、こゝで一歩退く事は、決して出獄後の二歩前進を意味せず。――たとえ、その時は将来での前進を期していたとしても――、ずるずると十歩、二十歩とずり落ちて行く事なのである。

○しかし敢て懲罰はえらぶ所ではない。明日は一つ、即時転業を条件とする工場復帰の線を取引して見る積りである。……

○日米行政協定を巡るごうごうたる興論の昂まり。反植民、反戦えの民族感情のもり上り。――参院外務委員会における両教授の証言[121]、――チラッと耳を掠めた限りでだが、――にもそれがひしひしと感じ取られる。……

○最近、全然ニュースを聴かせない。いはゆる自由世界の本質露呈か。

三月十三日　　曇り　　木曜日

○去年の今日は、大阪拘置所に送られた日である。
○十時位か。一週間ぶりに風呂に入って来た。工場と独居とでは入浴日に二日ずれがあるのでこう云う事にもなったのである。正月以来2ヶ月半ぶりの一人風呂、湯槽のふちに溢れるまで、たゝえられた綺麗な湯にのびのびと四肢を伸ばして来た。さっぱりした気分。

○茶園さんからは、何の音沙汰もない。多分明日になるのだらう。
○絶望と恐怖にうちひしがれ、うつろな眼で四周の冷たい壁と鉄の扉を眺めながら、もう駄目だ、もうおしまいだと心の中で叫びたてゝいた、去年の今日の今時分、……保釈で出ると云う喜びが、最も恐れていた軍裁廻しの現実にぶちあたっ

て、ガラスビンよりももろく、くだけ散り、絶望のどんぞこにうちひしがれた気持で、ノン・ストップの新京阪の車窓から、流れるように走りさって行く風景をたゞ何となしにみやっていたあの時、岸本が親切に指して呉れた石清水八幡宮も、彼方にめぐりこんで行くこんもりとした小高い森があゝそれなのかと位にぼんやり感じる事しか出来なかったような状態。車の速さがたゞ呪はしく、まるで地獄行きの電車のような感じだった。中之島の橋の上から、汚なくよどんだ水面と漂っているダルマ船を見下しながら、飛び込んで逃げる自分の姿を真けんに想ってみたり。強いて、自分に勇気をつけようと、小声でインターを口ずさんだ時、岸本もその"たこ"のような口をとがらして、何やら得体のしれない口笛を吹いていたっけ。軍裁の手続きを済まして、拘置所まで歩いて行く途中……

　　三月十四日　　　雨、午頃からあがるが、終日曇り　　　金曜日

○真夜中すぎから、降り出した雨それに風さえ加って荒れる。ゴーッゴーッと鳴る風、時折、バラバラッと窓にたゝきつけられる雨粒、夢うつゝに聞いていたが。
　起床頃には、風は止んで、たゞ雨のみが、かなりの激しさで降り続いている。
──7時半頃。

○午前、茶園部長から呼び出され、工場復帰を承認して来た。一週間のワンマンストライキでほゞ実質的な目的を達した以上、敢えて懲罰を引受けるにも当らず、こゝはむしろ、退却の潮時だと考えたからである。一応復帰の後は転業の相談にも乗らうと約束させて来たが。
　──表面の理由、自己の行為の正当化はどんなにでも出来る。問題は自己の良心でそれをどう判断しているかである。告白すれば今回の私の作業拒否は完全に私の内面的な敗北でピリョウドを打った。筆墨許可の取消、私本の取り上げでおどかされ、すかされて崩れ去った。これが昨日なら断乎拒否したであらう。一日のずれがほゞ実質的効果をあげさせたから、そんな事は理由にならない。
　お前が自己の退却を合理ずけようとしている根拠：それは若しお前が心からそう考へているならそれはたしかにより高次な立場からの自己批判たり得ただらう。しかし御前は、内心敗北であると云う事をはっきり意識しておりながら、自

己の退却行為を正当化、理論ずけようとしているではないか。

　　──この意気地なし！──

　そうだ。たしかに意気地なしだ。俺は俺の懲罰中に泰治が面会に来はしないかと云う事を最もおそれていたんだ[122]。

○明日、開房時から出役する。

○「今日の問題」は、元軍用地の開拓地を強制接収する問題を取上げている。文字通り血と汗できずいて来た生活を根こそぎひっくりかえされ、だましやがったんだと、血を吐く怒りの叫びを上げねばならぬ開拓農民、自由世界が一体どんなものか、単独講和がどんなものか、自分の体で感じ取るのである。

　　三月十五日　　晴　　土曜日

○24回目の三・一五記念日である。去年の今日は大阪拘置所の階下43房でむかえたのであったが、いよいよたけりつのる反動攻勢の中に、斗いえの決意を新たにすべき1952年の3月15日である。

○一週間ぶりに工場に出た。打ち続く残業に皆すっかり元気がない。今日も個人物屋の三人は午前中かゝって三枚しか貫抜きをはめなかったとかで戒護に上げられているし、……

○カーキ色、カーキ色、工場中正にカーキ色のはんらんである[123]。

○いゝ知れぬ屈ジョク感、穴かゞりの針をとりながら、胸をつき上げて来るもの。

○「Deutche Sprache in vier Wochen」「アジアの変革」入房。……

　　三月十六日　　晴　　日曜日

又々、免業出役、──つのる敗北感、畜生！……おまけに残業。

　　三月十七日　　晴　　月曜日

○米軍ズボン仕上る。残業も今日限りだそうだ。次の奴の来るまでに転業手続きをとってやると清水部長は云っているが。……

○24房に居た畑中が急死した。今朝検身場で皆、口々に云っているので、又例のデマか、それにしても馬鹿げたデマだなと笑っていたが、どうも本当らしくなって来たのでびっくりした。面白い人物で昨日閉房まではピチ、ピチしていたのにそんな事とは一寸信じかねる事だった。

聞けば、昨夜、一時すぎ頃、寝床でうなっているのを、隣りに寝ていた治さんが聞きとがめて眼を覚ました時にはもう虫の息だったと云う。三十分位して医者が駆けつけて来たそうだが、その時はもう息は絶えていた。死因は心臓マヒだと云うが、直接の原因が連日連夜の超〔過〕労働から来る過労だった事は確実である。

面白い奴だったが、早稲田出だとか云う。新入で24房に入った頃はずい分世話になったものだった。他の連中も感慨無量。

三月十八日　　曇、雨　　火曜日

今日から残業無し、カーキ色の追加千八百着入荷、だが手も触れない。

三月十九日　　雨、風、曇　　水曜日

○予備隊軍服用カーキ色服地、50ヤール巻42本入荷、
○カーキ色には一切手を出さない事を宣言し、改造子供オーバーのボタン附けや、病衣の仕上げを専門にやっているが、これも後せいぜい二日位しか持ちそうにない。清水部長には今日も念を押してみたのだが、よし、よしとばかりでどうも頼りない事、おびたゞしい。

○ミュレットさんの端書以来三週間一通の受信もない。泰治の結果は一体どうなったのだらう。

○朝から降り続いた雨は午後に入って激しさの度を加えた。薄暗くなった工場の窓辺で白の病衣を畳んでいる時、私は背後にピカッとひらめいたものを感じた。間をおいて轟然と雷鳴、一瞬驚いた私だったが、低くたれた雲と激しい雨脚を鉄窓ごしに眺め、急に新鮮な感情が内にたかまるのを覚えずにはいなかった。春雷!!
春雷！　獄屋の冬を越して来たもののみが知る安堵と希望と不安、……

三月二十日　　曇、晴　　木曜日

○今日から荷札縫いのミシンに乗る事になった。

三月二十一日　　晴　　金曜日＝春分の日

○今年は、春分の日と日曜日（23日の）が重って、損したとつい二日前まで思い込んでいたものだから、今日の免業は何だかもうけものでもしたようだ。
○午後、御父さんえの端書をしたゝめる。
○彼岸だと云うので、お萩の間食があった。……

○アメリカ上院は、対日講和条約批准案を60対10で決議したと云う。反対の十票は如何な層からのものだらう[124]。

　不安……一体俺はこれからのますます激化する斗いにたえて行けるのだらうか、肉体的に、精神的に、……残された二年の学業は一体どうやってすましたらいゝのだらう。経済的に家からの援助奨学資金はとうてい期待できない。アルバイト……この貧弱な体と無能さで？……
　あゝ、せめてがっちりした、何物にも耐えぬけるだけの強い体でもあったら、
　革命家としての素質、頭脳の緻密さ、行動の機敏さ、大胆不敵さ、何ものも曲げる事のできぬ強固な信念……そんなものは何にもない。……あるのは唯、やせこけた体、貧弱な頭脳、一寸なぐりつけられれば、たちまちフニャフニャになってしまう意志、一寸の事にもすぐ動揺し、景気がよければつけ上り、一つ叩かれればたちまち消沈する典型的プチブル。……そのくせうぬぼれ屋で、そのくせなさけない程小心で、ノンと云う事が絶対に出来ない。そうしておいていつも後で悔んでばかりいる。……
　馬鹿！　意気地なし！　腰抜け！……本当に！　パルチザン戦で弾丸でも飛んで来たら、たちまち腰を抜かしてしまうことだらうて、……
　「とにかく現状を何とかしなければ、」……焦りが行動を促す、……
　行動はさしおいて、空想にばかりふける……革命夢想屋、……

三月二十二日　　晴、午後に入って曇る　　土曜日

　ラジオの子供の時間、記念放送に童謡を歌っていました。「月の砂漠」「赤とんぼ」「花嫁人形」……
　「赤い靴はいてた女の子……」、幼き日えの郷愁。
　童謡のすきな、そして上手だった剛ちゃん、明子、和子、春子、やす子*、……
　童謡はいゝ、いつきいてもいゝ、小声でくちずさめば何時か想いは故郷え、……もう一度、子供の頃からやり直してみたい。

○　6時すぎ、風が強い。ゴーッと空で鳴っている。
○　7時すぎ、雨になった。……

三月二十三日　　午前中雨、後晴れたり、曇ったり　　日曜

　教誨、市島検事正の講演、「我、アメリカに往きて」？……
　アメ・ション**帰りの検察官、独占資本に直結する買弁官僚、民族的な誇りも、民族に対する愛情も、そんなものは一かけらだってありやしない。

三月二十四日　　でたらめな天気　　Montag　月曜

○朝のうちは晴れていたのに、作業にかゝりかけた頃から曇りはじめ、雨になったかと思うと、たちまち彼岸過ぎだと云うのに、雪に変り、一しきり続くと夕方近く又晴れて西日が射すと云った具合、全く風の中の羽のようにいつも変る山科の天気である。
○御母さんから便りがあった。二月の十三日以来40日ぶりの家の便りである。亮

───────────────

*　「明子以下4人は父方の従姉妹。一家は満州から引き揚げて私の実家の寺に数年仮住まいしていた」（信爾談）
**　「「アメ・ション」は占領下ではやった言葉。アメリカへほんのちょっと行って小便をしてきただけ、とからかったもの」（信爾談）

子が高校に入学する事、そして貞子の病状が思はしくない事、島君が九大にパスした事……貞子は一体どうなんだらう。原因不明の病気だと云う。九度位の高熱がずっと続いたのは近頃七度二・三分に下ったと云うのだが、白血球が増加していると云うのは、……

　母ちゃんは貞子が長生きしないかも知れないなどと、心細い事を書いて来ているが。……

　　三月二十五日　　　曇　　Dienstag　火曜日

○荷札縫いも仲々むつかしい。ノルマの三千枚は一寸えらいようだ。

　　三月二十六日　　　晴　　Mittwoch　水曜日

○N・H・Kの“今日の問題”当面の不景気について、国際的、国内的条件、どちらをむいても八方ふさがり、将来えの見通しは真暗と来ては、ヒステリックに財政インフレ政策を絶叫するのも無理からぬ事だ。国民大衆収奪の一層の強化、徹底、合はなくなるつじつまは米軍がその武力で合せて呉れるんだそうだ。

　　三月二十七日　　　雨、一日中ショボ・ショボと　　Donnerstag　木曜

○ブラッドレーが、朝鮮戦争不拡大方針を声明したそうだ。全世界の平和勢力の前に、さしもの帝国主義も止むなく表面上は妥協的態度に出ざるを得なかったと云う所か、それとも予定する会談決裂の伏線のつもりか。……

　　三月二十八日　　　曇、午後に入って晴　　Freitag　金曜日

　二月二三日附の“キリスト新聞”を見ていると面白い漫画が載っていた。“マッチ売りの少女”と云うのである。帰るべき家もなく凍死する筈の少女にしては、一寸恰好がブルジョア的すぎるのも暗示的だが、第一の絵は、平和のマッチを売らうとするのだが、誰も買って呉れない。第二は、とうとう一つも売れずに路地に迷い込んだ少女が、マッチをともしてせめてもの暖をとらうとする。パッと、

ともった小さな明りの中に浮び上った幻想、民族の独立、第三——次はともした
マッチに浮ぶ、永世中立の夢、最後に、翌朝マッチの燃えがらの傍に冷たくなって
いる少女、倒れている傍の家の壁に貼られている"再軍備"のポスター……

　平和をとなえ、反戦を叫びながら、実践には尻ごみし、徒らに幻想を追ふ、そ
して最後は、こんな所で、こんなざまで死ぬ位なら、何故あの時、命をかけなか
ったのかと自嘲しながら、亡び去って行く、日本のプロテスタントの小ブル平和
主義性をまざまざと連想させるその漫画……

　進歩的教授、革命的学生の展開する反戦反帝運動に、しりごみしながらも反戦
運動で呼応して行かねばならぬ、現在のYMCA運動の様子は大体その紙面から
も察せられるのだが、その事に現在反戦反帝の広汎な展開を想うと共に、キリス
ト新聞にうかゞはれる敗北主義的悲壮感に、キリスト者の限界をも知らされるよ
うな気がする。

　　三月二十九日　　　晴　　土曜日

○泰治はどうしているのだらう。第一期の発表はもうあったと思うのだが。
○暖くなった。たいとうたる春風が頬をなぜる。明日は免業。

　　三月三〇日　　　晴　　日曜日

　午飯もさっき済み、今、ラジオは"大洋・中日戦"の中継放送を掛けている。
午前中は慰安映画会があって正月以来、三月ぶりで映画をみる機会を与へられ
た。席は教誨堂の中程あたりでそう悪い所ではなかったのだが、何しろ眼がさっ
ぱりでぼんやりとしか像が見えないのには閉口する。微細な演技のニュアンスな
ど全然つかめない。僕の近視も昂進してしまったものだ。

　ニュースと、"芸能玉手箱"なるナンセンス物と、田坂具隆演出の大映々画
"雪割草"とだったが、こゝで"雪割草"について二、三感じたまゝを記してお
きたいと思う。元来この映画は「人新聞」によれば51年の日本映画ベスト・テン
の十一位であり、又大映自身も国際映画祭に――チリーでのと、インドでのと
("やましな"による)――出品を目論んでいるなどずい分力こぶを入れている作
品らしいのであるが、与えられた感想を一口で云えば、一体この作品で何を表現

しようとしているのかさっぱり判らない映画だと云う事につきる。

○勝彦（宇佐美）は、愛妻（三条美紀）と二人、省線沿線の郊外に邸を構えている。事件は勝彦が社用で二週間ほど出張し今日は帰って来ると云う予定の日妻が夫を迎える準備に忙しい邸に、勝彦が戦争中空襲下に助けた女（水戸光子）との間に出来ていた子供、正彦が訪ねて来た事によって起る。その女は、勝彦とのほんの一夜の関係に生れた正彦を育てながら、失業とインフレの中を必死に斗って来たのだが、結核に侵され万策つきたあげく子供を勝彦にあずけ、自分はサナトリウムに働きながら療養するために行ったのである。

信じていた夫に裏切られた怒りと、子供を預けられた当惑とは、折から伝えられた勝彦の帰宅が三、四日遅れると云う知らせと相まって、妻をしてどうしようもないふんまんを、正彦に対するつっけんどんな扱ひに向けるが、正彦の無邪気な態度はだんだんとそのほこ先を鈍らせて来る。

夫の帰宅までの三日間、妻の夫と女に対する怒りと正彦の可愛ゆさに対する小供のない彼女の愛着とのカットウを正彦のびんかんな反応とからませて描かうとする。

遂に夫が帰宅する。妻の感情の爆発、夫の驚きと告白、──すべての責任を戦争に押しつける──、間にはさまって子供心を苦ませた正彦は夜、ひそかに家を脱ける。省線の線路上をとぼとぼと歩んで行く正彦、背後から迫る電車、驚いて後を追う夫と妻、あはやと云う瞬間、三人は抱き合ったま丶線路から転り落ちる。

それぞれ感慨深そうな面持で家に帰る夫と妻と、そして夫におぶはれた正彦、沈黙は妻の「一番可哀そうなのは正彦ちゃん、その次は正彦ちゃんのお母さん、三番目はあなたかも知れないわ。」と云う云葉で破られる。

そして後は、めでたし、めでたし、…………

○先ず第一に気ずくのは、リアリティーの欠如である。凡ての事が常識はずれに行はれる。切実な現実性をもって迫ったのはサイレンの音と、爆弾の音、めらめらと燃え上る建物と云った空爆下のシーンだけであった。とにかく、三条と共に、劇の進行に背骨的役割を演じる正彦の演技からして極めて大きな無理がある。"自転車泥棒"における息子が、子供の世界なりに大人の世界と対照して素晴らしい効果をあげているのに、この場合は子供が大人の世界に強引に踏み込む事によって、ディーアス・エクス・マキーナ[125]的役割を演じさせられている。

八百屋の二階に間借りしていた以前の苦しい生活、貧乏との斗いの中に育って来た筈の子供が、——しかも、五つ、六つで、——まるっきり打って変ったブルジョア的環境の中に突然投げ込まれながら、しかも些かの遅滞なくそれに順応して行っている。子供を家出させる事によって、——しかも五つ、六つの子供が窓から夜更けに脱け出ると云う手段で——最後の大団円をつけると云うのも、少くとも子供と云う条件を忘れてしまったと云った形だ。

冒頭の、自分の子供を、しかもその子の有ると云う事を知らない父親の家え、手紙を持たせて一人で行かせると云う女の行動自体が非常識極まる事ではあるまいか。映画中に表れる主人公一家の生活は一体どんな経済的要因の上に成り立っているのか。完全にアメリカ的に近代化されたあのような家庭は少くとも相当のブルジョアにしか許されないものであらう。会社づとめらしい夫だが、田坂の腹では財閥の御曹司位のつもりかも知れない。療養のためには、子供を血涙の思いで手離さなければならない母親の苦しい生活と、すこぶる呑気に近代的生活の快味を味っているらしい主人公一家のブルジョア的生活と、一体どんな関連があるのか。……

最後に戦争だが、それを単に過去の暗い記憶としてしか描かない。戦争はいやだと主人公をして呟やかせる事も何ら来るべきそれに対する反抗としてではない。それ以上を求めるのが第一、田坂と大映にとっては無理すぎるのかも知れない。

とにかくつかまえどころのない映画だ。

○民族の文化として日本映画を守り抜かうとした良心的映画人は売国ファッショの嵐の中に追放され、後にははてしない日本映画のダラクが続く。

○戦後の日本で、少くともエロ・グロ・ナンセンス以外の映画を作らうと意図する限り、何らかの形で戦争と云うものにふれないではいられない。唯、その場合戦争を単なる暗い記憶として描くに止まるか、来りつゝあるものとの関連においてそれを把えるかによって、その作品がリアリティーを持つか、それとも現実から遊離した観念的設定に終るかゞ別れているようである。戦後の日本の現実と云うものが、人民大衆の窮乏、植民地化、そのすべてが過ぎ去った戦争と準備されている新たなる戦争と不可分にからみあっている。むしろ直接の原因結果として存在する以上、そして大多数を占める人民の最大の課題がそれに対する抵抗である以上それは当然すぎる程当然であらう。

○日本紡績業の危機、レイ属化に伴う民族産業の必然の運命である。中国貿易の希求とからむ民主民族戦線の経済的基礎の拡大、……

三月三十一日　　雨　　月曜日

○坊やと、洋子ちゃんを連れた三浦さん、解救[126] の金さん、雨の中を面会にやって来て呉れた。平野の"機構"[127] 資本論の続巻差入れて呉れたらしい。
　泰治が、東教大にパスしたと云う。泰治からハガキがあったのだそうだ。二十八日には、東京を発って京都に来ると云って来たのに、未だ来ていないと云うのは、一寸気がゝりだが、素通りして帰ったとすれば何とか知らせもあらうもの。……

○市労連の去年のスト公判が、二九日あったと云う。布施さん[128] あたりも来て大分賑からしい。

四月一日　　晴れたり、曇ったり　　火曜

○近頃、警戒してか、さっぱり聴かせなくなったニュースだが、今日は又珍らしく、午（ひる）のニュースを工場で聞くことが出来た。ソ同盟では四月一日から第五次物価値下を発表した。主要消費物品は大体一割五分値下げされる。これでソ同盟では、1946年から、現在までに、すべての物価が五割から八割低下した事になると云う一つのニュース。アメリカでは今月第四回目の大規模な原爆実験を太平洋で行ふ予定であると云うニュース、……戦争と平和、いはゆる二つの世界に象徴的に現れた二つの事件、……

○それにしても、ソ同盟の力強い、そして素晴らしい復興と発展ぶりは全く驚歎の外はない。

四月二日　　　朝は晴　午前になると曇り午後には雨さえあった。　　　水曜
　　　　　　　夕方は、しかし又きれいに晴れ上っている。

四月三日　　　晴　　木曜

○一体泰治はどうなったんだらう。入学を前に控えて東京にブラブラしてる暇は
ないし、素通りして帰ったのでなければ、何かあったに違いない。心配させる奴
だ。

四月四日　　　曇　　金曜日

○四月分のハガキ購入申込みは、折しも独居入りとなったために、内山君が取消
してしまったのだそうだ。新学期に間に合うように、木村を通じてメッセージを
送らうと考えていたのに、すべてはおじゃんだ。明日担当に話して、メーデーに
間に合うようにはさせようと思う。
○予備隊軍服のため明日から４日間、残業させるのだと云う。荷札組は、今まで
通りの仕事を続けるか、せいぜいボタン着けかが落ちだらう。
○悪法反対ゼネストは、総評が中心に動いて、十二日に第一次、十九日に第二次
を行うのだと伝えられる。悪法反対を通じて、戦線の統一、組織の強化、意識の
高揚を達成して行く。日本の共産主義者の直面する大きな試錬、その成否がむし
ろ歴史の方向を決定ずける苦難なしかし、輝かしい戦いであらう。社会民主々ギ
者の悪質な裏切をバク露し、その影響下からプロレタリアを解放する事、すべて
が戦争挑発者に屈服するか、その意図を挫き去るか、再びファッシズムを許す
か、人民々主主義を確立するかの根本的問題に繋がる。

四月五日　　　快晴　　土曜日

○三時間残業が始る。本省から現在の給与水準から行けば、残業に間食を出す必
要がないと通知があったとかで間食さえ出ない残業である。検身場を通って二舎
の廊下に入ると、各室のラジオから流れ出る重く哀しい、「My old Kentucky

home」の調べが、ワーンと反響している。並んで立ったまゝそれに耳を傾けながら、その壮美な哀調に黒人の怒りと悲しみと諦めを想う。

○泰治については何の便りもない。一体どうしてるのだらう。

　　四月六日　　晴　　日曜日

○電気工事と称して、今日の日曜は明日の月曜と繰り代えにされた。よって出役。
○ポカポカとのどかな春日和である。工場の中庭にあるたった一本の桜も、二三日中には咲き初めるに違いない。

○どうも〔以下原文欠〕

　　四月七日　　　朝は気持よく晴、午前になると典型的な花曇り、夕方には完全に
　　　　　　　　　曇って来た。　　月曜日

○繰下げの免業である。一日中座っていたのだが気が散って思うような成果も上らない。
○電気工事だと云うので、今日はラジオ一つ掛らない。それどころか、就寝が掛った今でさえ電灯もともらない有様だ。もう本を読むには一寸暗すぎる。……

　　四月八日　　終日雨　　火曜日

　一日置いて工場に出てみると、庭先のたった一本の桜がもう二、三分方咲き揃っていた。一昨日まではほころび初めているのすらなかったのにと今更のような驚きを感じさせられる。

○やっと泰治からハガキがある。矢張り素通りして帰ったものらしい。12日頃、上京の途次立寄る予定だとある。お父さんの事について何もしるしていないのは、案じた結果が訪れなかったのかも知れないと思う。

○ ニュースはさっぱり判らない。…………

　　四月九日　　　雨、午後曇　　水曜日

○ 七工場との間にある狭い中庭のたった一本の桜がもう六分方ほど花を開かせている。
　インウツな曇り空、くすんだ七工場の建物、殺風景な四周の真中にパッとにほい出た桜の華かさ、……後、一日、二日で満開だらう。

○ 人新聞 "三月二十日号" 入る。
○ 廻れ右時代──吉田番犬政府の反動攻勢──植民地化傭兵軍備──
○ 如何な逆境にあらうと常に正しく前方をみつめる事の出来るもの……

　　四月十日　　　晴　　木曜日

　　四月十一日　　　花曇り　　金曜日

○ 去年の今日、御堂筋の軍事裁判所法廷で判決をうけて丁度一年目が廻って来た。僕の刑期もこれで峠を越し下り坂の第一歩を踏み出したわけである。去年の今日は、そう云えば、マックの首になった日でもあった[129]。あれから一年、世界の情勢も急テンポに展開し、ますます緊迫する四囲の中に我々の祖国は、決定的にアメリカ帝国主義と買弁支配階級、一にぎりの売国奴の手にふみにじられ、反戦、反帝の人民斗争はますます激化する弾圧の下に深く、汎く展開されて来ている。
　正直に云って、僕等の出獄は後一ヶ月以内にあると予想するが、出獄する事が出来るにしろ、出来ないにしろ*、今までのような安易な、感傷的な、自己陶酔は許されない。人民の勝利に対する確固たる信念、苦難の斗いに処する冷徹な態

───────────────
＊　「出獄が確実になるのは散髪の時だ。出獄準備のために頭を丸刈りにせず、整えてくれる。だが4月28日に恩赦で出獄できるかどうかは当日朝まで分からなかった」（信爾談）

度、——

　僕には革命家としての指導者としての素質も能力も与へられてはいない。「彼は有能な党員であった」とは云はれようとは思はない。たゞ「彼は真面目な党員であった」と、後で追憶して貰えるように生きて行かうと思っている。

○工場で縫製中の獄衣ズボンの一枚が行方不明となってしまった。大騒ぎ。

　　四月十二日　　曇　　土曜日

○花が散って行く。夕飯、マットの上に座って点検を待つ私の眼に、鉄格子の硝子越しに華かに咲き揃っている一株の桜から、片一片と小さな白い花片が音もなく風にのる。ヒラヒラと。
○面会に行く途中、教誨堂の前、黒ずんだ土の上に小さな白い花片が沢山散り敷いているのに眼が留る。
○約束通り泰治が来て呉れた。面会室の扉が開いて、髪を分け、黒ブチの眼鏡を掛け学生服に身をつゝんだ泰治の大柄な体。見違がえる程立派になって。
　だが話しぶりは未だ未だ一向にあく抜けしていない。初めての面会室に一寸まごついたのかも知れない。御父さんは今年も未だ南部中学に居る事になったと云う事、御母さんの健康が必ずしも秀れないと云う事。貞子が手術を受けるかも知れないと云う事。東京での生活は全然見通しもついて居ないのだと云う事。
　——立会いの茶園さんの厚意でゆっくり話す事の出来たのは幸いだった。
　おかげで入浴は、食はれてしまったのだが。

　　四月十三日　　曇　　日曜日

　　四月十四日　　曇、雨　　月曜日

○高良とみ[130]女史、パリからモスクワに飛んで、世界経済会議に出席、「今日の問題」のヒステリックな絶叫ぶり。むしろコッケイな。
○平野の"機構"入房。

四月十五日　　　曇　　　火曜日

　　四月十六日　　　晴後曇　　　水曜日

　　四月十七日　　　晴　　　木曜日

○政府は、破壊活動防止法案[131]を今日国会に上呈したと云う。民族と祖国を破壊から守るための斗い。売国奴と帝国主義の戦争準備を破砕する人民の断乎たる決意。

　　四月十八日　　　曇、後晴　　　金曜日

○泰治はどうしている事だらう。苦労してるだらうが。
○一体、俺は果してこれからの斗いに耐えて行く事が出来るだらうか。時々そう云う深こくな不安に襲はれる。気の弱さ、体の貧弱さ、軽率さ、……しかし、何の取柄もない、マイナスにはなってもプラスにはなりようもないこの俺も避けられぬ日のバリケードの土嚢代りには、この体を捧げる事が出来よう。——そう云う自己慰安、……

　　四月十九日　　　晴　　　土曜日

○呪うべきこの俺のスタホーヴィッチ性——その克服のための激しい実践の課題、——
○革命のためのよりよき一兵卒え——其の上に世界コンミューンが築き上げられる礎の石塊の一つに、——

四月二十日　　曇、雨　　日曜日

○朝から、ドイツ語の勉強、入獄以来の語学に対する日和見主義が悔まれる。

四月二十一日　　晴　　月曜日

○明生君から葉書がある。下宿を変えたようだ。

四月二十二日　　晴　　火曜日

　お父さんから長い手紙が届く。只管、出獄を待ち侘びていると、お母さんの健康がどうも、すぐれないと云うのは、どうも気にかゝる事だ。激しい変革の中に、人間として生き抜かねばならぬ俺達若者と、ともすれば古い観念に引きづられがちな親達との間のギャップ、からみつき、からみついて離れようとしない家族制度のきずな。近代と近代以前との二つともから、断乎身を引き離さねばならない俺達の斗いにきっと、もつれる小さな、或いは大きな悲劇の数々。

　しかし俺達は、そんな悲劇の果しない再生産を止め、弟や、妹達を幸福に生きさせてやる、大いなる創造の課題のために、一切の悲劇を真に人間的に乗り越えて行かねばなら〔な〕いのだと思う。大きな意味での親孝行――

　――一日、一日が、身を削られて行くような想の一年であった。――その言葉の一字、一字に私はせい一杯涙をこらえる。お父さんや、お母さんには、身を捧げても孝行してあげたい。しかし人間としての生き方は、――

　真のボルシェヴィーキ的生き方は決して親孝行と対立するものでない事は今更云うもおかしい事だらう。しかし、その正しい実践は、……努力、努力、

四月二十三日　　晴　　水曜日

四月二十四日　　曇　　木曜日

四月二十五日　　雨　　金曜日

四月二十六日　　曇、晴　　土曜日

　一週間位前から左の眼が充血して来、毎日一回づゝの眼薬？さしも甲斐なく、だんだんひどくなって来る。暗い電灯の下での読書がたゝるのは、判りすぎる程、判りながら止める訳にもいかない。仕方がないので今晩はタオルをなゝめに鉢巻して眼帯代りにし、右眼一眼で用を弁じて見ているのだが、どうも勝手は悪い。

四月二十七日　　晴　　日曜日

　◦五番町[132)]のボスの持って来た慰安演芸会。こゝに来たおかげで色々見たり聴いたり出きたものだ。

四月二十八日　　晴　　月曜日

　屈辱と隷従の新たなる展開が今日から始り、我々も又、より苦難なる斗いの道え足を踏み入れなければならなくなった。売国講和条約は今晩十時三十分いよいよ発効する筈である。其れと共に我々獄中の同志一同も、占領法規の失効に恐らくスクラムを組んで再び鉄扉を潜り獄外同志の力強い腕の中に加はる事が出来るであらう。
　残念ながら我々の出獄は逞ましい解放の手によるのではなく、我々同志が身命をかけて守らうとした祖国の独立、平和の維持の斗争が無残に屈服せられた結果としての屈辱的なそれである。我々はかゝる結果を見るよりは、むしろ満期出獄、否予防拘禁の方をすら望みたかった。
　しかしすべては止むを得ない。我々は力弱くして敗れた敗北の教訓を新たなる斗いに生かして、再び不屈の解放戦、戦争に対する戦争の中に突入して行かねばならない。国内反動、買弁権力、それに加重するアメリカ帝国主義の暴力的圧力、植民地支配、日本満州帝国に、斗はねばならない我々の前途は決して決して生易さしいものではない。しかし力強く響きわたる歴史の逞ましい足取、それを

支える無数の人民大衆の怒りと希望、我々は嵐の中にもへんぽんとひるがえり続けるであらう赤旗の周囲に結集しよう。

一年有余の獄中生活を振り返って見よう。幾多の偏向、誤謬、斗争の放棄、省みて恥ぢ入らねばならない、日和見的、小ブル的コムニストの不安と動揺の一年であったと思う。しかし同時に俺は知る。決してこの一年が無駄ではなかった事、俺自身の革命的生長のための幾分かのプラスであったと云う事を。

俺は俺自身の日和見性、小ブル性を、それがいかに危険なものであるかをも知っている。それを熟知する事自体がその克服の前提でもある事をも知った。新たなる斗い、革命的実践、それは同時に日和見性の克服、小ブル性精算の絶間ない斗いであらねばならない。革命のためのよりよき一兵卒え…………

……………………………………………………………………………………………

収容者積年の期待、光明であった恩赦、減刑の申し渡しは今日午前中教誨堂で行はれたが、その結果は、一同の期待とは余りにもかけ離れたものであった。「四分の一減刑、七年以上の重罪犯にはこれは適用されない。」私の八工場では凡そ三分の一はこれにもれてしまったのである*。絶望、失望、工場内は悲喜交々と云ったそんな薄っぺらな形容では到底追っつくべくもない。N、T、Tsu 等には余りの気の毒さに言葉さえかけるに忍びなかったのである。一年有余、死刑囚、無期囚を含めて沢山の囚人に接して来た。その人間的善良さ、それにも拘らずその犯罪に追い込まれるに至った経緯を知れば知るほど、私は彼をそうさせてしまった社会的、歴史的原因と社会悪とを知れば知るほどそうさせたものに対する今更の如き怒りとその最後的解放の我々に課せられた責任とを覚える。

……………………………………………………………………………………………

---

* 「僕のいた縫製工場は100人くらいいた。その3分の1とすれば30人くらいが講和の恩恵からもれたことになる」（信爾談）

雑記部分

講和条約調印所感[*]

　九日の夜、講和々々と大童のラジオは、記念放送の最後を飾ってか、調印に対する感想の街頭ルポルタージュを私は聞いた。印をおしたように、感慨無量です、感慨無量ですと答へる人々の中に、東京の或る母子寮での戦争未亡人達の答へは違っていた。「戦争で夫を亡く〔し〕た私には、今度の調印に当って何とも云へぬ感慨が御座居ます。たゞこれからも世界中が平和にいけるように、たゞそれだけが私の願ひです。」

　現在世界の直面している最も大きな問題が、平和と云ふ事であるのは周知の事実である。二つの世界の対立と云〔う〕冷厳な事実の前に世界中のいやしくも良心的な人達は、皆真剣に戦争の防止、平和の維持について努力しようとしている。「悪い平和はなく、よい戦争もない」と云ふ言葉は、原子時代の戦争の惨禍を思ふ時、正に切実なものがあり、世界に於けるどんな小さな出来事も我々はこれを平和と云ふ最も大きな観点から、判断し評価しなければならなくなっているのである。対日講和問題（単独講和と云ふ形で、日本が対立する陣営の一方に決定的に属してしまうと云ふ事が、果して世界の平和にとってどんな結果をもたらすか）を真剣に考へる事から、各々それに対する態度を決定すべきものだと云はねばならない。東京大学南原総長を中心とする知識人、クリスチャン、及び社会党、労農党、共産党の勤労者の立場からする、単独講和反対、全面講和促進の激しい運動にも拘らず、遂に、対日単独講和は既成の事実として、我々の前に在る。今度の条約が一方の陣営のみと結ぶ単独講和である事は、吉田首相が何と糊塗しようと明白であり、二つの世界の対立を緩和するよりも、むしろますます尖鋭化させるものに外ならない事は衆目の一致する所である。

　更に考へなければならないのは、数千年来、我が国と地理的にも文化的にも、

---

[*]　タイトルは編者が付した。サンフランシスコ講和条約調印の日（日本時間1951年9月9日）の夜に書かれたものと思われる。

経済的にも、きり離す事の出来ない関係にあった中国と、決定的に隔離させられてしまふ事である。戦前日本の輸出入は、何れもその五十％以上を中国貿易で占めていた事を思ふ時、私達は日本経済自立について、吉田首相の強がりにも拘らず深刻な不安を抱かざるを得ない。云々される日米経済協力にしても、一体工業国である日本とそれ自身世界最大の工業国である米国との経済協力の実体がどんなものか考へる時、私はむしろ慄然とするのである。

ヴェルサイユ平和会議調印に際し、ドイツ全権は「これは全くドイツの存立を抹消するも同然だ」と絶叫したと云ふが、私は又、和解だ、信頼だと有頂天にさはぎ廻る連中とは反対に、この条約こそは、日本〔の〕経済的自立を危くし、再び戦争の惨禍に引き入れるものだと叫びたいのである。

何れにしても条約調印は歴史的な既成事実である。これが日本を、否世界をも大きく戦争の方向に一歩踏み出させるものであればある程、私達はより一層、平和への努力を強めねばならない。たとへそれがどんなに無力なものであらうと、少くとも良心的に生きようとする限りはそれを棄てゝはならないのである。

講和調印に当っては私の感想はと問はれゝば私はこう答へよう。「今ラジオで印でおしたようにくり返していたのとは全く違った意味で感慨無量です」と。

寸想*

「山に入る者山を見ず」よく云はれる云葉である。物事の一局面、或は一面のみに没入し、全般的な視野を失ふ事を誡めているのである。物事の浅薄な理解と、一方的な判断が如何にしばしばとんでもない誤謬に導くかは、我々のよく見聞する所だ。常に広い視野を失はずに局面を見通す態度こそ最も肝要であらう。浅智慧と云ふが、単に目先だけの考へに囚はれてしまふと人はとかく流通観念に乗ぜられがちなものである。流通観念と云ふのは、文字通り、一般に流布し、又はさせられている物の見方なり考へ方で例へば新聞やラジオで喧伝されているものなどが、その典型的なものと云へよう。附和雷同、群衆心理、などもその一つの表れであり、デマなんか、そう云ふ流通の不安、期待に乗じる最もよい例であらう。

＊　前掲「講和条約調印所感」に引き続いて書かれていたもの。

勝つ筈の戦争にまけたり、鬼畜であった筈の米英が、何んと有難い民主々義の権化であったり、八紘一宇の大理想に燃えた、アジア解放の聖戦が、一夜明ければ、とんでもない侵略戦争だった事にびっくりさせられねばならなかった日本人には、うかうかとこの流通観念にのせられる事がどんなに危険な事であるかよく判っている筈である。とらはれない心と広い視野とは正しい判断を物事に下すために欠くべからざる条件と云はねばなるまいが、こんどの講和条約問題にしても又そうである。ＵＰホープライト記者の言を借りれば「単独講和、再軍備問題を巡って、南原東大総長を中心とした知識層と、政府与党側と興論を真二つに割った」対日講和も、既に調印完了と云ふ大きな歴史的事実として我々の前に在るのだが、和解だ、信頼だと騒ぎ立てる前に冷静に判断し、評価し、慎重に考へねばならない事があまりにも多いのではなからうか。

其の際二つの世界の対立と云ふ冷厳な現実の上にあって、如何にして平和を維持するかと云ふ問題、世界がすでに原子力の時代にある事を思ふ時、広島・長崎をもった日本人が、講和問題に於いてこの事を忘れる事は、すでに大きな誤りであり、人類への背信であると云はねばなるまい。

基本的矛盾*

a. 米帝を中心とする資本主義諸国と、ソ同盟を中心とする人民諸国、
b. 資本主義国内部に於ける階級斗争、
c. 資本主義諸国家間に於ける対立、
　　　（アメリカ独占資本に対する各国資本）　インド、イラン、
d. 半植民地に於ける民族資本と買弁資本との対立、

深刻化した一般的危機の段階に於ける帝国主義勢力は、殆んど完全に米世界独占資本に融合、統一され、直接に社会主義諸国と対決せんとしている。

---

*　前掲「寸想」と同頁に書かれていたもの。

210　第Ⅰ部　翻刻編

作業拒否の理由　——メモ——*　52. 3. 8

　現在、我々の直面する問題は、如何にして平和を維持するか、如何にして人民大衆を原子戦争の惨禍から守り抜くかと云う事にある。現実に我が国の軍事基地化・再軍備が第三次世界大戦の前提として着々として進められつゝある今日、——（しかも恰も前大戦前、日本軍閥政府が自己の侵略的意図をいはゆるA・B・C・D包囲陣なる宣伝によって合理化・正当化し、国民大衆から隠蔽せんとした事実と全く符節を同じくする名目の下に、）——、その平和えの斗争は直接に再軍備反対・軍事基地化反対に組織されており、私自身も又その一環として斗って来たのである。例えいかなる環境にあらうとも、直接に軍需作業に協力することが、この場合、私の立場からしていかなることを意味するかを反省する時、私は良心的に軍需作業には従事すべきではないと云う結論に達せざるを得ない。殺人の意志ありと信ずる者に、その凶器を研ぐ事を命ぜられた場合、その人に道徳的良心ある限り如何に処すべきかは自明の事ではあるまいか。反戦的良心を貫く事、それは私にとっての至上命題である。

以上

父への手紙**

◦父え、

　御手紙十六日落手致しました。泰治の件は大体実力試験で五、六番、六割台とだけで詳しい成績が判らず、断定的な結論を下すのは少し軽率かと思いますが、お父さんの指摘された、ウィーク・ポイント、国語が、案外大きなハンディキャップとなるのではないでしょうか。この点はかねてから心配していた所で、一般教養の不足から来る国語、社会の弱さは一朝に克服出来るものではなくこの

---

*　原文は縦書き。日記本文の1952年3月8日条には、「予定通り担当に、就労出来かねる旨を告げ」「独居行きと云ふ事になった」とある。この文章は米軍衣料に関する作業を拒否する理由をまとめたものであり、その前日の3月7日条に「態度はすでに決定している」とあることから、7日か8日朝に書かれたと思われる。

**　タイトルは編者が付した。原文は縦書き。日記本文の1952年1月16日条、1月26日条の記述から、1月末に書かれたと思われる。

跛行は恐らく試験にも影響するものと思はねばなりません。此の点は東大、京大などには致命的でせう。又竹田の従来の成績から見ても、ほゞ確実と云へるには、三番以内にないと無理でせう。学校としては、横浜工大、電通大は、私として絶対反対です。結局残る所は文理大と東大なのですが、こゝに二つのコースが考へられます。即ち、成否を論外として、むしろ事を来年に期して、東大を目指すか、堅実に教育大を狙うか、私としては、前者を泰治には、すゝめたいと思っては、いますが、最後の断は、あくまでも本人にある事、たゞ焦る事はないのだから、慎重に決定を下すべきだと思います。

　拘禁生活も、いつか一年にもなってしまいました。

　閑事の心頭に掛る事さえなければ、便ち是れ人間の好時節であると云う事は、獄窓にも変りなく、これで一通り春花・秋月・夏風冬雪と送り迎えて来たわけです。河上肇博士の獄中詩にこんなのがありました。前略──「されど一度、天我が骨肉を苦めて、我がためにわが志をたんれんすと思ふ時、鼎鑊甘きこと飴の如きかな。──後略──

　還暦近い老博士の獄中三年半を想ふとき、むしろ私にとっては、獄と云う文字を使うことすらおこがましいことかも知れないと思うのです。冬をむかえて、ますます軒昂たる信尓です。御安心下さい。

　パロールの件、私達の場合、国内外の情勢に左右される事が非常に大きいかと思います。三分の一出所が出来なかったので、色々と心配されているようですが、私としては、どう焦って見た所がどうなると云う問題ではなく、出る日は向うの方から勝手に近づいて来て呉れるのだからと、唯日々の作業に精励している次第です。生れて始めてのミシンも六ヶ月も経てば、どうやら、指を縫う事もまれになって来ています。

　尚、ミュレット師云々と御座居ましたが、それは無用になさって頂けませんか。此の上師にお迷惑をおかけする事は、到底良心の許さぬ所です。

　　春有百花秋有月　　夏有涼風冬有雪
　　若無閑事掛心頭　　便是人間好時節
　　春有百花秋有月　　夏有涼風冬有雪
　　若無閑事掛心頭　　便是人間好時節
　　春有百花秋有月　　夏有涼風冬有雪

212　第Ⅰ部　翻刻編

若無閑事掛心頭　便是人間好時節[133]

労農救援会への出獄あいさつ原稿*

　我々の出獄が勝利の解放のそれではなしに、我々一同の身命をとした反戦・反植民地・全面講和の斗いが無残にも圧伏された結果のものであった事、又、現在の祖国が如何なる状態におかれているかと云う事は私が云うまでもなく、諸君の方がよっぽどよく知っている事でせう。

　昨年二月以来、一年二ヶ月、私は獄と云う云葉を使うことすらおこがましい、むしろ牧歌的とも云える獄中生活を送って来た。その間、幾度か、不安と焦慮の中に恥ずべき動揺を重ねながらも、幸いにして大過なく今日に至れたのは、ひとえに獄外同志諸君の温かい支援と同志正木を初めとする獄内同志諸君の力強い指導の賜であったと思う。殊に私のため直接・間接の凡ゆる救援活動を展開して呉れた救援会、凡ゆる干渉をけって敢然とスト決議まで行って頂いた文学部学生諸君の斗争には心から感謝致します。

　一年余りの獄中生活は、私にとってあまりにも素晴らしい体験でしたが、新しい時代の人間としての生き方を判っきり方向づける事の出来たのは、最も大きな収穫の一つだったと思います。河上博士が云ったように、一切の領域における人類の如何なる創造も、その前には影をひそめる一つの偉大な事業のための、よりよい一兵卒に自らを鍛え上げるため、力一杯斗って行くことを私は誓います。

　最後にますます加重される弾圧の下、激化する反戦・反帝国主義の斗ひがこれからも、否、これからこそ、犠牲者救援の一層力強い活動によって裏打ちされねばならない事を想い、私は日本労農救援会のより一層の発展のため、諸君に一層積極的な協力をお願いして、出獄のあいさつを結びたいと思います。

---

*　タイトルは編者が付した。原文は縦書き。この文章の後、ノートには「30日、学校——労救——前夜祭」とあるので、4月30日に出席した労農救援会における出獄あいさつの原稿と思われる。

報告書[*]

　一九五〇年十一月入党後僅か三ヶ月の五一年二月二二日、私は下鴨署に地公法違反現行〔犯〕として検挙され後軍事裁判に廻付されて、以来五二年四月二八日に至る約一年二ヶ月を獄中に過して来た。当時党員として最低限度の修練も積まず、確固たる革命性の確立さえも充分とは云えなかった私にとって、この一年は今省りみて赤面せねばならぬ程の動揺と偏向の一年間であったと共に、まがりなりにも党員としての自己をきづき上げて来れた貴重な一年でもあった。

　五一年二月二二日以来、下鴨・五条署に三日、京拘に約二十日、大拘に約三ヶ月、更に山科刑務所に十ヶ月余りを過したのであったが、その当初私は知らず知らずの中に完全に敗北主義の泥沼におち入ってしまっていた。全期を通じて私は組織の秘密については唯の一言ももらしはしなかったし、信念上の動揺も経験したことはなかったと云うことを満足しているが、私の斗争上の未経験と、理論上の幼チさとは、私をして完全に敵権力との斗争を放棄させてしまったのである。黙秘権と云うことを単に自己の姓名と組織についての黙秘と浅薄にしか理解していなかった私は、黙秘がそんな消極的自己防衛の手段ではなしに敵に一切調書を作らせないと云う積極的な斗争手段であると云うことを知らなかった。其のため京都検事局大江検事の卑劣な挑発に簡単にのり、当時の国際帝国主義に対する私の見解を述べて而もそれを調書にとらせると云うことまでさせてしまったのである。今から考える時、地公法違反のデッチ上げに苦しんだ大江が遂に一件を軍事法廷に廻付する決定的な要因になったものだと思う。類似の誤りは軍事法廷においても現れた。山本弁護士との協議もあって私は目的論的に出来るだけ刑を軽くするために、自ら有罪と認める戦術を用いた。理由の如何を問はずそれは完全な斗争の放棄であり、敗北主義であった事を私は直ちに自己批判しなければならなかったが、これは、私の未経験・理論的低さのためばかりではなしに、其の後もしばしば自己批判しなければならなかった「悪法も又法なり。」的プチブル根性のなす所であったのであらう。

　其の後、一ヶ年の獄中生活を通じて、このプチブル的日和見性はある時は全体との関連を忘れた個人プレイとなり、或時は斗いを放棄する取引主義となった。

---

[*]　原文は縦書き。出獄にあたっての党への報告書の下書きと思われる。

自己のプチブル性に対する認識と、その克服のための凡〔ゆ〕る努力にも拘らず私は未だそれがすっかり清算され切ったとは思はない。しかしボルシェヴィーキにとっては、自己の偏向と、その危険性を熟知する事自体がその克服の前提であることを私は知っている。

更に反省しなければならない事は、私の家庭啓蒙における完全な日和見が、私の獄中生活の大きな制約となり、無意識の中にも動揺・偏向を助長してしまったと云うことであった。それまでの私は両親に対する顧慮から、私のシンパ次いでは党員としての一切の活動を家庭には秘しかくして来ていた。少くとも党員としては、自己の行動に対する理解と共感を得るために家庭内の啓蒙活動を怠ってはならないことは当然であり、常識である。しかも私はその最低限度の義務をすら果していなかった。其の結果、突然の検挙の報に接した父母の驚愕、みじめなうろたえぶりは、子として正視するに耐ええないものがあった。正直に云って父母のこの無私の愛情から来る苦悩と心配は、又子としての私にとっての最大の煩悶であり、幾度か堅持する決意の鈍らされかけた事だったらう。拘置中の私、更には山科に移管されてからの私は、凡ゆる機会を利用して家庭の啓蒙に全力を注いだ。確かにその効果はあったと思う。大拘当時の父の書信と出獄前のそれとでは格段の差が出来て来ていたから。家庭の啓蒙、それは出獄後の私にとって最大の課題の一つである。自分自身の家庭の啓蒙すら出来ずに、革命を云々する事は単なる夢想家のたわごとにすぎないのであらう。

次いで獄内における学習状況について一言しなければならない。拘置所時代は、京都・大阪共に、労救文庫の借覧、差入書籍をフルに利用して猛烈に勉強することが出来た。経験したものなら覚えのある所であらうが、拘置所の独房は一日三十分以内の運動時間、時折の面会を除いて、あとは強制的に勉強を余儀なくさせられているような状態にある。いやでも読書せざるを得ないのである。大拘では四月から獄内諸同志との結束が遂に鉛筆・ノートの使用許可を獲得した。京刑でも夜間独居と、私本の閲読許可と、筆墨・ノートの許可とを七月半ばから獲得し出来得る限りの学習は続行して来た。

獄内における私達の活動は主として同志正木の指導下に、人権ヨーゴ、待遇改善の線で行はれて来たが、一つ一つの斗争ではそれぞれに成果を収めながら（例えば中東事件、私本冊数制限など）矢張り全体的にぐんぐん押し〔こ〕められて行った事実（殊に五一年八月の中東事件を契機として）は、国内外の反動が最も

びん感に波及して来たことに基ずくものであったらう。現に八月以後の入獄同志達は、全然工場に下りる事を許されず昼夜独居拘禁（後には夜間独居を要求しないと云う条件で工場に下り雑居房に入れた。——雑居房では私本が許可されない。）にされていた。

五二年に入ってからは、刑務所内の工場にも軍需作業が行れるようになり、私の居た洋裁工場では、二月に朝鮮向けズボン二千、三月に米軍軍衣ズボン前後三千八百、四月に入っては予備隊軍服一千着が縫製を残業、日曜出役の強制によって行れた。我々はこれに対して一切非協力、作業拒否によって戦争反対を叫ぶ方針を取って来た。しかし今から省みて、我々、殊に私の斗争は不充分なものであり、不徹底なものであったことを思う。

私の一年の獄中生活、それは戦前・戦時を通じて、幾多の諸同志の耐え抜いてこなければならなかったものに較べれば獄と云う云葉を用ひることすらおこがましいむしろ牧歌的とさえ云えるようなそれであった。もちろん今後のそれも又このように生易いものだと考えることはとんでもない間違いであるが、この一年の獄中生活が、若しそれがなかったなら、弾圧の激化と共に何時の間にやらズルズルと後退してしまっていたかも知れない私自身を鍛へ直し、前向かせて呉れるものであったことを心から喜びたい。一年半前の検挙直前たまたま見る機会を得た映画「無防備都市」に描きだされた革命斗争の厳しさに、完全におびえ上り、今後の斗争に対する自信を全くなくしてしまったことを想い出すが、一年の経験を経た今では、自分のような弱い人間でも案外そう云う事態に直面したら自分の知らなかった強さが出て来るのではないかなどと楽天的に考える。「戦争をどう思いますか。」と云う私の問に「起ればいゝですな。失業がなくなるから。」と答えたコソ泥少年、「兵隊はもうごめんだ。刑務所の方がよっぽどえゝわ。」と云った一人のヨタ者、「私達には自由党だらうと、共産党だらうとかまわないのです。たゞ働いて飯が食えさえしたら。」と語って呉れた一人の殺人犯、そして強制送還のテロルの前に敢然と斗い続けている大勢の朝鮮人の同志達、私は獄中で知り合ったこの人達のことを永久に忘れないであらう。

革命家にとってもっとも大切なもの、強固不屈の意志、如何なる難局にあっても常に冷静な理性、確固たる見通しの上に立つ大胆不敵さ、強ジンな肉体、そのどれ一つだって私には備っていない。ひよはい体、一寸とたゝかれゝばペシャンコになる気の弱さ、判断の粗笨（そほん）さ、行動の軽率さ、有害にはなってもプラスには

なりようのない人間……しかしこの取柄のない私でも避けられぬ日のバリケードの土嚢代りには結構役立〔つ〕ことが出来ると云うことを私は信じている。よりよき一兵卒え！　これが私の今後のモットーとなるであらう。

註

1) ニコラーイ・オストロフスキー（1904-1936）。ソ連の小説家。引用は自伝的長編小説『鋼鉄はいかに鍛えられたか』（全2冊、杉本良吉・日野守人訳、ナウカ社、1950年）の一節（第二部完結篇99-100頁）。ただし訳文は多少異なる。

2) 那須信孝。京大文学部4組の同級生。仏教学専攻。

3) アレクサンドル・フョードロヴィッチ・ケレンスキー（1881-1970）。ロシアの政治家。1917年の二月革命後、臨時政府の首相となったが、十月革命後に失脚し亡命した。

4) 「五大国会議の提案」が何を指すかは不明。あるいは、アメリカ・イギリス・フランス・ソ連・中華人民共和国の5大国による平和協定締結を呼びかけたベルリン・アピール（1951年2月に東ベルリンで開催された世界平和評議会総会において採択されたアピール）を指すか。

5) 朝鮮戦争の休戦会談を指す。朝鮮戦争の休戦会談は、1951年7月10日に開城において始まったのち、1953年7月27日に板門店において休戦協定が結ばれるまで、断続的に続いた。

6) ぬやまひろし（1903-1976）は、詩人、社会運動家。本名西沢隆二。1934年、治安維持法違反で逮捕、予防拘禁もふくめ11年間の獄中生活を送る。代表作は『詩集 編笠』（日本民主主義文化連盟、1946年）。文中の「食ひたきものは、御袋の手料理、こんにゃくの白和へ、ぜんまいの煮〆」は『詩集 編笠』所収の「秋風の歌」の一節（前掲書32-33頁）。

7) 大阪拘置所。当時、土佐堀川の北、北区若松町（現在の西天満）にあった。筆者は軍事裁判をうけるため、京都拘置所から押送され、3月13日から6月8日まで大阪拘置所に収監された。

8) 三浦鈴子の夫で共産党員。銀行に勤め組合活動をしていた。

9) 「墓場のやう」とはマルクス主義経済学者である河上肇が、治安維持法違反で獄中にいた時に心境をうたった「一九三六年歳暮の歌」の表現。河上の詩では「墓場のやうな／静かさの中を／終列車の音の／遠く消ゆるとき／牢獄の夜は／うら寂し。」と続く（河上肇『獄中日記』世界評論社、1949年、159頁）。

10) 大山敦史。京大文学部4組の同級生。人文地理専攻。

11) 徳田球一（1894-1953）のこと。1922年日本共産党の結成に参加、1928年3月15日の三・一五事件で検挙され、1945年10月10日にGHQ指令で解放されるまで、予防拘禁をあわせ18年にわたる獄中生活を送った。戦後再建された日本共産党の書記長に就任、1946年衆議院議員に当選、1947年志賀義雄との共著で『獄中十八年』（時事通信社）を出版した。

12) ジョン・C・ミュレット（1892-1971）。フランス系アメリカ人。米国メリノール宣教会神父。1945年暮れに来日、第三高等学校の英語講師となり、京大でも分校で英会話と作文を教えた。筆者の減刑嘆願運動をしていた文学部学生の要請に応じ、仮釈放のための身元引受人となることを承諾したが、筆者はそれを固辞し服役した。231頁の註11も参照。

13) 旧制高校生特有の語彙で、懐にお金がないこと。

14) 村田喜孝。京大文学部4組の同級生。哲学専攻。

15) 仲川半次郎。1920年滋賀県生まれ。1950年7月大津壁新聞事件で逮捕、軍裁で重労働5年

218　第Ⅰ部　翻刻編

罰金500ドルの判決を受け服役した（仲川半次郎『生涯現役』滋賀民報社、1992年、34-41頁）。

16）前掲註 6 ぬやまひろし『詩集 編笠』所収の「冬の日」の一節。ただし原文は「目が覚めたら飯が食へる / さう思つて床に就く / 四時間したら昼飯になる / さう思つて仕事をする」（前掲書179頁）、続く「わびしい囚人の心である」は別の詩「芋の歌」の一節。原文は「芋のかけらが二つ三つ多いのを見つけると / たちまち幸合せになる / これがめしうどのこゝろである」（前掲書178頁）。

17）小林多喜二の中編小説「一九二八・三・一五」のこと。1928年 3 月15日に治安維持法違反容疑で共産党員や労働組合員らが全国一斉に検挙された三・一五事件を題材にしている。

18）『ドイツイデオロギー』はカール・マルクスとフリードリヒ・エンゲルスの共著で1845年から翌年にかけて書かれた。日本では1946-47年にかけて唯物論研究会訳でナウカ社より全 3 巻が順次刊行された。

19）李相台は1950年 7 月滋賀県高島郡で国連軍誹謗のビラ200枚をまいた等の容疑で他 3 名と共に逮捕された（川島高峰編集・解説『米軍占領下の反戦平和運動 —— 朝鮮戦争勃発前後』現代史料出版、2000年、85・86頁）。

20）前掲註 6 ぬやまひろしの『詩集 編笠』収録の「若者に」の一節（102頁）。戦後、関忠亮が曲をつけ、うたごえ運動などで広く歌われた。

21）1951年 9 月 8 日に調印される日米安全保障条約のこと。

22）能勢協。京大農学部学生。同じ下鴨細胞に所属していた。

23）アメリカは 7 月20日に50ヶ国に対してサンフランシスコ講和会議への招請状を送付し、ソ連の会議への出席が公表されたのは 8 月13日のことだった（『毎日新聞』1951年 8 月14日付号外）。結局ソ連は講和会議に出席したが、講和条約に調印はしなかった。

24）ディーン・アチソン（1893-1971）は、当時のアメリカの国務長官。本文中の「アチソン声明」が何を指すかは未詳。

25）小林多喜二の中編小説。小林が虐殺された翌年の1934年、 4 月と 5 月の 2 回にわたって『中央公論』に「転換時代」の題名で、多くの伏せ字と削除をともなって掲載された。題名が変更されたのは、同誌1934年 4 月号の編集後記によると「作者の原題は時節柄許されざるもので」あったためという。1950年、岩波書店から短編「独房」とともに文庫として刊行された。

26）木村重夫。京大文学部学生、仏文専攻。

27）「戒護」は戒護課のこと。刑務所内の安全と秩序維持を担当。被収容者が問題を起こした場合、指導・命令を行い、場合により懲罰など強制力を行使する。

28）『シベリア物語』は1947年製作のソ連のカラー映画。監督イヴァン・プィリエフ。シベリア開拓を描いたもの。ロシア民謡風の挿入歌が人気を博し「君知りて」などがうたごえ運動で歌われた。

29）日本共産党中央委員会出版局『〈資料〉わが地方の日本共産党史 —— 関西・北陸編』（1992年）には、滋賀県で12人の党員が軍事裁判で裁かれ服役したとの記述がある（滋賀県154頁）。

30）『やましな』は刑務所内の定期刊行物。月刊。

31）民統は全京都民主戦線統一会議のこと。1950年 1 月に労働組合、共産党や社会党などの政

党、学生・青年・婦人・市民団体や文化人などが集まって結成された統一戦線組織。高山義三京都市長や蜷川虎三京都府知事の当選に貢献した。

32) 9月4日はサンフランシスコ講和会議開会の日。

33) 1950年6月に公開された東横映画『日本戦歿学生の手記　きけ、わだつみの声』の主人公河西一等兵のこと。

34) 実際に日本政府が中華民国政府と日華平和条約を締結したのは、サンフランシスコ講和条約が発効する1952年4月28日のことである。

35) 「風立ちぬ、いざ生きめやも」は堀辰雄の小説『風立ちぬ』（野田書房、1938年）の冒頭に掲げられたポール・ヴァレリーの詩「海辺の墓地」の一節。

36) 山本修二（1894-1976）。英文学者、演劇評論家。京大教授。

37) 1938年製作のフランス映画。監督はレオニード・モギー。出演コリンヌ・リュシェール。感化院を舞台に一人の少女の愛と更生を描く。戦後まもなくの頃、日本各地でしばしば上映された。

38) このとき共産党の幹部19名に対して逮捕状が出され、過半数は逮捕前に地下に潜行した。「福本」は福本和夫、「細川」は細川嘉六、「堀江」は堀江邑一、「上村」は上村進、「岩田」は岩田英一のこと。

39) 1919年5月4日北京で始まった反帝国主義運動。五四運動はその後の筆者の重要な研究テーマとなった。『五四運動在日本』（汲古書院、2003年）と『青春群像——辛亥革命から五四運動へ』（汲古書院、2012年）の著作がある。

40) 「中東の件」については8月21日条参照。

41) 「人」新聞は、刑務所収監者のための新聞。俳句・短歌や詩・随想などを投稿できる。当時は法務府、現在は法務省の発行。

42) 「吉田」は日本のサンフランシスコ講和会議主席全権代表であった吉田茂首相のこと。アメリカの国務長官アチソンは同会議の議長、グロムイコはソ連の全権代表。グロムイコ発言の正確な内容は未詳。

43) 『向う三軒両隣』は1947年から53年まで放送された伊馬春部作の人気ラジオドラマ。

44) ドイツ語の Lunge で肺のこと。俗に肺結核を指す。

45) 筆者の義兄佐藤俊明のこと。政治的には保守であったが、筆者の逮捕時、父の良き相談相手になった。

46) ドイツの作家・詩人のテオドール・シュトルムの詩「ヒヤシンス」の一節。ただし原文は Ich möchte schlafen, aber du müßt tanzen. である。邦訳は「ぼくは眠りたい、だのに君は踊らずにはいられないのだ。」（藤原定訳『シュトルム詩集』白鳳社、1975年、33-34頁）。

47) 「マック」は連合国最高司令官ダグラス・マッカーサーのこと。

48) 島崎藤村「千曲川旅情のうた」の一節。原詩は「昨日またかくてありけり／今日もまたかくてありなむ」（『落梅集』春陽堂、1901年、136頁）。

49) 芦田均（1887-1959）。当時は国民民主党所属の国会議員。

50) アデナウアー（1876-1967）はドイツ連邦共和国（西ドイツ）の初代首相。

51) 同日の衆議院法務委員会で、大橋武夫法務総裁は、「講和条約の効力の発生いたしましたときには、十分に日本国憲法に合致をいたし、しかも現下の情勢にかんがみまして、有効に反民主主義的な破壊活動を取締ることのできますような法律制度を確立しておくという

220　第Ⅰ部　翻刻編

ことが、今日必要と考える」と述べ、現在行っているその研究が「国家安全保障法あるいは公安保障法というような仮の名称をもちまして伝えられておる」と説明している（第11回国会衆議院法務委員会会議録第2号）。

52)「円山」とは、1950年12月9日のいわゆる円山事件を指す。この日、京都の円山公園において全官公が越年総決起大会を開催したが、京都市公安委員会の許可なく行われたため警官隊と衝突、京大生も十数人検束された。「川端」とは、同年11月22日の前進座事件とそれに伴う川端署への京大生の抗議行動を指す（前進座事件については、西山解説229頁参照）。1951年9月17日、円山事件の公判が開かれ、京大生6名に懲役8ヶ月が求刑されている（『学園新聞』1951年9月24日付）。なお、川端事件については、すでに7月2日に京大生2名に懲役6ヶ月が求刑されている（同前1951年8月27日付）。

53) Kopf はドイツ語で頭。

54) 池田敬正。京大文学部の同級生。日本史専攻。

55) 三風整頓とは、抗日戦争期、毛沢東が提唱した中国共産党の教育運動。三風とは党風（党内のセクト主義）・学風（学習における主観主義）、文風（革命的な文辞を連ねるだけで内容のない文章）をいい、党員自らこれらを正すことが強調された。

56) 中国語で西暦のこと。

57)『唐詩選』所収の太上隠者「答人」の「山中無暦日」を踏まえている。獄中に閉居していると歳月の経つのも忘れるの意。

58) 前掲註16ぬやまひろしの詩「冬の日」の一節。

59) この時期イギリスとイランが対立していたイランの石油国有化問題のこと。

60) オマール・ブラッドレー（1893-1981）。アメリカの軍人。統合参謀本部議長として朝鮮戦争を担当。

61) 前掲註9「一九三六年歳暮の歌」。筆者の記憶によるもの。

62) 鼎鑊は中国古代のかなえ。肉を煮るのに用いたが、罪人を煮殺す刑具としても用いられた。「刑具も飴のように甘く感じられて恐れることはない」の意。宋の忠臣文天祥の「正気の歌」に出る言葉。

63) 三国魏の曹操の「歩出夏門行」に出る言葉。「老驥（老いたる駿馬）は櫪（うまや）に伏していても往年の志はいまだ燃えて尽きることはない」の意。

64) Kapitalismus はドイツ語で資本主義。「25時」は、C.V. ゲオルギウ『25時』（河盛好蔵訳、筑摩書房、1950年）からの連想。「Kapitalismus の二五時」とは、救済不可能になった資本主義の終末という意味であろうか。

65) 10月3日、ホワイトハウスは「最近ソ連で二度目の原子爆弾爆発が行われた」と発表。ソ連が依然として原子力兵器の製造を続けているのは明らかだとして、効果的で実行可能な原子力国際管理を行う必要があると強調した（『朝日新聞』1951年10月4日付朝刊）。

66) ジョン・フォスター・ダレス（1888-1959）。アメリカの政治家。当時は国務長官の顧問として極東問題を担当。「ニューヨーク銀行頭取」であったという事実はない。

67) 岡崎勝男（1897-1965）。日記に引かれている発言が何に基づくか未詳。

68) 1911年の辛亥革命の発端となった蜂起。

69) ここでは裁縫用の指貫のこと。

70)「製洗炊」は未詳。洗濯炊事など雑用に従事する雑役係の囚人のことか。

註　221

71）脇田修。京大文学部の同級生。日本史専攻。

72）没法子は中国語で、打開する方法がないと諦めて何もしないこと。「兵隊シナ語」といわれ「メーファオズー」と発音。戦後は学生間でも俗語的に使われた。

73）『論語』子罕第九にある。三軍の大将でも捕虜になることがあるかもしれないが、名もない民衆の志を奪うことはできない、の意。

74）著者をキスレンコとするのは誤りで、ジュール・ヴァレス（1832-1885）著。1871年のパリ・コミューンにおける群像を描く。『蜂起する人々』は1951年に後藤達雄訳で三一書房から出版された。

75）「25.3」は昭和25年3月のことで初版刊行日。以下の数字も同様である。

76）前掲註9の河上肇「一九三六年歳暮の歌」最終句。若驥は原文では老驥。筆者はまだ若いから若驥と洒落こんだのであろう。103頁の詩と註63も参照。

77）水谷長三郎（1897-1960）のこと。京都出身で、戦前は無産政党の代議士をつとめ、戦後は社会党の結成に参加、右派の中心として片山内閣・芦田内閣では商工大臣をつとめた。

78）元の歌は『万葉集』にある海犬養岡麿の「御民われ生ける験あり天地の栄ゆる時に遭へらく思へば」で、これは1943年の大政翼賛会による国民皆唱運動によって一般に普及した。

79）ドイツ語 Geld の略。戦前からの学生語で「かね」。

80）L'âme enchantée はフランス語、ロマン・ロラン『魅せられたる魂』原題。

81）ゲーテ（1749-1832）の戯曲『エグモント』第3幕。エグモントに恋するクレールヘンの歌う唄。邦訳は「ときめく歓び / せつない悩み / 胸に思いは積もるばかり、/ やるせない悶えのうちに / 憧れては / また心細くなり、/ 天たかく歓呼を上げながら / また死ぬほどに打ち沈む—— / 仕合せなのは / 恋する心。」（谷友幸訳「エグモント」、岩淵達治・内垣啓一・井上正蔵他訳『ゲーテ全集』第3巻、人文書院、1960年、359頁）。

82）アンドレイ・ヴィシンスキー（1883-1954）。ソ連の外務大臣。

83）昭和天皇の京都大学訪問に際して起こったいわゆる京大天皇事件のこと。天皇を乗せた車が京大の構内に入り、天皇が時計台において京大の教授による進講を受けている間、集まっていた学生により「平和の歌」が歌われた。構内に警官が入るなど若干の混乱はあったが、逮捕者もなく天皇は予定より少し遅れて京大から次の目的地に向かった。しかし、新聞等は京大生の振る舞いを強く批判、京大当局は学生自治会である同学会を解散し、同会の役員であった学生を処分した。なお、学生のうたった歌を、革命歌「インターナショナル」と受け止めた者もあった（例えば、『入江相政日記』第3巻、朝日新聞社、1990年、27頁）。日記本文11月13日条に「インター奉迎事件」とあるのはそのためである（同事件については、西山解説234頁も参照）。

84）『内外評論』は共産党の地下出版物。この直前に発行された第31号（1951年11月8日、偽装誌名『球根栽培法』）には、論文「われわれは武装の準備と行動を開始しなければならない」などが掲載されていた。

85）平野義太郎（1897-1980）は法学者。1930年治安維持法違反で検挙され東京帝国大学助教授免官。敗戦後、社団法人中国研究所所長、現代中国学会会長として活動した。

86）淡徳三郎（1901-1977）は社会評論家。京大の大学院生だった1925年に京都学連事件により検挙される。戦後は社会評論で活躍するとともに平和運動にも力を注いだ。

87）17名は、筆者の把握していた京都刑務所における政治犯の総数。夜独は夜間独居（昼は懲

役労働）、独禁は独居拘禁（昼夜独居）のこと。

88) 1951年11月、京大天皇事件と関わって、京大の服部峻治郎学長らが国会に参考人として招致された。「第12回国会衆議院法務委員会議録」第15号（1951年11月21日）・同第17号（1951年11月26日）・「第12回国会衆議院文部委員会議録」第8号（1951年11月22日）参照。

89) 註88参照。「青木君」は青木宏京大同学会中央委員長、「永田市警局長」は永田圭一京都市警察本部長。

90) 「岩間氏」は共産党の参議院議員岩間正男（1905-1989）。「今日の岩間氏の発言」は、参議院文部委員会での発言を指す。「第12回国会参議院文部委員会会議録」第15号（1951年11月27日）参照。

91) 「アジアの変革」は『歴史学研究』第150号（岩波書店、1951年3月）の記念特集。

92) 「民同」は産別民主化同盟の略称。全日本産業別労働組合会議（産別会議）の内部に形成された産別民主化同盟は、1949年12月、新産別（全国産業別労働組合連合）を結成し、日記のこの部分が書かれる前の1950年秋には日本労働組合総評議会（総評）に加入していた（その後1952年11月には総評との組織的関係を解消）。ここにいう「民同勢力」が何を指すか判然としないが、共産党の影響力の強かった産別会議を割るかたちで展開された労働運動（とりわけ総評）が念頭に置かれているようである。

93) 「伯楽の一顧」は『戦国策』に見える故事。伯楽は馬の良否を見分ける名人で、彼が一度でもその馬を見ると今まで売れなかった馬も一気に値段が十倍になったという故事。

94) 「龍吉」は、小林多喜二の『一九二八・三・一五』の主人公竜一のこと。教師をしていたインテリゲンチャであったが、何度も逮捕され拷問も受けるうちに不思議と度胸がすわっていく党員。

95) 『史記』陳渉世家に出る言葉。王侯や将軍は本来、血統や家柄に関係なく自らの才能によるという意味だが、ここでは自分も共産党員としてやっていけるはずということであろう。

96) 学友会は京大文学部の自治会。

97) 「地公法」は地方公務員・公立学校教員の政治的行為を制限、争議行為等を禁止した地方公務員法（1950年12月13日公布、1951年2月13日一部施行）、「政令」は政令第201号「昭和二十三年七月二十二日附内閣総理大臣宛連合国最高司令官書簡に基く臨時措置に関する政令」（1948年7月31日公布、即日施行）のこと。

98) 『赤い靴』（The Red Shoes、1948年）は、アンデルセンの「赤い靴」を元にしたイギリスのバレエ映画。マイケル・パウエルとエメリック・プレスバーガーの共同監督作品。日本では1950年公開。

99) フランス語で戦後派を意味する après-guerre の略。日本では敗戦後、従来の道徳や価値観に拘束されずに行動する若者たちを指した。

100) 中国語で「人類は必ず解放されるぞ」。

101) 『はるかなる山河に』は東京大学学生自治会戦歿学生手記編集委員会の編集で1947年に刊行された、東京帝国大学出身・在学の学徒兵の遺稿集。

102) スターリン著『レーニン主義の諸問題』。筆者が雑記部分に残した読書リストには「党出版局刊　研究資料版」と記されている。1951年7月に日本共産党出版局から出されたもの。

103) 1952年4月3日～12日に開催されたモスクワ国際経済会議のこと。各国から経済界・労

働界・識者が招聘されたが、日本政府は旅券発行を許可せず、当時参議院議員だった高良とみだけが秘密裏に参加した。

104) 名和統一（1906-1978）のこと。経済学者。

105) 前年11月1日発表された「団体等規制法案」のことと思われる。占領終結後の治安対策に団体等規正令や政令第325号に代わるものとして立案された。

106) 硫酸アンモニウムのこと。当時最も普及していた農業用化学肥料。

107)「シェーレ拡大」とはドイツ語の鋏（Schere）に由来し、資本主義経済のもと生産販売の独占力を持つ産業と持たない産業の価格差が拡大し鋏状に開いて発展すること。

108) 豊後出身で江戸後期の儒学者広瀬淡窓（1782-1856）の漢詩「休道」の「休道他郷多苦辛同袍有友自相親　柴扉暁出霜如雪　君汲川流我拾薪」の一節。

109) 日米安全保障条約第3条に基づき、在日米軍の法的地位を定めた日米行政協定のこと。

110) 54頁脚註にある「国家権力の諸段階」のこと。

111) 山辺健太郎（1905-1977）。労働運動家、歴史学者。

112)「鞍馬口の駅」とあるのは京福電鉄（現在の叡山電鉄）の出町柳駅のことと思われる。出町柳駅は鞍馬行き電車の乗り場であった。

113)「あをい橋」とあるのは下鴨署の上手にある御蔭橋の誤記と思われる。次の行の「あをい橋」も同じ。

114) ババエフスキー（1909-2000）。ウクライナ出身ソ連の作家。地方の集団農場が戦後復興していくさまを描いた長編『金の星の騎士』（1947-48）は、1951年に岩上順一訳で三一書房から刊行された。

115) 1950年12月13日に公布された地方公務員法では、第37条において公務員の争議行為および怠業的行為を禁止し、さらに第三者がそうした違法行為を共謀したりそそのかしたりすることも禁止していた。こうした行為は同法第61条の四に「三年以下の懲役又は十万円以下の罰金」と定められており、罰則を規定した第61条中この項目は法律公布2ヶ月後の施行とされていた。

116) 田村俊治。当時、同じ下鴨細胞所属。

117) 楽団カチューシャ作詞作曲「建設」（「赤いチョゴリの歌」とも言われた）。1950年につくられ1951年に刊行された関鑑子編『青年歌集』第一編に収録された。当時左翼運動の中で広く歌われた。

118) トルストイ著、上脇進・樹下節共訳『パン』は1951年に三一書房刊。

119) NHKラジオ番組「子供の時間」のことか。

120) ゴム印で捺されていて日記第1冊の冒頭にあるものと同じ。刑務所による検印。

121) 同日参議院外務委員会に参考人として呼ばれた成蹊大学教授佐藤功と東京大学元教授神川彦松の証言を指すものと思われる。

122) 懲罰中は基本的に面会が禁止される。獄中闘争で懲罰を受けていることを知られることを恐れたのであろう。懲罰中の3月11日の能勢協の「特別面会」は、成績を伝えるのは急を要すとかなり強引に要求して実現したと思われる。

123) 日記とは別の雑記部分に以下のような記述がある。「五二年に入ってからは、刑務所内の工場にも軍作業が行はれるようになり、私の居た洋裁工場では、二月に朝鮮向けズボン二千、三月に米軍軍衣ズボン前後三千八百、四月に入っては予備隊軍服一千着が縫製を残

業、日曜出役の強制によって行はれた。我々はこれに対して一切非協力、作業拒否によって戦争反対を叫ぶ方針を取って来た」（本書215頁参照）。

124）アメリカ上院は3月20日（日本時間21日）、対日講和条約批准決議案を賛成66票、反対10票で可決した。なお、反対票の内訳は民主党1、共和党9であった（『朝日新聞』1952年3月21日付夕刊）。

125）「ディーアス・エクス・マキーナ」はラテン語の deus ex machina で「機械じかけの神」の意。古代ギリシャ劇の終幕で、上方から機械仕掛けで舞台に降り、紛糾した事態を円満に収拾する神の役割。転じて、作為的な大団円。

126）「解救」は、1948年6月に設立された解放救援会の略（呉圭祥『ドキュメント在日本朝鮮人連盟1945-1949』岩波書店、2009年、364頁）。

127）筆者が雑記部分に残した読書リストに「平野義太郎　日本資本主義社会の機構」と記されているので、同書のことと思われる。

128）布施辰治（1880-1953）。弁護士。戦前から共産党弾圧の三・一五事件や四・一六事件の弁護の中心を務め、自身も弁護士資格剥奪や治安維持法違反などの弾圧にあった。戦後、自由法曹団再建にあたり顧問となり、三鷹事件、松川事件、メーデー事件のほか、阪神教育事件、北朝鮮国旗掲揚事件、巣鴨事件など在日朝鮮人の占領目的違反事件の弁護に積極的に関わった。

129）1951年4月11日にマッカーサーはトルーマン大統領によって連合国軍最高司令官を解任されている。中国領内への爆撃や核兵器の使用をも辞さぬというマッカーサーの戦略が、第三次世界大戦を引き起こしかねないと危惧されたためであった。

130）高良とみ（1896-1993）。心理学者、平和運動家。戦後は参議院議員となり、国際平和運動に尽力した。

131）政府は、「団体等規制法案」（註105参照）を修正した「破壊活動防止法案」を3月27日に公表、4月17日に国会に提出した。同法案は5月15日衆議院、7月3日参議院で可決されて成立、7月21日に公布、即日施行された。

132）五番町は京都西陣の遊郭街。

133）この詩は禅の公案集無門慧海『無門関』に出るもの。筆者の父は教師であるとともに禅僧でもあったので、筆者はこの公案に託して自分の心境を語った。

第Ⅱ部
解説編

して其の夜はぐ　は明後日だ

時間あるし、そう　とと、一人でお　山帽とマスクと　など持っては出

で思い　同志ーすりね　気開暗って　連はて　茶をこ　掛け…　をもって

……は、平中靴にしてツけは遂に運　句、雨も降って
る事だしと軍靴に決めた。——この時、いつものように身軽いズックをはいて出掛け
ていたら私の運命も又別な道を辿っていたかも知れない。——
連絡個所の出町の橋まで×来た。時刻は正確に七時半、誰も来ていない。
出町柳の駅の方も見た。噂一人もそれらしい人影は見当らない。一寸しゅんじゅん
し気味はあげく、とにかく委員会の事務所まで行ってみようと歩き出した。
しかし朝もまだ早い。事務所の扉は固く閉まっていた。仕方がないので又
元に戻って来た。と橋のたもとにJの同志Tが立っている。Tの話しは全然聞
いてなかったので、おや、変な所だTの野郎と行違ったものだなとそれでも歩み寄
て行くと、彼も歩み出していきなり「ビラはあいつがもっている筈だ」からと云い棄
たまゝ、叡駅馬口の駅に向けて足を速める。広場の電柱の傍はポケットに手
を突込んだまゝの背の高い男が立っていた。
時間は8時半、予定よりも半時間運遅れていた。もう登庁の時刻もすぎて、下
×出す鴨署には、第二陣のポリ公たちが＃ポツリ・ポツリと或いは時轉車で
或いは徒歩で出町の方からと、おるい橋の方からとやって来ている。自。
三人は二手に別れた。出おるい橋側に私と出町の方に二人、下鴨署の
正門前で登庁して来る職員達にビラを手渡し始めた。
内容は未だ読をひまもなかったがもちろん政令かに触れるようなヘマはやっていな
いと確信している。しかし何しろ新米党員始めての庇荒仕事である。分
胸は動きを打ち始める。しかしそんな風はそぶりにも見せず

「小野日記」と京都大学

学生運動を中心に

西山 伸

　本解説は、小野信爾が獄中にあった期間の京都大学について、学生運動を中心に概観することを目的としている。まず前提として、1949年の小野の入学後における京大の学生運動について簡単に触れ、次いで小野の拘禁中に展開された京大生による救援活動を取り上げる。さらに、この時期の京大および京大学生運動にとって大きな事件であった京大天皇事件について最後に述べることにする。

1．新制京都大学の発足と京大の学生運動

（1）新制京都大学の発足

　小野信爾が京都大学文学部に入学した1949年は、新制京都大学発足の年でもあった。敗戦後の日本社会では、さまざまな局面で大きな改革が実施されたが、教育もその主なものの一つであった。アメリカから来日した教育使節団による報告やGHQからの指示、それに内閣直属の審議機関として設置された教育刷新委員会における議論などにより、新しい教育の形がつくられていき、いわゆる「六・三・三・四制」の学校体系が定められた。そして、このうち「六・三」にあたる義務教育の小学校・中学校は1947年度から、次の「三」にあたる新制高等学校は1948年度から、最後の「四」である新制大学は1949年度（一部の公私立大学

228　第Ⅱ部　解説編

は1948年度）から開始されることとなった。

　戦前の日本には、大学の他、高等学校、専門学校、師範学校など多様な高等教育機関が存在していたが、新制度のもとでこれらは大学となった。しかし、1945年の段階で官公私立合わせて全国に567校あったこれらの高等教育機関[1]が、単独で大学になるのは国家財政上到底不可能であり、特に国立については複数の高等教育機関が統合されて一つの大学となる場合がほとんどであった。新制京都大学も、戦前以来の京都大学、第三高等学校および1939年に設置された京都大学附属医学専門部が包括されて発足した。

　初年度の新制国立大学は、認可作業などに手間取った関係で発足が遅れ、69校の発足を定めた国立学校設置法が公布されたのは1949年5月31日になってからであった。新制最初の入学生を迎える準備はその後のことであり、京大では6月8・9の両日に入試を実施、入学式は7月7日に挙行されている。新制第1期の入学生は1527名であった[2]。彼等は最初の2年間は第三高等学校の跡地に設けられた分校で新たに置かれた一般教育課程を受講し、3回生に進級してからそれぞれの学部で専門課程を受講することになった。

（2）新制発足時の京大学生運動

　この時期の京大では、以下のように学生運動に関係するいくつかの事件が起こっている。

　①厚生女学部卒業生不採用問題

　1949年4月、医学部附属の看護婦養成機関である厚生女学部の卒業生のうち、京大医学部附属医院での勤務を希望していた33名中10名が不採用となった。その理由が不明確であるとしたこのうち6名が抗議のハンストに突入、職員組合や一部学生がこれを支援した。学生側は5月16日から18日にかけて附属医院長との交渉を行ったが、その交渉中に警官が入り、学生3名が逮捕された[3]。

1）天野郁夫『新制大学の誕生』名古屋大学出版会、2016年、513頁。

2）1950年度までは、旧制度の入学者も受け入れており、大学内はしばらく旧制と新制の学生が同時に在学していた。

3）この問題について、京大当局は「厚生女学部卒業生不採用問題に関する経過」という報告をまとめている（京都大学百年史編集委員会編『京都大学百年史』資料編2、2000年、610頁）。

②全学連事件

全学連は全国学生大会を1949年6月3日に京大の時計台前広場で開催することを計画したが、京大当局は農学部グラウンドの使用は許可したものの時計台前広場での開催は許可しなかった。これに抗議した学生が学長室前に座り込みを行ったところ、翌日早暁大学当局は警官隊の出動を要請し、学生1名が逮捕された[4]。

③レッドパージ反対運動

朝鮮戦争前後から始まったいわゆるレッドパージへの反対運動は、京大の学生によっても活発に展開された。全学連の方針に合わせて京大の全学自治会である同学会は、1950年10月20日に全学ストライキを行うことを計画した。これに対して京大当局は、16日に告示第9号を発し、学生のストライキを禁止した[5]。しかし、21日、学生たちはレッドパージ粉砕決起大会を開催し、告示第9号撤回およびストの決意を持って闘うことが決議され、その結果京大当局は学生4名の処分を行った。

④前進座事件

1950年11月22日、同学会演劇部は革新的演劇集団であった前進座の俳優を迎えて講演会を開催することを計画し京大当局もこれを許可したが、警察より「昭和二十五年政令三二五号に抵触の懼れがあるとして」立会いを要求され、これをめぐって学生と警官隊との間でもみ合いが起こった。学生側は、京大当局の禁止にもかかわらず25日に抗議大会を開催、デモののち川端署への抗議などを行い、学生5名が検束された。学生側は27日にも抗議大会を開催、その結果のべ44名の学

4）この事件について、京大当局は「全国学生大会々場不法使用に関する経過」という報告をまとめている（同前、614頁）。

5）告示第9号は、「本学は学生ストライキを禁止する。従ってストライキを議せんとする学生大会及びストライキを目的とする一切の行為を許さない。蓋しストライキの如きは大学が国家社会から委託された研究及び教授の重大な任務遂行を阻害するからである」と、大学の使命である研究教育の妨げになるとして学生のストライキを全面的に禁止していた。そして、「伝えられる教授追放問題」に対しては、大学は自主性を守りぬくと決意を表明した上で「大学を信頼せず学生たるの本分に背反して強いてことをなすが如きものあらば、自ら大学人たることを放棄したものとして大学から去るべきである」と、強い調子でストライキを行おうとした学生には処分を行うことを示していた。告示第9号の全文は、前掲『京都大学百年史』資料編2、618頁。

230　第Ⅱ部　解説編

生が処分を受けた[6]。

　ところで、1950年1月のコミンフォルムによる日本共産党の平和革命路線批判が、批判を受け入れない主流派（所感派）と受け入れる国際派に共産党を分裂させたのは周知のことである。当時学生運動に大きな影響力を持っていた共産党の分裂は、全国の、そして京大の学生運動にも多大の影響を与えた[7]。

　1950・51年頃の全学連は、国際派の影響力の下にあったが、京大の学生運動の中心はこれと対立する主流派であった。こうした対立は、具体的な運動のなかで方針の違いとしてたびたび表面化した。例えば、1951年2月に東ベルリンで開催された第1回世界平和評議会において採択された米・英・仏・ソ・中の5ヶ国に平和条約締結を求めるベルリン・アピールについては、国際派が積極的で全学連中執はそれに従い署名運動を展開したのに対して、主流派はむしろ全面講和運動に専念し、京大の学生運動はそれに加えて4月の統一地方選挙運動に積極的に取り組んでいたという[8]。

　しかし、4月中旬以降になると、世界平和評議会事務局の助言もあってベルリン・アピールへの対応をめぐる両派の姿勢の相違は歩み寄りを見せ始める[9]。次に述べる小野信爾救援活動は、正にその時期に行われたものであり、その意味ではさまざまな運動主体が救援活動に参加しやすい客観的状況が整いつつあったと言えるのかもしれない。

2．学生たちによる小野信爾救援活動

　1951年2月22日に逮捕された小野信爾は、4月11日軍事裁判所法廷において重労働3年罰金1000ドルという判決を受けた。その間、3月13日に小野は京都拘置

6）この事件について、京大当局は「十一月二十五日及同二十七日の不法学生大会について」という報告をまとめている（同前、620頁、引用部分も同報告による）。なお、25日の川端署への抗議行動の際の学生の検束は「川端署事件」とも称されている。

7）共産党の分裂による影響も含めてこの時期の京大学生運動を詳細に分析した論考に、福家崇洋「1950年前後における京大学生運動」（上）（下）（『京都大学大学文書館研究紀要』第13号・第14号、2015年・2016年）がある。

8）前掲「1950年前後における京大学生運動」（下）3頁。

9）同前、4頁。

所から、軍事裁判を受けるため大阪拘置所に身柄を移されているが、その経緯について京大同学会内の「京大平和の戦士社」発行の『京大平和の戦士』が報じている[10]。そこでは、「面会もさせず小野君軍裁へ　検事に自主性全くなし」と、強引に軍事裁判を受けさせることへの批判や、労農救援会京大支部による小野の不起訴と釈放嘆願運動の開始が記されている。

　また、判決後には、今度は減刑嘆願運動が始まっている。嘆願運動の主体には、全学自治会の同学会をはじめ文学部史学科の学生（小野は4月に3回生になり文学部に進学している）、それに分校の輔導教官や日記本文にも登場するミュレット講師[11]なども含まれていたようで、5月上旬には3500の署名を集めたと報じられている[12]。同学会は、5月9日に鳥養利三郎学長および角南正志学生課長に面会し、学長自身で減刑嘆願を当局に提出するよう要請したとされる[13]。

　この嘆願がその後どのように扱われたのかは定かではないが、小野は5月26日に行われた再審で重労働2年罰金なしに減刑された。分校主事であった服部峻治郎は、「ミュレット氏などの尽力により小野君が減刑されたことを聞いて嬉しく思っている」とコメントしている[14]。

　その一方で大学当局は、小野の両親に対して小野の自主退学を要請していた。5月8日、文学部の学生によって発行されていた『ラッパ』によると田代秀徳輔導部長が「父兄を通じて退学届を出せと勧告」、『学園新聞』によると服部主事が「小野君の父兄を招いて懇談し、退学届の問題に言及し」たとある[15]。退学を求めた事情について、田代部長は学生に対して「法にふれて刑が決った以上退学し

---

10)『京大平和の戦士』No. 5、1951年3月19日付、京都大学大学文書館所蔵。

11) ジョン・チャールズ・ミュレットは、第三高等学校の公文書によれば1892年生まれの米国人神父で、1947年4月14日に三高講師に嘱託されている。そして同年10月22日に京大に英語講師として嘱託され、三高は兼任となっている（「文部省学校教育局宛教員調査について」『文部省学校教育局往復書類　昭和二十三年度』、京都大学大学文書館所蔵、識別番号：三高1-5429）。なお、三高時代の教え子である大浦幸男によると、来日は1945年暮れ、三高講師嘱託は1946年となっている（大浦幸男「ミュレット神父のこと」三高同窓会『会報』第16号、1959年、17頁）。

12)『学園新聞』1951年4月30日付、5月7日付、5月21日付、『ラッパ』No. 3（1951年5月10日付、京都大学大学文書館所蔵、識別番号：戦後学生運動I-5-1）。

13)『学園新聞』1951年5月21日付。

14)『学園新聞』1951年6月4日付。

15)『ラッパ』No. 3（1951年5月10日付）、『学園新聞』1951年5月21日付。

232 第Ⅱ部 解説編

ないと大学としても何か処置しなければならないからだ」と答え[16]、また服部
主事は15日に開催された分校輔導委員会において「退学届を出すよう"要求"は
しない。たゞ自発的に退学してくれた方がうまく行くと考えた。もちろん復学は
絶対に可能だ」と説明したという[17]。大学当局としては、有罪判決の出た学生
に何の処分もしないわけにはいかないと考えたのであろう。

　これに対して学生側は、大学のこうした姿勢は「さる筋に完全に屈した」もの
と批判し、新たに小野への退学要求反対の署名運動を展開しはじめた[18]。『ラッ
パ』によると、5月19日現在で1070の署名と400円の救援カンパを集めたとい
う[19]。

　しかし大学当局はこれに応えず、学生側の資料によると、さらに6月20日まで
に退学届を提出するようにと再び父兄に要請した[20]。これに対して、文学部学
友会は宮崎市定文学部長に抗議し、とりあえず退学届提出期限を1週間延長させ
た上で、学生大会を開くこととした。

　6月25日に開催された文学部の学生大会では、「大学当局は退学勧告を撤回保
釈に努力せよ」との提案を満場一致で可決したほか、全員が小野救援会加入を決
定し、さらに学長・学部長・輔導部長と救援会の四者による公聴会開催に全力を
挙げることを申し合わせ、これらの要求が拒否される場合はストを含む実力行使
を辞さないとの態度を決定した[21]。ストを含む実力行使を辞さないというのは、
既に触れたように前年10月16日に京大当局が出した告示第9号に反しており、学
生側とすれば責任者が停学処分を受ける危険を伴うものであった。文学部学友会
が、相当の覚悟を持って救援活動に取り組んでいたことが窺われる。

---

16)『ラッパ』No. 3（1951年5月10日付）。
17)『学園新聞』1951年5月21日付。
18)「退学要求された小野君を守ろう」（1951年5月10日付、京都大学大学文書館所蔵、識別番
　　号：戦後学生運動Ⅰ-378-1）。
19)『ラッパ』No. 4（1951年5月24日付、京都大学大学文書館所蔵、識別番号：戦後学生運動
　　Ⅰ-246-1）。また、代表が上京してリッジウェイ連合国軍最高司令官に減刑嘆願を行おう
　　とする動きもあった。（『ラッパ』No. 5、1951年6月1日付、京都大学大学文書館所蔵、
　　識別番号：戦後学生運動Ⅰ-245-1）。
20)「学生大会を持とう　小野君を守るために」（6月21日付、京都大学大学文書館所蔵、識別
　　番号：戦後学生運動Ⅰ-101-1）。
21)『学園新聞』1951年7月5日付。

『学園新聞』（京都大学新聞社発行）
の記事より

自発退学を要請

服部主事、父兄を招いて懇談

小野軍裁問題

署名三千五百突破

後援会など減刑運動活発化

さきに阪会三・五事件で軍事裁判に附され、自殺労働三年、罰金千ドの判決を受けた京大新制二回生小野信親君に対し、文学部の動向が注目されていたが、さる八日服部分校主事が学園の父兄を招いて懇談し、小野労の父兄を交えて懇談し、服部主事が父兄の末松部主事に一

一方文学部史学科では学生を中心に、減刑歎願の署名が組織され、五〇〇余名が九日学内および角南学生課長に会し、減刑歎願をおこない、休学の手続をとるよう要請した。分校においても、末松分校主事は信用がおけないという見方が出ており、減刑歎願活動を展開するとみられる。

また阪会、自殺には資金カンパを行っている。なお小野労の父兄は、前述服部事件、円山事件に関しての大学側から分校への協力要請に対し、軍裁判決の際分校主事を呼び、自発的に退学するのが妥当と結論付け、刑期が終わり大学復帰の際に付き服部に退学手続を開始、学園自身に要請したいとの意向を表明した。

分校教授会自身が一般学生約五百に、会へ一任し結成した。

1951年5月21日付

服部主事が十五日分校輔導委員会で、経過を説明、「退学届を出そう」と要求していたが、自発的に退学してくれない。ただ自発退学ではもちろん人格を無視した処置だから、退学処分のかたちがよいと考える。休学の制度上可能かと思う」と述べている。末松この問題について分校輔導委員会の現状はまことに憂慮すべき、分校の輔導制度改革案が必要という声が高まっているが、公的には簡便手続がとられなかったことに対し、「この場合にこそ簡便委員制度が問題になったのだが、この現状はまことに憂慮すべき、分校の輔導制度改革案が

これにさらについて京大各文学部長は「こんどは自発退学がよかったのであり、個人的にも各校の方部主事にお世話を煩わした」と語っている。

目も早く復刑流れることを切望する」と流している。

重労二年に減刑

効を奏した減刑歎願運動

小野軍裁問題

名三千五百名を集めた減刑運動ミュレット氏の尽力で、医師、労働三年、罰金千ドから軽労二年に減刑された。京大講師、小野軍裁問題は、京大師の減刑運動が

自発退学を勧告された京大文学部三年生、小野軍裁問題で活発化した京大文学部三年生の減刑歎願運動は、結果、五月二十六日再審査した結果、軽労働三年、罰金千ドから軽労二年に減刑された。これについて服部分校主事は「ミュレット氏などの尽力により小野君が減刑されたことを聞いて嬉しく思っている」と語った。

1951年6月4日付

学部長退学勧告を撤回

小野問題で学生大会ひらく

京大文

既報の、東大文学部小野君の退学問題は、協議の結果、学生の抗議で、鎮圧、撤去した。の状況判決で多数の減刑歎願さらに二十五、六回に学生大会、代議員会臨学部長、輔導委会三度の経過の説明で、二十六日に終わり、輔導分校問題が新聞に発表された。京大にとって鎮圧、二十六日に終わり、輔導分校問題が新聞に発表された。京大にとって、学生会、京六月十五日に努力する」の旨を伝え、ここに小野分校問題は新聞的に解決した。

問題は「天皇口号に抗議的な流川区釈に努力せよ」の提案を高い、介護の四者に小場へ訴えると同時に、学長、学部長、輔導部長と救援会の四者による公職方面に協力をあげること

大会は「天皇口号に抗議的な流川区釈に努力せよ」の提案を高い、介護の四者に小場へ訴えると同時に、学長、学部長、輔導部長と救援会の四者による公職方面に協力をあげることを申し合わせ、これらの要求が担当される場合には、含む行使を行うことを決定した。

なおこのほか「反戦、戦争犯罪首謀者は処罰せよ」の声を展開、半和祭各首謀は処罰せよ」との批議

1951年7月5日付

234　第Ⅱ部　解説編

　学生大会後の 6 月25・26の両日、学友会および小野救援会代表は宮崎学部長と
輔導委員と三度にわたって懇談、その結果学部長は小野の「処分はしない、保釈
に努力する」との大学側の結論を伝え、学生側の運動は収まることとなった。学
生側の盛んな救援活動や退学反対運動に加え、恐らくは大学当局も小野の有罪判
決に釈然としなかったため、他の学生運動とは異なり大学当局と学生側の意見が
一致する結果となったのであろう。本書に掲載されている小野信爾自身の回想
(「日記のころ」)にあるように、その後宮崎学部長は山科刑務所にいた小野のもと
に自著の差し入れを行い、またその差し入れをきっかけに小野は雑居房から独房
に移され、本来許されぬ私本の閲読が許されるようになったという。

　そして小野は結局休学することとなり、 9 月 1 日と12月 1 日の二度休学願を提
出して受理されている[22]。

3 ．京大天皇事件

　小野日記の1951年11月12日条に、「お天ちゃん京都行幸、おかげで一時間以上
も早く閉房である」「大学の連中は大分デモったらしい」という記述がある。ま
た、翌13日には少し詳しく、「天野文部大臣は今日の議会で昨日のインター奉迎
事件について発言し、学校行政に対する文部省の監督権強化を云々している。
〔中略〕此の事件を契機に内外の圧力は当然関係学生の処置問題にまで発展させ
る方向に向けられようが、それに対する伝統をかけての反弾圧斗争は更に京大学
生運動の前進に大きなエポックとなるだらう。対象はすでに学校ではなく、天皇
遺制そのものとからんだ反動国家権力そのものである」と述べ、さらに14日には
「天ちゃん事件で、大学当局は断乎たる処置を取る事を輔導会議声明として発
表」、15日には「同学会解散が命ぜられたと云ふ」、26日には「衆院法務委員会
に、青木君や、服部さん、永田市警局長出頭」と続く。

　ここで小野が日記にとどめているのは、1951年11月12日の昭和天皇の京大来学
時に起こったいわゆる京大天皇事件のことである[23]。

---

22)『学生生徒異動綴　昭和二十六年度』(京都大学大学文書館所蔵、識別番号：02B07465)。
　　前者は11月30日まで、後者は1952年 3 月31日までの願となっている。なお、どちらも理由
　　は「一身上の都合」である。

この年11月、天皇は京都・奈良・滋賀・三重を巡幸することとなった。京都には11日に到着、翌12日午前に府庁、市役所、鴨川母子寮、市立染織試験場、島津製作所三条工場を訪問、午後は1時20分から2時まで京都大学を訪れ、本部本館において各学部の教授から研究の状況について進講を受けることとされた。

京大当局は、当日も授業は休止せず、「学生の良識を信頼して大学構内は自主的に大学に於て警備する」方針を採り、少数の私服および制服の警官のみを主として交通整理のため構内に配置するようにした[24]。

これに対して、京大の学生自治会である同学会は、天皇来学3日前の9日にこの年11月1日に就任したばかりの服部峻治郎学長宛に申入書を提出している。その申入書には

> われわれは、天皇の来学を特別に歓迎する意図はもっていないけれど、天皇の来学を拒否する意図も、もっていない。われわれは人間天皇がわれわれのありのまゝの姿を見られることをむしろ希望している。
> だが天皇来学に際して、警官隊が多数学内に入ることは、大学の自治の立場から、又更に秩序の維持の立場から、絶対に許容し得ない。
> われわれは真理探究の徒としての理性をもっており、大学当局とともに、大学内に於ける秩序の維持に対して、責任を負うのにやぶさかでない。

とあるように、天皇来学を歓迎も拒否もせず、来学時の学内秩序の維持に関しては、多数の警官隊を入構させることに断乎反対し、大学当局とともに同学会もそれに当たると申し入れていた[25]。つまり京大当局の採った方針は、同学会の意向と相反するものではなかったと言える。

しかし、その一方で同学会は天皇来学に合わせて「公開質問状」を作成してい

---

23) 京大天皇事件については、河西秀哉による一連の研究が詳しい（河西「1950年代初頭における象徴天皇像の相剋」（『日本史研究』第502号、2004年）、同「敗戦後における学生運動と京大天皇事件――「自治」と「理性」というキーワードから」（『京都大学大学文書館研究紀要』第5号、2007年）、同『「象徴天皇」の戦後史』（講談社、2010年））。本稿も河西の研究を参考にした。

24)「十一月十二日京都大学行幸に際して生じた混乱について（第二次報告）」（『評議会議事録 自昭和26年1月至昭和27年7月』京都大学大学文書館所蔵、識別番号：MP00008)。

25) 京都大学同学会「申入書」（『京大天皇事件関係資料』京都大学大学文書館所蔵、識別番号：京大天皇―135)。

236　第Ⅱ部　解説編

た[26]。11月12日付で「天皇裕仁」に宛てられた「公開質問状」は、冒頭に「私達は一個の人間として貴方を見る時、同情に耐えません」と、まず天皇を「一個の人間として」扱い、「貴方」と呼びかけていた。さらに、「貴方は一種の機械的人間であり、民衆支配のために自己の人間性を犠牲にした犠牲者であります。私たちはそのことを人間としての貴方のために気の毒に思います」と同情を寄せつつ、「貴方がかつて平和な宮殿の中にいて〔中略〕今と同じようにすぢがきにしたがって歩き乍ら太平洋戦争のために、軍国主義の支柱となられたことを考えるとき、私達はもはや貴方に同情していることはできないのです」と、天皇の戦争責任を強く主張した。さらに「貴方は今も変っていません。〔中略〕貴方が今又単独講和と再軍備の日本でかつてと同じような戦争イデオロギーの一つの支柱としての役割を果たそうとしていることを認めざるを得ないのです」と、冷戦構造のなか、資本主義陣営の一員としていわゆる単独講和と再軍備を進める現在の国策への天皇の責任を問うていた[27]。そして、「私達は貴方が退位され、天皇制が廃止されることをのぞむ」としたうえで、「人間として」日本が戦争に巻き込まれる事態が起こるならばそれを拒否するように世界に訴える用意があるか、など5項目の質問を列挙していた。

　この「公開質問状」は、京大共産党細胞リーダーが当時同学会執行委員だった中岡哲郎に「公開質問状という形で要求をまとめてそれを取り次げ」と言ったことが契機となって作成されたという[28]。同学会は、10日の午後、この「公開質問状」と天皇への面会を求めた申入書を大学当局に提出したが、当局は受け取りを拒否していた。こうした状況下で、京大は天皇来学を迎えることになる。

　12日午後1時20分、約1000人の職員学生が本部正門付近にある楠を取り囲むように集まるなか、毎日新聞社のニュースカーを先頭に、天皇一行の車列が京大本部構内の南側にある東一条通を京大に向かってやってきた。京大に近づくにつれ、ニュースカーが君が代を流しているのに刺激された一部の学生が「平和の歌」を歌い始め、天皇の車が構内に入り天皇が本部本館に姿を消してからは、本

26）京都大学同学会「公開質問状」（前掲『京大天皇事件関係資料』識別番号：京大天皇－1）。

27）サンフランシスコ講和条約は9月8日調印、天皇が巡幸中の11月18日に批准され、翌19日に巡幸先の奈良で天皇は認証を行った。

28）前掲註23『「象徴天皇」の戦後史』205頁。

部本館前に停められた車を中心に人垣の輪が作られ、多数が合唱しだすに至った。

　警備員はこうした学生たちの動きを阻止しようとし、大学当局も彼らにもとの位置に戻るよう拡声器で指示したがその効果がなかったため、大学当局は警官を構内に入れ現場の整理を要請した。要請を受けた警察は直ちに構内に入ったが、乱闘騒ぎも逮捕される者もなかった。天皇は、教授たちの進講を熱心に聴き、そのため予定より10分程度遅れて午後2時12分、京大を出発した。天皇の出発にあたって、学生たちはその進路を妨害することもなかった。

　確かに、万歳の声や打ち振る日の丸に出迎えられる他の場所とは全く違う「異例のお迎え風景[29]」であったが、天皇への危害はもちろん、予定を妨害することもなかった。しかし、このとき法学部教授として進講にあたった滝川幸辰の回想によると、この夜のうちに東京では大問題になっていた[30]。そして新聞各紙も翌13日には激しい京大批判を展開しはじめた。とりわけ地元の京都新聞は、その社説で「大学まで十余年の教育を受けた人間が、その神聖な学園への最高の賓客を迎えて、心からの敬礼をするだけの作法も心ばえも持ち合せがないのか。そんな無教養、無礼な学生こそ、大学にいる資格はない。日本人でもない。さっさと学園を去るがいい」と、罵倒とも言ってよい調子で京大生を非難していた[31]。

　さらに、この日開かれていた衆議院文部委員会において、自由党の岡延右衛門がこれを取り上げ、「ある新聞によりますと、これは計画的事件である、要するに、その前の晩、共産党系の連中と、その学生たちが協議をしたという事実を指摘しているのであります。これはそうであることは想像にかたくないのであります」と、新聞報道にもとづいて学生たちの行動は共産党の指示による計画的なものであると批判し、当時問題となっていた大学管理法や南原繁東京大学総長の全面講和論などと結びつけて、文部大臣の大学監督の権限強化を求めていた[32]。

29）『京都新聞』1951年11月13日付朝刊。
30）滝川幸辰『激流——昭和レジスタンスの断面』（河出書房新社、1963年）270頁。この夜、京都市警本部長の永田圭一が滝川に電話をかけ「京都ではのんきにかまえているが、東京では大問題になっている。田島宮内庁長官が、騒動の最中、京大から内閣に電話報告をしている。〔中略〕私は今夜、東京へゆく。内閣から呼びつけられたのです」と述べたという。
31）『京都新聞』1951年11月13日付朝刊。

昭和天皇来学を東一条通で迎える人々。人々の後ろにプラカードが見える。
（写真提供：京都大学大学文書館）

　こうしたマスコミや国会における京大生批判に乗るように、京大には学外からの投書が次々と寄せられた[33]。他大学を含む学生や職員組合に所属している者からの投書は、京大生を支持するものが多かったが、それ以外の投書では「大不祥事件」「不敬極まる」「狂徒の行動」など感情的な内容を含めて京大生や京大当局を厳しく批判していた。こうした批判も、学生たちが共産党の指示により行動

---

32) 国会会議録検索システム（http://kokkai.ndl.go.jp/SENTAKU/syugiin/012/0804/01211130804004.pdf）。小野日記の11月13日条にある「今日の議会」云々とはこの委員会を指す。なお、学生たちが歌ったのは「平和の歌」とされているが、当時新聞で「京大の急進学生がインターを高唱してデモ騒ぎを起した」（『毎日新聞』1951年11月13日付朝刊）とあるように、一部では労働歌「インターナショナル」を歌ったと報じられていた。小野日記に「インター奉迎事件」と記しているのはそのためであろう。当時昭和天皇の侍従を務めていた入江相政も、自らの日記に「予期してゐたことではあるが、多勢の学生がインターナショナルを歌ってゐる」と記している（入江為年監修『入江相政日記』第3巻、朝日新聞社、1990年、27頁）。
33) 『皇室関係書類　自昭和二十六年五月至同年十一月』（京都大学大学文書館所蔵、識別番号：01A01311）および前掲『京大天皇事件関係資料』に計124通が収録されている。なお、これらの投書については、前掲註23「敗戦後における学生運動と京大天皇事件」に詳細な分析がある。

したのだという報道に影響されて生じた側面があったであろう。

　では、実際に共産党の指示はあったのだろうか。現在の段階からその有無を証明するのは難しい。前述のように、公開質問状については京大細胞の示唆があったし、天皇来学時に集まった人垣に数本のプラカードが掲げられていたことからも[34]、一定程度の組織的な動きがあったのではないかと考えられる（前頁の写真参照）。しかし、当時の分裂していた共産党がどれだけ党としての方針を打ち出せたか疑問である。河西秀哉が指摘しているように、この事件における学生たちの行動は組織的な指示によるものというよりは、それまでの一連の「逆コース」的政策などに対する不満がニュースカーによる君が代で火をつけられた、自然発生的なものであった性格が強いのではなかろうか[35]。

　しかしながら当時の吉田茂内閣からすれば、実態がどうであったかはともかく、天皇を「貴方」と呼び、退位と天皇制の廃止を求めた公開質問状が流布されたことは共産党の影響を感じさせるもので看過できなかった。また、盛んな学生運動が展開されていた京大でこうした出来事が起きたことは、治安対策や大学管理の強化への契機として利用できると考えたとしても不思議ではない。この年末に地元紙の記者が行った座談会で、ある記者が「とにかく地元より中央が事件を過重視していた」、また別の記者が「自由党が神経をとがらせていた」と語っているのは、この間の機微を示しているように思われる[36]。

　このような状況下で、京大は11月14日に輔導会議を開いて「十一月十二日京都大学行幸に際し生じた混乱について」という報告書を作成し、この日の午後3時には横山俊平事務局長が記者会見を行ってその内容を公表した[37]。ここでは、当日の一連の経緯が述べられ、そのなかで「平和の歌」を歌った人垣には「潜入していた他学校の学生生徒が相当数認められ」、「右の如き一部学生を中心に惹起された事態は、その全般的な様相から単に偶発的なものでなく計画的なものであったのではないかと察せられ、その目的は奉迎を混乱に陥らしめることによる

---

34) 前頁の写真に「ファッショの抬頭を許すな」などと記したプラカードが写り込んでいるのが分かる（京都大学百年史編集委員会編『京都大学百年史写真集』1997年、89頁）。

35) 前掲註23『「象徴天皇」の戦後史』107頁。

36) 『京都新聞』1951年12月28日付朝刊。

37) 「十一月十二日京都大学行幸に際し生じた混乱について」（『評議会議事録　自昭和26年1月至昭和27年7月』京都大学大学文書館所蔵、識別番号：MP00008）。

240　第Ⅱ部　解説編

示威にあったのではないかと推測せられる」と事件の計画性を強く示唆していた。そしてさらに結論として「本件の措置については本学は断乎たる態度を以て臨むと共に、今後の教育については最善の方策を樹立し速かに実施に移したい」としていた。小野が14日の日記に記している「補導会議声明」とはこの報告書を指していると考えられる。この報告書は新聞でも大きく報道され、見出しには「全く計画的[38]」、「偶発的ではない[39]」などの字が躍った。

　続く15日、京大は同学会に対して「自治能力を完全に喪失した」として解散を命令[40]、さらに17日には「学生の本分を守らない行為があった」として同学会委員8名を無期停学処分とした[41]。この処分は、河西が言うように綿密な調査にもとづいて下されたものではなく、同学会総務部に所属していたからというだけの理由に拠っていて、当日現場にいなかった者も含まれていた。京大としては、高まる周囲からの批判に抗することができず、早急に処分を実施しなければならないと考えたのであろう。

　しかし、19日に作成された「十一月十二日京都大学行幸に際し生じた混乱について（第二次報告）」は、14日の報告書と比べて、前述の「右の如き一部学生を中心に惹起された事態は、その全般的な様相から単に偶発的なものでなく計画的なものであったのではないかと察せられ、その目的は奉迎を混乱に陥らしめることによる示威にあったのではないかと推測せられる」および「本件の措置については本学は断乎たる態度を以て臨むと共に、今後の教育については最善の方策を樹立し速かに実施に移したい」は削除されていた。これは大きな変更だが、14日の報告書のように公表されたのかどうかは不明で、管見の限りでは新聞にも取り上げられていない。また、当初考慮されていると報じられた無期停学8名に続く第二次の処分も、20日に文相に報告のため上京した服部学長は「いまのところ第二次処分をする考えない^{（ママ）}」と述べていた[42]。事件から数日経ち、京大内部もやや落ち着きを取り戻してきたものと思われる。

　その後、11月26日の衆議院法務委員会に参考人として服部学長、田代秀徳輔導

---

38)『毎日新聞』1951年11月15日付朝刊。

39)『京都新聞』1951年11月15日付朝刊。

40)　前掲『評議会議事録　自昭和26年1月至昭和27年7月』。

41)　同前。

42)『京都新聞』1951年11月21日付夕刊。

部長、青木宏同学会委員長、永田京都市警本部長などが招致され、当日の状況を聴取された[43]。ここで永田は「不穏学生もきわめて一部分で、単にいやがらせ程度の意思でもあった」と必ずしも重大事件とは位置づけていないように述べていたが、法務委員からは大学構内の治安維持の責任所在などについて厳しい追及があり、委員会は5時間近くに及んだ。

さらに翌27日には、法務府特審局が事件は「偶発的なものでなく天皇制廃止をスローガンとする日共の新綱領に基づく計画的な"巡幸妨害闘争"の一環である」と観測した見解を公表した[44]。しかし、12月8日、市島成一京都地方検察庁検事正は記者会見し、事件を背後勢力による計画的なものとして捜査してきたが「遺憾ながら今日まで未だ法廷で主張できる程度の確証を得ておらない」として、捜査の打ち切りを表明した[45]。異例とも思える早期の捜査打ち切りの背景は不明だが、天皇の退位や天皇制そのものの是非にまでつながるような事案について、これ以上騒がない方がよいという判断に傾いたのかもしれない。新聞などの報道もこの後はほとんど見られなくなっていった。

おわりに

小野信爾は1952年4月に出獄し、学生生活に戻った。小野自身が回想しているように、1952年の破壊活動防止法反対運動においては、ストライキ指導者だった学生に対して大学が行った処分に抗議して高橋和巳らが行ったハンストに際し、教授会側との交渉にあたっている。その後も小野の文学部卒業（1954年3月）まで、京大では荒神橋事件[46]などの学生運動に関する事件が起こっている。また卒業の翌年には第二次滝川事件[47]も発生している。破防法反対運動の終結後は、

43）国会会議録検索システム（http://kokkai.ndl.go.jp/SENTAKU/syugiin/012/0488/01211260488017.pdf）。
　　翌27日に開かれた参議院法務委員会においても事件について審議が行われ、委員会側は衆議院と同様京大関係者に参考人としての出席を要請していたが、「京都におきまして、善後策を今朝の朝から会議をする必要がある」として京大関係者は出席しなかった（国会会議録検索システム http://kokkai.ndl.go.jp/SENTAKU/sangiin/012/0488/01211270488010.pdf）。
44）『毎日新聞』1951年11月28日付朝刊。
45）『京都新聞』1951年12月9日付夕刊。

242　第Ⅱ部　解説編

全国的な学生運動は次第に収まっていくが、京大においてはもうしばらく学生自
治会側と大学当局との対立が繰り広げられることになる。

46）京大天皇事件で解散となった同学会は1953年6月に再建された。再建された同学会は全学
　　連に積極的に参加し、同年11月には全学連主催の全日本学園復興会議が京都で開催され
　　た。この会議における会場使用を京大当局が認めず、不許可の教室が使われたということ
　　で学生が処分された。またこの期間中の11月11日、当時広小路通河原町西入ルにあった立
　　命館大学に向かった京大学生のデモ隊と、これを阻止しようとした警官隊とが、鴨川にか
　　かる荒神橋で衝突、木製の欄干が折れて学生が河原に転落、負傷者を出した。
47）1955年6月、京大創立記念行事のもちかたをめぐって同学会と大学当局が対立し、当時の
　　滝川幸辰総長が総長室に閉じ込められた。大学側はこの事件で創立紀念祭の中止と同学会
　　の解散を決定、また学生2名が逮捕された。

東アジア現代史のなかの「小野日記」

宇野田 尚哉

　本解説の目的は、当該期の世界情勢、とりわけ東アジアにおける冷戦構造の形成過程のうちに小野日記を位置づけることにより、読者がなるべく広い視野に立って小野日記を解釈することができるよう、補助線を引いておくことである。共産党入党後わずか3ヶ月で逮捕された当時20歳の小野青年に、自分がその末端に連なっている大状況が見通せていたわけではもちろんない。むしろ、何もわからないまま獄につながれることになった小野青年が、獄中で得られるわずかな情報を必死で収集しその大状況を把握しようとつとめた記録がこの日記であるといえる。私たちは、後世に生きる者の特権として、小野青年がその末端に連なっていた大状況をある程度客観的に再構成することができる。そこで、本解説では、同時代を生きた当事者の思いをも大切にしながら、その大状況との関係で小野日記を読み解く回路を開くことを試みてみたい。

　さきほど、東アジアにおける冷戦構造の形成過程のうちに小野日記を位置づけると述べたが、そのとき必要なのは、朝鮮戦争を経験した東アジアの場合、ヨーロッパと違って、冷戦は文字通りの意味では冷戦ではなかった、という点によく注意することである。東アジアにおいて冷戦が構造化されたのは朝鮮戦争という局地的熱戦を通じてであり、その意味で朝鮮戦争は決定的な重要性を持つ。そして、朝鮮戦争が起こらなければ小野青年が獄につながれることもなかったであろ

244　第Ⅱ部　解説編

うということを考えると、朝鮮戦争との連関は小野日記を読むうえで最も重要な文脈をなしているといえる。本解説が「東アジア現代史のなかの……」とあえて大風呂敷を広げるのはこのためである。小野青年によって生きられた獄中体験という窓から戦後日本の被占領体験、ひいては朝鮮戦争期東アジアの歴史経験を見はるかす展望を開くこと、それが本解説の試みである。

　以下、第1節・第2節では、小野日記をなるべく広い視野から解釈するのに必要な範囲で、小野青年の個人史にも言及しながら、時代背景を概観する。続く第3節では、小野青年の事例の位置づけを明確にするために、当該期の運動史的背景にも触れながら、1951年の反米反戦ビラ配布事件をいくつか取り上げる。そして最後の第4節では、サンフランシスコ講和条約の発効により小野青年が釈放され日記が終わったのちの諸問題について簡単に触れておく。

1．分水嶺としての1948年

　日本の敗戦から2ヶ月近く経った1945年10月4日、連合国最高司令官ダグラス・マッカーサーはいわゆる人権指令を発し、その結果10日までに約3000人の政治犯が釈放されることになった。なかでも注目を集めたのは、10日に東京の府中刑務所から出獄してきた徳田球一・志賀義雄ら、日本共産党の指導者たちで、獄中非転向を貫いた彼らは、そのことのゆえに当時の活動家や知識人・学生に対して大きな権威を持った。小野は、敗戦後に大分県竹田市で高校に通っていた頃、「周囲には共産党員や、青年共産同盟に加盟する友人も出てき」て、「いずれ自分も入党することになろうという予感があった」と回顧しているから（本書4頁参照）、中学3年で敗戦を迎えた小野もその影響下にあったことははっきりしている。のちに小野が日記において自身の獄中体験との対比でしばしば言及することになるのも、河上肇『獄中日記』（世界評論社、1949年）に加えて、獄中非転向組の著作、すなわち徳田球一・志賀義雄『獄中十八年』（時事通信社、1947年）やひろし・ぬやま『詩集 編笠』（日本民主主義文化連盟、1946年）などであった。そこで小野は、獄中非転向組の獄中体験とみずからの獄中体験とを比較しつつ、はるかに苛烈であった前者に思いを馳せている。

　ところで、獄中非転向を貫いた指導者をいただく日本共産党は、活動家や知識人・学生に対しては大きな権威を持ったが、長らく「アカ」に対する恐怖を刷り

東アジア現代史のなかの「小野日記」　　**245**

込まれてきた日本人大衆のうちに広範な基盤を獲得することは容易ではなかった。10月10日の出迎えの光景を伝える中西伊之助の次の一節は、左派の在日朝鮮人が日本共産党の大衆的基盤の重要な一角をなしていたことを示している。

> 昨年十月十日、徳田、志賀、金天海等の諸君が……府中の牢獄から出て来たとき、数台のトラックに赤旗をひるがへして出迎へた数百人の出迎人は、殆んど朝鮮人聯盟の諸君だつた。その中にまざつてゐた日本人は僅に二三十人にすぎない心細さであつた。……だからその中にゐた日本人で、朝鮮人諸君にたいして恥かしくもあり、肩身の狭い思ひをしたのは、わたしばかりではなかつたであろう[1]。

　ここに名前の見える金天海は、1945年12月開催の日本共産党第4回大会で中央委員に選出されている。当時、東アジアの国際共産主義運動においては、コミンテルン時代以来の一国一党主義が踏襲されており、外国人共産主義者は居住国の党に入党してその指導下で革命運動に献身すべきものとされていた。朝鮮人共産主義者のリーダー金天海が日本共産党の中央委員に選出されているのはそのためであり、運動の現場でも、日本人共産主義者と在日朝鮮人共産主義者は日本共産党の指導下で共闘する関係にあった。小野青年が獄中で出会うことになる政治犯のうちに少なからぬ数の在日朝鮮人が含まれているのも、このためにほかならない。

　政治犯釈放後の11日、マッカーサーは、いわゆる5大改革指令を発した。そのうちの一つが労働組合の結成促進であり、敗戦直後の日本では、民主化政策の一環として、GHQの後押しのもと、無数の労働組合が結成された。そのような労働組合の簇生を背景として、翌1946年8月には左右二つのナショナル・センター──右派の日本労働総同盟（総同盟、85万人）と左派の全日本産業別労働組合会議（産別会議、163万人）──が結成されており、その直後には、共産党の強い影響下にあった産別会議の指導のもと、10月闘争と呼ばれる運動の高揚が起こっている。このように労働運動における共産党の影響力が想定を越えて強まるなか、GHQは、翌1947年2月1日に予定されていたゼネストに対して中止命令を発するなど、労働運動における共産党の影響力の抑制に回ることになる。

1）中西伊之助「日本天皇制の打倒と東洋諸民族の民主的同盟──朝鮮人聯盟への要請」『民主朝鮮』第1巻第4号、1946年7月、24-25頁。

246　第Ⅱ部　解説編

　1947年の段階ですでにそのような曲折はあったものの、東アジア現代史という
観点からすると、状況変化の分水嶺となったのは1948年であったといえる。その
背景にあるのは、いうまでもなく、朝鮮半島情勢と中国情勢である。

　解放後、北半部をソ連、南半部をアメリカに占領された朝鮮半島をめぐって
は、米英ソによるモスクワ三国外相会議（1945年12月）において、臨時政府を樹
立し5年間信託統治下に置く、という決定がなされ、そのための協議機関として
米ソ共同委員会が設けられたが、1947年7月に協議が事実上決裂すると、9月に
はアメリカは朝鮮問題を国連に提訴する方針を示し、11月には第2回国連総会に
おいて朝鮮での選挙実施・政府樹立を監視するための機関として国連臨時朝鮮委
員会が設置された。しかしながら、1948年1月にはソ連が同委員会の朝鮮半島北
半部への立ち入りを拒否したため、3月には実施可能な地域（すなわち南半部）に
おいてのみ選挙を実施することが同委員会により決定された。

　5月10日に予定されたこの南朝鮮単独選挙に対しては、朝鮮半島の分断を固定
化するものとして南半部でも反対する者が多く、なかでも南朝鮮労働党など左派
の人々は実力闘争に訴えた。そのような事例のうち最もよく知られているのは済
州島の4・3事件であろうが、済州島では左派の武装蜂起を契機として右派によ
る過剰鎮圧が行われ、3万人もの無辜の島民が命を落とすこととなった。朝鮮半
島南半部では、このような対立をはらみつつも5月10日には総選挙が実施されて
8月15日には大韓民国が樹立され、北半部ではそれに対抗するかたちで9月9日
に朝鮮民主主義人民共和国が樹立されることになる。1948年は、朝鮮半島におい
て左右の対立と南北の分断が激しい暴力をともないながら固定化されたという点
で、東アジア現代史の分水嶺となった年であったといえる。

　さらに、この年の秋以降には、中国大陸における国共内戦において中国共産党
の優勢が明らかとなり、翌1949年10月の中華人民共和国成立、12月の中華民国政
府台湾移転へとつながっていく。中華人民共和国の成立という、以後の東アジア
国際秩序を根底から規定することになる出来事への流れが明瞭になっていったと
いう意味でも、1948年は状況変化の分水嶺をなしていた。

　これと連動して、日本占領の目的も、非軍事化・民主化から、経済復興・反共
防波堤建設へと変化していくことになる。日本を「全体主義の防壁に」すると説
いたと報じられたケネス・ロイヤル米陸軍長官の演説（1948年1月6日）[2]は、そ
のような変化の始まりを示唆するものであったといえるだろう。

左派の運動との関係でいうと、そのような変化は、朝鮮半島情勢と連動して、まずは左派在日朝鮮人運動への抑圧というかたちで現れた。1948年1月24日付の文部省学校教育局長通達「朝鮮人設立学校の取扱いについて」[3]は、左派在日朝鮮人運動の主要な課題の一つとして取り組まれていた民族教育を否認する内容であり、同年4月の神戸・大阪における激しい攻防を経て、朝鮮学校は強制閉鎖されていった。翌1949年9月には、左派在日朝鮮人運動の中核的な大衆団体であった在日本朝鮮人連盟が、団体等規正令により強制解散させられている。

一方、1949年1月に行われた第24回総選挙で、三党連立内閣（社会党首班の片山哲内閣とそれに続く民主党首班の芦田均内閣）の不人気による社会党の大敗と連動して躍進した共産党は、前回から31議席増となる35議席を獲得したこともあり、9月までには吉田内閣を倒して政権を奪取することができるとするいわゆる「九月革命説」が唱えられるほど[4]、状況を楽観視していた。そのため、同年7〜8月に下山事件・三鷹事件・松川事件という原因不明の怪事件が続発し、多くの共産党員が逮捕されて大きな打撃を蒙っても[5]、効果的に対応することができなかった。後述するコミンフォルムによる日本共産党批判が伝えられたのは、そのような状況下においてであった。

2．朝鮮戦争勃発前後——日本共産党「50年分裂」に触れながら

1949年10月の中華人民共和国成立と、1950年2月の中ソ友好同盟相互援助条約締結は、東アジアの国際秩序を一変させたが、そこに至る過程の1949年7月に

2）「全体主義の防壁に」は、『朝日新聞』が1月8日に同演説を1面トップで報じた際の見出しの表現。演説の原文については、辻清明編『資料戦後二十年史1 政治』（日本評論社、1966年）58-61頁参照。

3）金慶海編『在日朝鮮人民族教育擁護闘争資料集Ⅰ 四・二四阪神教育闘争を中心に』明石書店、1988年、450-451頁。

4）「九月革命説」については、同時代の批判的論評の一例として、対馬忠行「共産党の九月革命説——「革命的情勢」について」（『思索』第27号、青磁社、1949年10月）参照。

5）三鷹事件・松川事件で逮捕された共産党員は、のちの裁判で全員無罪となるが、共産党員が容疑者として逮捕されたという事実は、世間の共産党イメージを悪化させた。なお、国鉄総裁下山定則が死体で発見された下山事件は、自殺か他殺かもはっきりしないまま迷宮入りとなった。

は、ソ連共産党と中国共産党とのあいだで、「米ソ関係など戦略的問題はソ連共産党が担当するものの、アジアでの共産党への指導、解放運動の舵とりは中国共産党に任せるという決定」[6] がなされていた。劉少奇を中心とする中国共産党代表団が秘密裏に訪ソした際の「劉少奇・スターリン会談で大筋合意したと思われる」[7] この決定により、中国共産党はアジアの共産党・労働党のなかで特権的かつ指導的な地位を占めることになり、北京がアジアにおける国際共産主義運動の策源地となった[8]。

1950年1月6日にコミンフォルム（欧州共産党・労働者党情報局）機関紙『恒久平和と人民民主主義のために』に掲載されたオブザーヴァー名義の日本共産党批判論文「日本の情勢について」[9] は、「ソ連共産党国際部内で準備され、スターリン、モロトフが加筆したといわれる」[10] ものであり、前述の文脈を踏まえると、アジアの国際共産主義運動のこの時期に成立してきた新たなフレームワークのうちに日本共産党を位置づけなおすことを意図した論評であったことが理解される[11]。しかしながら、名指しで日本共産党政治局員野坂参三の占領軍＝解放軍規定や占領下平和革命論を厳しく批判したこの論評は、同時代の当事者にとっては、あまりに唐突であった。

その結果、この批判への対応をめぐって、日本共産党は、当初は「所感」[12] を発表してこの批判から距離をとったもののちにはスターリン・毛沢東の信任を

6）下斗米伸夫『アジア冷戦史』中央公論新社、2004年、48頁。

7）同前、76頁。

8）この文脈で重要なのは、1949年11月に北京で開催されたアジア・大洋州労働組合代表者会議においてなされた、「植民地・半植民地」における「武装闘争」の必然性と必要性を強調する劉少奇の発言（いわゆる「劉少奇テーゼ」）であるが、ここでは立ち入るいとまがない。劉少奇の発言については、石川忠雄他編『戦後資料 日中関係』（日本評論社、1970年）2-4頁参照。

9）日本共産党中央委員会五〇年問題文献資料編集委員会編『日本共産党五〇年問題資料集』第1巻、新日本出版社、1957年、1-3頁。

10）前掲『アジア冷戦史』、58頁。

11）朝鮮半島情勢はすでに非常に緊迫しており、翌月には日本とアメリカを仮想敵国とした中ソ友好同盟相互援助条約が結ばれていることを考えると、日本共産党に、国際共産主義運動の新たなフレームワークのもと準戦時体制に移行することを求めることが、この論評の目的であったと考えられる。中国共産党がすでに「武装闘争」を重視する立場を打ち出していた点については、註8参照。

東アジア現代史のなかの「小野日記」　**249**

得た所感派＝主流派と、当初から国際批判を受け入れたがかえって主流派と対立することになった国際諸派[13]との、分裂状態に陥ることとなった。ここで党内抗争の詳細に立ち入る必要はないので、小野日記と関わる範囲で必要最小限のことだけを述べておくと、まず、京都では圧倒的に主流派が優勢で、国際派の影響力はほとんど及んでいなかったように見受けられる[14]。また、学生運動においても、主流派の拠点であった京大は、東大細胞・早稲田第一細胞や全学連書記局細胞が国際派の拠点とみなされて党の東京都委員会から解散を命じられているのと、著しい対比をなしている[15]。ただし、入党後 3 ヶ月で獄につながれた居住細胞所属の小野青年は、党内対立の詳細も、京大学生運動の詳細も、それほどわかってはいなかったであろう。日記のなかに椎野悦朗の自己批判[16]の内容を気にしている箇所があるが（本書79、81、83、93頁参照）、それも党内抗争の文脈を熟知したうえでのことではなく、なんとか情報を集めようとしてのことであった。

金日成がスターリンと毛沢東の了解をとりつけたうえで38度線を越えて南下するのは1950年 6 月25日のことであるが、それに先立つ 6 月 6 日、マッカーサーは共産党の中央委員24人を公職追放に処した。これに際し、徳田ら主流派指導部は、公然面に臨時中央指導部（議長椎野悦朗）を残して地下に潜行し、中国に渡って北京機関を構成した。この時期の北京がどういう意味を持つ場所であったかについては、すでに述べた通りである。

朝鮮戦争勃発翌日の 6 月26日、マッカーサーは、「韓国軍から発砲」「朝鮮共和

---

12) 日本共産党中央委員会政治局「「日本の情勢について」に関する所感」、前掲註 9 『日本共産党五〇年問題資料集』第 1 巻、4 - 5 頁。

13) 国際派は一枚岩であったわけではないので、そのことを強調したい場合には「国際諸派」という表現を用いることにする。

14) 『京都民統の思い出』（非売品、1977年）の著者小柳津恒も、「京都の党のほとんどは主流派で占められていた」（同書247-248頁）と述べているから、本文のように述べておいて大過ないと思われるが、当時京都府委員会常任委員であった西口克己が国際派として除名されているといった事例もあり（西口克己追悼集刊行委員会編『西口克己 廓と革命と文学と』かもがわ出版、1987年、237頁）、京都における「50年分裂」の詳細については今後立ち入った検討が必要である。

15) 福家崇洋「1950年前後における京大学生運動」（上）（下）（『京都大学大学文書館研究紀要』第13号・第14号、2015年・2016年）参照。

16) 椎野悦朗「党の理論的武装のために――私の自己批判」、前掲『日本共産党五〇年問題資料集』第 3 巻、98-101頁。初出については、本書77頁脚註参照。

250　　第Ⅱ部　解説編

国軍 各所で韓国軍の侵入撃退」[17]と報じた日本共産党機関紙『アカハタ』の30日間発行停止を指令し、7月18日には、『アカハタ』およびその後継紙ならびに類似紙の無期限発行停止を再度指令した。「日本共産党関係機関紙発行停止一覧（昭和二十六年五月十五日現在）」[18]によると、1951年5月15日までの1年弱のあいだに、中央紙13紙[19]、地方紙1709紙が発行停止になっている。

　地方紙1709紙のほとんどは細胞新聞であるが、そのうちの一つについて、小野日記と関わる範囲で簡単に言及しておきたい[20]。のちに小野の同囚となる伊藤清太郎（1924-）は、戦後国鉄に復職し、職場では組合活動、地域（滋賀県甲賀郡水口町）では党活動を行っていたが、1949年の定員削減の際に狙い撃ち的に馘首され、地元で職を見つけ、同年中に細胞新聞『水口新聞』を創刊したという。この頃、友人の小島興（1924-1951）が伊藤の誘いにより入党している[21]。前掲の「発行停止一覧」によると、『水口新聞』が発行停止処分を受けたのは1950年7月18日、マッカーサーによる再指令の当日であった。その後伊藤らは後継紙『湖東通信』（タブロイド判400～500枚）を印刷・配布するが、これにより彼らは政令第325号「占領目的阻害行為処罰令」違反で逮捕され軍事裁判にかけられ有罪判決を受けることになる。伊藤が逮捕されたのは1950年暮れのことで、少し遅れて逮捕された小島には逃げるチャンスもあったがあえて一緒に逮捕されたという[22]。

---

17) 朝鮮戦争の勃発を報じる6月26日付『アカハタ』1面トップ記事の見出しの表現。
18) 法務府特別審査局『特審資料』昭和26年5月18日号所収。なお、占領下での左翼メディアに対する弾圧については、山本武利『占領期メディア分析』（法政大学出版局、1996年）第2部「GHQのメディア政策」第3章「左翼メディアの弾圧」参照。
19) 中央紙13紙に左派在日朝鮮人運動の中央紙『解放新聞』や留日華僑民主促進会の『華僑民報』も含まれている点には注意を要する。
20) この段落の叙述は、筆者と小野潤子による伊藤清太郎氏インタビュー（2017年4月2日）に基づく。
21) 小島興については、「解放のいしずえ」刊行委員会編『解放のいしずえ』（解放運動犠牲者合葬追悼会世話人会、1956年）141頁参照。
22) 西田清「あの頃……日本共産党は　私の体験を語る　3」（『滋賀民報』2016年5月15日）は、伊藤・小島ら3人が検挙されたのは1950年7月12日からのことであったとしていて、伊藤自身の記憶とは食い違っている。7月12日だと、『水口新聞』が発行停止処分を受ける前なので、西田の叙述においては、同日に水口分局の責任者が検挙された事件（川島高峰編『米軍占領下の反戦平和運動 —— 朝鮮戦争勃発前後』現代史料出版、2000年、117頁）と、のちに伊藤・小島が検挙された事件とが混同されているのではないかと思われる。

ここでこの事例にこれ以上詳しく立ち入る余裕はないが、小島は獄中で結核を悪化させ最後は病院に移されて落命した、という事実だけは書き留めておきたい。さいわい小野青年は無事に出獄することができたわけであるが、獄死に近い運命を強いられた青年もいたという点は、小野日記を読む際に心に留めておくべき事柄であろう。

やや議論が先走りすぎた。あらためて朝鮮戦争勃発の時点に戻ろう。

朝鮮人民軍が38度線を越えて南下を開始したのは1950年6月25日未明のことである。すぐに参戦したアメリカ軍は7月7日の国連安保理決議[23]に基づき国連軍を構成することになるが、戦局は朝鮮人民軍優位のうちに推移し、8月には国連軍・韓国軍は朝鮮半島東南部の釜山周辺の一角に追い詰められていた。しかし9月に国連軍が仁川上陸作戦を成功させ朝鮮人民軍の補給線を断つとともにソウルを奪還すると戦局は逆転し、10月7日には国連軍は同日の国連総会決議に基づいて38度線を越えて北上することになる。この時点で国連軍の戦争目的は、朝鮮人民軍を押し戻して原状を回復することから、朝鮮半島北半部をも占領下におくことに変わったといえる。国連軍・韓国軍が中朝国境の鴨緑江に迫るなか、10月25日には中国人民志願軍が参戦し、戦線を南に押し戻した。その後、ソウルをめぐる攻防などを経たあと、戦線は1951年半ばには38度線付近で膠着し、7月には開城で休戦会談が始まるが中断を重ね、ようやく1953年7月27日に至って休戦協定が成立することになる。その間、中国人民志願軍参戦後の1950年11月30日には、トルーマン大統領が朝鮮戦争での原爆使用に言及して、世論に衝撃を与えている。

当時日本にいた人々が朝鮮戦争をどう見たか、とりわけ左派の人々が戦局の各段階で何を考えたかについては、今後詳細な検討が必要であるが、左派の人々について概していうなら、次のようなことを指摘できるだろう。まず、彼らがイデオロギー的先入見に強くとらわれていたことは確認しておかなければならない。当時の表現を用いるなら、ソ連・中国＝「平和勢力」、アメリカ＝「戦争挑発者」「戦争放火者」ということになる。ソ連・中国そして北朝鮮における理念と現実の落差についての具体的情報が乏しいまま理想化だけが進みがちであった、

---

23) このときソ連は中国代表問題をめぐって国連安保理をボイコット中で、拒否権を発動することができなかった。

252 第II部 解説編

という当時の日本の事情がその背景にあるのであるが、現時点から見るといかに
もバイアスのかかった見方であったのは確かである。小野日記もこのバイアスか
ら自由ではない。

　ただ、前述した通り、すでに1948、49年の段階で、日本国内においても、左派
のさまざまな運動と日本政府・占領軍との対立は深まりつつあり、その対抗関係
が国際関係に投影される必然性は、すくなくとも運動の当事者やそのシンパのあ
いだにはあった。とりわけ、左派の在日朝鮮人には、大韓民国建国の過程で振る
われた右派による暴力の経験が、直接・間接に伝えられていた。その過程で日本
に亡命（密航）してきた人々も多い。要するに、1948年以後東アジアにおいて暴
力や抑圧をともないつつ進んでいった左右の色分けの極点において勃発したのが
朝鮮戦争なのであり、そこに巻き込まれていた当事者の立場性を後世からの評価
軸で裁断するのは容易ではあるが非歴史的である。この点は、小野日記を読む際
にもいえることである。

　ごく大雑把に整理すれば、当時の左派には、朝鮮戦争は次のように見えていた
だろう。まず、勃発直後の朝鮮人民軍が優勢であった段階では、共和国による南
朝鮮解放が近づいている、と見えていたはずである。アメリカは朝鮮半島の内戦
から手を引け、というのがこの段階での要求であっただろう。しかし、形勢が逆
転して国連軍が38度線を越える段階になると、共和国を崩壊させようというアメ
リカの侵略的意図が現実のものになろうとしている、アメリカによる侵略をとめ
なければならない、と発想されたと思われる。国連軍・韓国軍が中朝国境に迫っ
て共和国が崩壊寸前になり、中国人民志願軍が参戦して実質的な米中戦争に発展
し、3度目の原爆使用が示唆される、という状況に立ち至って、当時の左派が危
機意識を高めたのも、無理からぬことであった。

　しかも、占領下の日本は国連軍の出撃基地・兵站基地であったから、当時の左
派は、朝鮮戦争を「朝鮮特需」として外在化し歓迎するような論調とはまったく
異なる当事者意識を持って反米反戦運動に身を投じた。とりわけ在日朝鮮人の活
動家たちは、より強い当事者意識を持って、その闘いの先頭に立った[24]。その
ような反米反戦運動の末端に連なっていたのが、小野青年であった。繰り返して
いえば、朝鮮戦争期の政治的激動に巻き込まれた当事者の立場性を後世からの評
価軸で裁断するのは容易ではあるが非歴史的である。小野日記が重要なのは、朝
鮮戦争を「朝鮮特需」として外在化し歓迎するのとはまったく異なる立場性でそ

東アジア現代史のなかの「小野日記」　253

の時代を生きた青年の視点からその時代を捉えなおすことを可能にしてくれるテキストだからである。どのように捉えなおすかは読者に委ねられている問題であるが、そのために必要な情報を以下ではさらに補っていくこととしたい。

3．1951年の反米反戦ビラ配布事件と「50年分裂」後の状況

　朝鮮戦争が勃発すると、日本在住のコミュニストは、日本人も朝鮮人も、主流派も国際派も、アメリカの介入をとめるための運動に立ち上がった。とはいえ、運動を指導すべき共産党は「50年分裂」と「6・6追放」により混乱状態にあり、職場の中心的な活動家は朝鮮戦争下で本格化するレッドパージにより職場を逐われていったから、できることは限られていた。そのなかで、1950年後半から51年にかけての時期にいちばん危険を冒して取り組まれたのは、党内に向けては非合法新聞の発行[25]、党外に向けては反米反戦ビラの配布であった。ビラを撒くくらいのことしかできなかったのかと否定的に捉えることもできるであろうが、ビラを撒くのにも大きな危険をともなう時代だったのだということを、小野日記を読むうえでは理解しておく必要がある。

　そのようなビラ撒き事件としてもっともよく知られているのは、朝鮮戦争勃発後まもない8月6日に戒厳下の広島市中心部でデパートの上層階から路上に向けてなされたビラ撒きであり、その光景は峠三吉の詩作品「一九五〇年の八月六日」[26]に印象的なかたちで記録されているが、じつはそのようなビラ撒きは朝鮮戦争勃発直後から各地でなされていたことが、川島高峰編『米軍占領下の反戦平和運動——朝鮮戦争勃発前後』（現代史料出版、2000年）により確認できる。この

24）日本共産党との関係で在日朝鮮人運動に言及している本解説では、大韓民国を支持した側の人々の動きをフォローできていないが、朝鮮戦争勃発に際し、彼らは在日韓僑自願軍を結成して国連軍に加わった、という事実だけは書き留めておきたい（642名参戦、52名戦死、83名行方不明）。朝鮮戦争は、在日社会を決定的に分断する出来事でもあった。

25）非合法新聞（マッカーサーにより発行停止を指令された『アカハタ』の「後継紙」「類似紙」）を発行することがともなった危険については、前述した伊藤清太郎らの事例（本書44頁）参照。『アカハタ』後継紙の『平和と独立』（のち『平和と独立のために』）は、ひそかに届けられるガリ切り済みの蠟原紙を地下印刷所で謄写印刷するというかたちで配布されたこともあった。なお、非合法新聞と反米反戦ビラは判然と区別できるものではないが、以下では一応別のものとして扱い、主として後者について論じる。

254 第Ⅱ部 解説編

資料集は、「朝鮮戦争勃発前後の「反戦平和」運動について、GHQ 参謀二部に
提出された日本警察の文書を中心に編集したもの」[27]（出典は GHQ/SCAP 文書）
で、川島は、所収資料の分析に基づいて、「朝鮮戦争前後においては、「反米」、
「反戦」文書の撒布・掲示はおろか、それを所持したり、その種の言動を行った
だけでも検挙・逮捕されたという事実」を指摘している[28]。同書が収録してい
るのは1950年6月から9月にかけての資料で、その後の時期を対象とした同様の
資料編纂はまだなされていないが、1950年後半から51年にかけての時期にこのよ
うな対抗関係のなかで反米反戦ビラの配布があちこちでなされたことは疑いな
く、小野青年の事例もその一つにほかならない。

　1949年に京大に入学した小野青年は、まもなく縁者の紹介で下鴨の三浦夫妻宅
に下宿を移し、共産党員だった同夫妻を推薦人として1950年11月に入党して、下
鴨細胞に籍を置いた。「50年分裂」下、「6・6追放」後の、党の混乱期に、小野
青年は入党したわけである。そして入党からわずか3ヶ月後の1951年2月22日、
上からの指令[29]にしたがって下鴨警察署前でビラを撒いて逮捕される。朝鮮戦
争下のこの時期に警察署の前でビラを撒くというのはいかにも無謀な任務である
が、小野青年は党の「鉄の規律」を守って指令に従い逮捕されたのであった。逆

---

26) 『われらの詩』第12号（1951年9月）および峠三吉『原爆詩集』（新日本文学会広島支部わ
　れらの詩の会編集発行、1951年9月）初出。この作品のモチーフとなっているビラ撒き事
　件およびこの作品自体については、黒川伊織「〈まいおちるビラ〉と〈腐るビラ〉――朝
　鮮戦争勃発直後の反戦平和運動と峠三吉・井上光晴」、『社会文学』第38号、2013年参照。

27) 前掲『米軍占領下の反戦平和運動』、3頁。

28) 同前、5頁。その際の法的根拠は、勅令第311号（「連合国占領軍の占領目的に有害な行為
　に対する処罰等に関する勅令」、1946年6月21日公布、7月15日施行）と、それを改正し
　た政令第325号（「占領目的阻害行為処罰令」、1950年10月31日に勅令第311号を改正、翌日
　施行）である。勅令第311号・政令第325号については、本書所収の小野潤子解説論文参
　照。

29) 逮捕から1年が経ったのを機に書かれた日記中の回顧的叙述によると、1951年2月21日に
　小野に指令を伝達したのは、1950年10月の前進座事件で放学処分になっていた元同学会委
　員長水口春喜であった（本書170頁参照。大学当局の水口に対する処分については前掲の
　福家「1950年前後における京大学生運動」（上）参照。当時水口は左京区の細胞群委員会
　の委員であったという）。指令を伝達される場面の回顧に「聞きなれた同志水田（日記中
　で用いられている水口の仮名――引用者注）の声」（本書169頁）とあるが、水口と小野が
　近しい関係になったのは、水口が放学処分になったあと、左京区における居住細胞の活動
　を通じてであったようである。

にいうと、この時期の共産党は経験の浅い若者を無謀な任務に駆り立てるような かたちでしか闘争を組めない状態に陥っていたともいえよう。本解説を準備する 過程で軍裁受刑者の一人としてインタビューした西田清（1932-）の場合は、英文 のビラを米兵に手渡せという指令を受けて、1951年9月1日に実行したところ、 その場で捕まり、軍事裁判で有罪の判決を受けて、未成年であったため奈良の少 年刑務所に送られたという[30]。逮捕時、小野青年はぎりぎり成人していたが、 未成年で危険な任務に身を投じたさらに若い青年たちもいたのであった。

　小野青年の事例を解釈するための参考として、あと1例だけ、1951年の反米反 戦ビラ配布事件の具体例を見ておこう[31]。1951年3月15日の明け方、トラック 2台に分乗してやってきた武装警官約50人が取り囲むなか、国立岩国病院で、結 核療養中の御庄博実（1925-2015。詩人。本名丸屋博。当時岡山医大学生）と患者自治 会長杉川守信が逮捕された。逮捕状に記された容疑は政令第325号違反。杉川が 発行責任者をつとめる患者自治会（明友会）の機関紙「明友ニュース」が、1月 号を平和特集号として1面に御庄の詩「失われた腕に――一傷病兵のメモより」 を掲載したことが問題視された。「失われた腕に」というのは、次のような作品 である。

　　おい／そこいらを飛びまわっている／飛行機虫／レイテの底に沈んだ／俺の右腕 にもあきたらず／真赤な心臓まで蝕もうというのか／無惨にもただれた正中神経 も今は甦って／ボルトと　ナットと　リングで出来ている／この鉄の腕は強いぞ ／おい／そんなに蒼ざめた目玉をして飛び廻るな／飛行機虫／今に　この鉄の腕 で／叩き落としてくれるぞ！

御庄は、岩国で生まれ育ち、広島で旧制高校に通い、戦争中に兄を南方で失って いる。ここでこの詩の詳細な解釈に立ち入る余裕はないが、故郷岩国の基地から 昼夜を分かたず爆撃機が朝鮮半島に向けて飛んでいくという現実、第二の故郷広

---

30) この一文の叙述は、筆者と西川祐子と小野潤子による西田清氏インタビュー（2017年2月 23日）に基づく。西田氏は、近々自分史を出版なさるご予定だということなので、詳しく はそちらを参照されたい。

31) 以下の叙述は、御庄博実「岩国における詩運動の想い出」（現代山口県詩選編集委員会編 『現代山口県詩選』1995年版、通巻32号、1995年10月）、同「「政令違反」とは何であった か」（『雲雀』第2号、広島花幻忌の会、2002年11月）などに基づく。

島を焦土と化し多くの友人・知人を奪った原爆が三たび使用されようとしていることに対する危機感[32]、戦争によって奪われた兄への思い、といったものが折り重なったところに成立しているのがこの反米反戦詩であることは見やすいだろう。虫に見立てられた米軍の爆撃機に、「今に　この鉄の腕で／叩き落としてくれるぞ！」と言い放つこの作品は、そのような切実さをもつ表現だった。

　逮捕から3日目の朝、杉川が拘置所内で喀血したため、二人は保釈されて病院に戻され、以後御庄は、検察庁に呼び出されては検事と飛行機虫は米軍の飛行機のことであるか否かをめぐって押し問答を繰り返すことになり、夏の終わりまで「飛行機虫は虫である」と言い張り続けて、ついに不起訴となったという[33]。

　当時、御庄博実逮捕のニュースは、新日本文学会山口支部から新日文中央に伝えられ、「詩作品自体が政令違反に問われた最初の事件」[34]として衝撃を与えたという。ただ、当時の新日文中央のこの理解は間違いであったことが、筆者の聞き取りにより判明した。筆者の行ったインタビューによると[35]、御庄らは、「明友ニュース」の平和特集号を、岩国駅前で撒いたのだという。患者自治会の機関紙でわざわざ平和特集が組まれたのも、それを詩ビラとして撒くことを前提としてのことであったかもしれない。御庄が逮捕されたのは、「失われた腕に」を書いたからではなく、それを印刷した「明友ニュース」を詩ビラとして撒いたからであった。だから、政令第325号「占領目的阻害行為処罰令」の「行為」という言葉には、この政令が取り締まる範囲に関わるそれなりに大きな意味があったといってよい。日本国憲法の保障する表現の自由と、占領軍批判・アメリカ批判の取締とは、「表現」そのものではなく「行為」を取締の対象とするという微妙なかたちで、一応の折り合いがつけられていたのである。なお、御庄博実「失われた腕に」は、峠三吉『原爆詩集』などとともに、1951年8月にベルリンで開催された第3回世界青年学生平和祭に送られているが[36]、小野日記もこの平和祭に

32）御庄は自分自身が入市被爆者でもあった。

33）政令第325号違反の事案が占領軍の軍事裁判所で処理されるか、日本の裁判所で処理されるかの分かれ目がどこにあったのかは、よくわからない。軍事裁判所は即決で重い刑に処する傾向が強かったから、御庄が日本側の管轄となり不起訴になったのは幸運であったといえる。

34）前掲「「政令違反」とは何であったか」、18頁。

35）筆者による御庄博実氏インタビュー（2011年11月23日）。

言及している（本書93頁）。

　このほか、若き日の師岡佑行（1928-2006、小野とも親交のあった日本史研究者）が朝鮮人の同志とともに尼崎の工場街で反米反戦ビラを撒いて捕まり起訴された事例[37]など、紹介しておきたい事例は少なくないが、いまは先を急ぐこととしたい。

　ここで「50年分裂」後の共産党の状況を見ておくと、1951年2月には主流派により第4回全国協議会（四全協）が開催されて国際諸派を「分派」と規定する「分派主義者にかんする決議」が採択され、8月10日にはコミンフォルム機関紙『恒久平和と人民民主主義のために』にこの決議を支持する論評が掲載されてスターリンの主流派支持が明白になり、以後、国際諸派の主流派への合流が進んでいく[38]。さらに同年10月には第5回全国協議会（五全協）が開催されて、モスクワで起草された「日本共産党の当面の要求――新しい綱領」（いわゆる「51年綱領」）が採択されるとともに、「軍事」方針が決定された[39]。

　朝鮮戦争下の日本共産党というと、火炎瓶と結びつけられがちであるが、注意を要するのは、火炎瓶投擲を含むような過激な行動がとられたのは1952年の2月下旬から7月上旬にかけての5ヶ月程度[40]で、小野日記の時期とはほとんど重ならない、という点である。ここまで述べてきたように、1951年の段階で取り組まれていたのは、地道な合法的活動を別とすれば、非合法新聞や反米反戦ビラの印刷・配布であり、それでも大きな危険をともなっていたのであった。小野日記はそのような時期の資料として読まれる必要がある。

36）『新日本文学』1951年9月号、69頁。

37）詳しくは、師岡佑行「わたしの青春――一九五〇年代」（『差別とたたかう文化』第26号、2002年9月）参照。1951年10月21日に逮捕された師岡は、政令第325号違反で日本の裁判所に起訴されたが、最終的には免訴になった。

38）前掲『日本共産党五〇年問題資料集』第3巻、39-40頁、172-173頁。小野が日記で気にかけている椎野悦朗の自己批判（本解説註16参照）は、スターリンによる裁定が明らかにされる前後に主流派によってなされた自己批判のうちの一つである。

39）「軍事」方針自体は四全協で決定されているが、それが具体化されたのは五全協以降であるという理解にここでは立っている。

40）これは、日本が独立を回復して占領軍の圧力が消失し占領下の取締法令が実効性を失う前後から、破壊活動防止法が制定されるまでの時期にあたる。

4．講和条約発効・朝鮮戦争休戦から平和共存へ
―― 〈左翼の55年体制〉の成立

　実質的な米中戦争に発展した朝鮮戦争は、その後の東アジアと日本のあり方を強く規定した。先取りして述べておくなら、1953年7月には朝鮮戦争休戦協定、それとも連動して1954年7月にはインドシナ戦争休戦協定が結ばれることにより、朝鮮半島においては38度線、インドシナ半島においては17度線という分断線が固定化された。また朝鮮戦争勃発直後にアメリカが台湾防衛の意思を示したことにより、中国共産党が国共内戦の延長で台湾を統一することは難しくなり、台湾海峡をはさんだ対立も固定化された。

　1949年11月にアメリカ国務省が対日講和に言及して以降、日本では全面講和か単独講和かをめぐる論争が活発化していたが、朝鮮戦争を背景として早期の単独講和が目指され、1951年9月8日にはアメリカを中心とした国々とサンフランシスコ講和条約が調印され、同日午後には日米安全保障条約も調印された。沖縄はこれにより日本本土から切り離されてアメリカの施政権下に置かれ、東アジア冷戦最前線の島として米軍基地が集中することになる。なお、のちの自衛隊につながる警察予備隊が創設されたのも朝鮮戦争勃発直後のことであり、公職追放されていた旧軍人などが警察予備隊の要員確保とも関わって追放解除になるとともに、それと入れ換わるようにしてレッドパージが本格化した。このように、朝鮮戦争は、その後の東アジアと日本のあり方を強く規定したのである。

　前述した日本共産党の第5回全国協議会が開催されたのはサンフランシスコ講和条約調印翌月の10月のことで、そこで採択された「51年綱領」は、占領下の日本をアメリカによって植民地化されていると捉え、したがっていま必要なのは民族解放民主革命であるとしたうえで、その革命は平和的手段によっては達成されないとした。あわせて「軍事」方針が決定されたのはそのためである。現時点から振り返ると、いわゆる「32年テーゼ」（「日本における情勢と日本共産党の任務についてのテーゼ」、1932年）が満州事変を背景としてスターリンから与えられた反軍活動の指令であったのと同じように、「51年綱領」も朝鮮戦争を背景としてスターリンから与えられた後方攪乱の指令であった、と捉えることができるが[41]、

41）この点については、前掲註6『アジア冷戦史』90頁参照。

当時の当事者には額面通りに受け取られた。

　その結果「軍事」方針が具体化されたことの問題点は、次の 2 点に整理することができよう。一つ目は、講和条約が発効して日本が独立を回復するという重要な転換に際し、火炎瓶投擲を含む過激な行動に出て、人々の支持を失った点、二つ目は、地下に非公然の「軍事」組織が設けられ党組織が二重化して混乱が生じた点である。ただ、前述の通り、過激な行動がとられた時期はそれほど長くなく、1952年 7 月にはそのような行動を抑制する方向に舵が切られているから[42]、根が深かったのはむしろ二つ目の問題点のほうであっただろう。学生をはじめとする若い活動家が、非公然の「軍事」組織によって公然面の運動から引き抜かれ、山村工作を含む無理な運動に送り込まれて、学業を続けられなくなったり、健康を害したり、その後の人生に大きな影響を受けた例は、無数にあったはずである。そのような混乱のなかで、党活動自体が停滞していった。

　1952年 4 月28日のサンフランシスコ講和条約の発効は、小野にとっては、軍事裁判所によって下された有罪判決の失効を意味した。小野が出獄したのは同日夜のことである。以下、本書所収の本人の文章と重ならない範囲のことを記しておくと[43]、出獄後小野は居住細胞ではなく京大細胞 L 班（L は文学部のこと）に所属したが、当時同細胞にはほとんど誰も残っていなかったという。警察に逮捕されたり大学から処分を受けたりした者が多かったからだということであるが、小野の同級生の宮川裕行が同じく同級生の塩伸一（1929-2004。のちのペンネーム林茂夫）について、1951年秋以降のこととして、「塩は共産党主流派の指令に従って、どこかの山村に共産主義思想伝播のため潜入したものと思われ……それっきり卒業まで私は塩と会うことはなかった」[44]と記しているのなどを見ると、そのような事情で大学を離れた者も多かったのではないかと思われる。

---

42) 徳田球一「日本共産党三十周年記念に際して」（1952年 7 月15日付『アカハタ』復刊第12号所載）など参照。

43) 以下の叙述は、筆者を含む本書の関係者が行った小野信爾氏インタビュー（2017年 5 月 3 日）に基づく。

44) 宮川裕行「原爆展と被爆体験の聞き取り」、池田真規他編『無防備地域運動の源流——林茂夫が残したもの』日本評論社、2006年。塩（林）が平和運動と関わるようになったのは、綜合原爆展に関わり、被爆者の宮川らとともに『原爆体験記』の編纂を担当したことをきっかけとしてであった。同書所収の林茂夫「平和運動と私——青春そのものだった原爆展運動」参照。

そのようななか、小野は、一活動家として、メーデーや破防法反対の集会やデモに参加した。独立回復後初のメーデーには、東京でメーデー事件が起こっているが、京都でも祇園石段下でデモ隊と警官隊が衝突しており、小野もそこに居合わせている。6月7日の破防法反対集会後のデモでは、デモ隊に紛れ込んでいた私服警官が見つかって警察手帳と手錠、拳銃を奪われるという事件が起こるが、小野も私服警官がつるしあげられデモの隊列から歩道に押し出されるのを見たという。京大の学内では、破防法反対の学生ストライキの指導者を大学が処分したことに抗議して高橋和巳らが始めたハンストの現場責任者役をつとめ、学生側と教授会側との折衝にあたっている[45]。

小野は、曖昧な証言に基づく見込捜査により6月7日に奪われた警察手帳を隠匿しているという容疑で逮捕されたという経験を持つ[46]。警察は、出獄後小野は非公然「軍事」組織のミリタントになったと見ていたのではないかと思われるが、実際はそのようなことはなかった。また、同年6月26〜28日に京都で開催された全学連第5回大会[47]にも出席していないということなので、学生運動からも距離があったようである[48]。

デモ隊と警官隊の衝突が繰り返されるような騒然とした雰囲気は、前述した通り破防法の成立（1952年7月21日成立）あたりを境として収束していき、それとともに小野は学業に戻り、やがて日中友好協会の仕事を手伝うようになった。この時期の共産党のいわゆる総点検運動のなかで査問されるといったことも無かったようである。

---

45) このときのことは、小野信爾「破防法反対闘争のころ」（『吉川幸次郎全集』第21巻「月報」、筑摩書房、1975年）に詳しい。また、本書所収の小野信爾「日記のころ」の関係箇所（本書10頁）も参照されたい。

46) 1952年夏のことで、当然のことながら不起訴となった。本書175頁の脚註参照。

47) 全学連の中央執行委員会は、1952年3月の拡大中央委員会以来、主流派が握っており（委員長は京大の玉井仁）、京都で開催された第5回大会では、旧中執の学生戦線からの追放や反戦学同の解散が決議されるといったかたちで、国際派の排除がなされた。このときには、立命館大細胞の学生が反戦学同の同盟員を監禁して自己批判を強要するというリンチ事件も起こっている。この時期の学生戦線には「50年分裂」の影響はそのようなかたちで現れたといえる。

48) 小野は、1953年11月に京都で開催された学園復興会議にも参加しておらず、そのとき起こった荒神橋事件の現場にもいなかったという。

この時期の大きな出来事は、1954年秋の中国紅十字会会長李徳全を代表とする使節団の来日である。京都でも11月7日に円山音楽堂で大規模な歓迎集会が開催されており、小野も参加している。11月3日に中国紅十字会・日本赤十字社・日中友好協会のあいだで交わされた覚書[49]の内容からもわかるように、李徳全使節団の最も重要な課題は中国残留日本人の帰国問題について話し合うことであったと考えられるが、以下で説明する通り、同使節団は在日華僑との関係においても重要な任務を帯びていた。この文脈で最も重要な人物は、副団長で、当時華僑事務委員会副主任であり、その後長く日中関係において重要な役割を果たすことになる廖承志である。廖承志が東京在住華僑主催の歓迎夕食会（11月3日）および神戸在住華僑主催の歓迎大会（11月8日）において行ったあいさつは、華僑系夕刊紙『国際新聞』の11月14日号に掲載されたのち、『世界』（岩波書店）の2月号に転載されている[50]。

　本解説の文脈を踏まえて整理するなら、この廖承志のあいさつは、次の2点を目的としていたといえる。1点目は、北京の指導する国際共産主義運動の基調が革命の輸出から平和共存に転換したことを伝達すること、2点目は、それと連動して、運動の組織原理をコミンテルン時代以来の一国一党主義から転換することを指示すること、である。この年の6月に周恩来とネルーが共同で声明した平和五原則に「平和共存」とともに「相互内政不干渉」が含まれていることからもわかるように、平和共存と内政不干渉は相関的であったから、外国人共産主義者は居住国の党に入党してその指導下でその国の革命運動に献身することを原則とする一国一党主義は改められねばならなかったのである。この点は、左派の華僑運動のみならず[51]、左派の在日朝鮮人運動にも関わる。『世界』編集部が廖承志のあいさつを転載した理由を「在日朝鮮人にとつても大きな示唆を含んでいる」[52]からと説明しているのは、そのためである。

　李徳全使節団が来日した際には、非公然「軍事」組織により、李徳全防衛闘争への大動員が行われた[53]。小野も、李徳全を守るために何メートルかおきに道

49）前掲註8『戦後資料 日中関係』33-34頁参照。

50）「華僑問題について――廖承志氏の二つのあいさつ」、『世界』第110号、岩波書店、1955年2月。

51）この時期に日本共産党を離脱した華僑党員の例としては、大類善啓『ある華僑の戦後日中関係史――日中交流のはざまに生きた韓慶愈』（明石書店、2014年）参照。

路に並ばされたという記憶を持つが、それも李徳全防衛闘争の一環だったのであろう。しかし、当の使節団は平和共存路線への転換を伝達しに来ているのであるから、非公然「軍事」組織による動員は、これが最後になった。

日本共産党は、1955年7月開催の第6回全国協議会（六全協）で、「軍事」路線を放棄するとともに、一応の党の統一を回復する。左派在日朝鮮人運動の中核的な大衆団体在日朝鮮統一民主戦線（民戦。1951年1月結成）は、朝鮮人党員を通じて日本共産党と関係が深かったが、朝鮮人党員の日本共産党離脱を前提として、1955年5月には在日本朝鮮人総連合会（総連）に再編されて、祖国（共和国）の党の指導のもとへと結集することになる。このようにして、平和共存・内政不干渉（＝祖国の党の指導のもとへの結集）を原則とする、〈左翼の55年体制〉が成立することになった。

小野は、六全協に先立つ時期、1955年の前半に、説得されて党の専従になり、宮津の共産党支持者宅のはなれに下宿して『アカハタ』の配布を行っているが、半年ほどで体を壊して大学院に復帰したという。その後のことについては、本書所収の本人の文章（「日記のころ」）を参照されたい。

おわりに

〈左翼の55年体制〉のもとでは、朝鮮戦争期の運動は、のちに「極左冒険主義」と総括されることになる運動方針の面でも、日本共産党の指導下で日本人と朝鮮人が共闘していたという組織原理の面でも、北京から日本の運動が指導されたという指導のあり方の面でも、誤りがあったとされて、その記憶は封印されて

---

52) 前掲「華僑問題について」に付された編集部による解説参照。なお、朝鮮民主主義人民共和国外相南日による、在日朝鮮人を「共和国公民」と規定してその権利の保障を日本政府に求める声明（いわゆる「南日声明」、1954年8月30日、『解放新聞』1954年8月31日号外所載、朴慶植編『朝鮮問題資料叢書』補巻「解放後の在日朝鮮人運動」（Ⅲ）、アジア問題研究所、1984年、597頁参照）も、のちに廖承志が日本で行った演説と同じく、東アジアにおける国際共産主義運動の組織原理の変更を伝達する役割を果たし、後述する民戦から総連への路線転換の重要な前提となった。

53) 李徳全防衛闘争が「結局漫画みたいなことになった」さまについては、杉本昭典『時代に抗する——ある「活動者」の戦後期』（航思社、2014年）84-87頁および同書の黒川伊織による解説参照。

きた。朝鮮戦争期の運動史の捉えなおしが本格的に始まったのは、冷戦構造が解体したのちの1990年代以後のことであり、この解説もその成果を踏まえている。

　小野日記を読むというのは、封印されてきた朝鮮戦争期の運動の記憶の、その封印を解いて、朝鮮戦争下の激動の時代を生きた一青年の観点から、当時の日本と東アジアを想像しなおす作業にほかならない。小野日記も当時の左派の運動のイデオロギー的バイアスから自由でないことは本解説中で述べた通りであるが、そもそもそのようなイデオロギー的バイアスは国際関係のどのような構造的負荷がかかるなかで生まれてきたものであったのかを理解しておくのは必要なことであるし、そのうえで、小野をはじめとする当時の青年たちは何をもとめてどう行動しその結果どのような経験をすることになったのかを見ていけば、戦後日本の被占領体験、ひいては朝鮮戦争期東アジアの歴史経験に、新しい光を当てる手がかりとなるだろう。この解説が読者をそのような読みに導く補助線となることを願って、筆を擱くこととしたい。

『京大反戦平和詩集』第3号

『京大反戦平和詩集』は、朝鮮戦争勃発（1950年6月25日）の直後に創刊された。冒頭に置かれた「反戦平和詩出版にあたって」（豊田善次執筆）には、「戦争が詩人たちの上に重苦しくのしかかりはじめたとき、詩人の良心は戦争への抵抗をうたわずにはおれないだらう」とある。第3号には、小野信爾の救援運動が高まるなかで開催された学生大会で読み上げられた「小野君に」という詩が載っている（本書24頁参照）。この詩を書いたあかし・ごろうは学生大会の議長をつとめた小畑哲雄。

第3号表紙と2-3頁所載の「小野君に」。県立神奈川近代文学館所蔵（野間宏旧蔵）。京大反戦平和詩グループ・京大文学サークル・京都大学同学会発行。奥付なし。同号所載の「反戦平和詩第三輯刊行にあたって」の日付は1951年6月29日。なお、野間宏も選者の1人をつとめた東京都学生文学懇談会・学園評論編集部編『日本学生詩集——ささやくように』（理論社、1953年）には、島陽二（寺島洋一）「天皇列車」をはじめ、『京大反戦平和詩集』から数編の作品が採録されている。

もうひとつの軍事法廷

「占領目的に有害な行為」で裁かれた政治犯たち

小野 潤子

　なぜ、日記筆者はたかが数枚の反戦ビラを撒いたくらいで軍事裁判にかけられ、「重労働3年罰金＄1000」という重い判決を下されたのだろうか？

　日記筆者を裁いたのは軍事占領裁判所である。占領期を通じ、占領軍の安全を脅かし占領目的に有害な民間人の「行為」を処断するため存続した。戦後、A級戦犯を裁いたいわゆる東京裁判（極東国際軍事裁判）やBC級戦犯を裁いた国際軍事法廷があったことはよく知られている。だが、民間人を裁いた軍事裁判所が日本各地にあり、「軍裁送りになれば沖縄で重労働に就かされる」[1]と巷間恐れられたことは今日ほとんど知られていない。逮捕起訴の主たる根拠となったのは「連合国占領軍の占領目的に有害な行為に対する処罰等に関する勅令」（昭和20年勅令第311号）及び「占領目的阻害行為処罰令」（昭和25年政令第325号）である。両令は、朝鮮半島の分断独立が決定的となった1948年以降、団体等規正令等ととも

1）これはGHQの常套的な脅迫文句だった。広島では社会運動家であり作家であった山代巴、詩人栗原貞子の夫唯一がGHQから呼び出され同様の警告を受けた。原爆の惨禍を伝えることが占領政策違反と見なされた（牧原憲夫『山代巴 模索の軌跡』而立書房、2015年、113、172頁）。滋賀県の西田清は、1951年9月に反戦ビラをまいてCIC（対敵諜報部隊）で取り調べを受けた際、スパイになる提案を拒否し同様の脅迫を受けたという（2017年2月23日、宇野田尚哉・小野潤子・西川祐子によるインタビュー）。

266 第Ⅱ部 解説編

に治安法として活用され、朝鮮戦争勃発後は取締対象を反戦運動や反米的言動まで拡大、のち「政令違反」といえば政令第325号違反を指すほど多くの政治犯を生み出した。

だが、その実態はいまだ解明されていない。軍事占領裁判所や占領目的阻害行為処罰令についての論考は当時の司法関係者によるものが大部分で[2]、占領期研究や在日朝鮮人史研究でも特定の事件や時期のみがとりあげられてきた[3]。占領と並行して書かれた GHQ の公式記録『GHQ 日本占領史』が、軍事占領裁判所について詳述を避けるのは不自然なほどである[4]。

ここでは、当時の新聞記事を中心に、官憲、弁護にあたった自由法曹団弁護士、救援会、被害者たちの回想手記などの資料から、占領期、民間人を裁いた

2）代表的なものとして最高裁判所事務局刑事部編「わが国における連合国占領軍の軍事占領裁判所について」『刑事裁判資料第 7 号（渉外編）』最高裁判所事務局刑事部、1948年、103-145頁)、松元秀之「「占領軍裁判所」について」（『警察研究』21（1)、1950年、52-66頁)、神谷尚男「勅令第311号について」（『警察研究』21（9)、1950年、32-46頁)。弁護士側では自由法曹団編『自由法曹団物語：戦後編』（日本評論社、1976年、44-52、90-126頁)、上田誠吉『裁判と民主主義』（大月書店、1979年、132-141、168-187頁)、『労働法律旬報』No.107（1952年）、No.136（1953年）の政令325号事件特集などがある。

3）先駆的研究として、佃実夫「占領下の軍事裁判」（思想の科学研究会編『共同研究日本占領』徳間書店、1972年、347-381頁)、田村紀雄「もうひとつの言論の壊滅――朝鮮戦争下の狂騒と沈黙」（同前、186-205頁）がある。プレスコード違反事件については山本武利『占領期メディア分析』（法政大学出版局、1996年、385-489頁)、在日朝鮮人の事件については金太基『戦後日本政治と在日朝鮮人問題――SCAP の対在日朝鮮人政策　1945～1952年』（勁草書房、1997年、311-319、380-423、483-490頁)、占領期の治安政策については荻野富士夫『戦後治安体制の確立』（岩波書店、1999年、32-171頁)、川島高峰編集・解説『米軍占領下の反戦平和運動――朝鮮戦争勃発前後』（現代史出版、2000年）も参考となる。出口雄一『戦後法制改革と占領管理体制』（慶應義塾大学出版会、2017年、255-280、349-471頁）は GHQ 資料を駆使して占領軍事裁判所の設立過程と勅令第311号の成立過程等を詳細に解明した。

4）原題は "History of the Non-Military Activities of the Occupation of Japan, 1945-1951, Volumes 1-55"。米国陸軍省による軍事史編纂事業の一環として GHQ 内の統計資料局、民間資料局が編纂にあたった。竹前栄治・中村隆英監修の全52巻（日本図書センター、1996～2000年）のうち、軍事占領裁判所については第 2 巻『占領管理の体制』（高野和基解説・訳）105-108頁、占領目的違反事件等については第16巻『外国人の取り扱い』（松本邦彦解説・訳）82-84、99-108、119-128頁に比較的まとまった記述があるが、二つを合わせ30頁に満たず、BC 級戦犯裁判が一巻を成すのと対照的である。

もうひとつの軍事法廷——「占領目的に有害な行為」で裁かれた政治犯たち　**267**

「もうひとつの軍事法廷」の実態がいかなるものだったか、「占領目的に有害な行為」が朝鮮半島情勢とともにいかに拡大解釈され多くの政治犯を生み出したか、その全体像を明らかにする。第1節で軍事占領裁判所と勅令第311号、政令第325号の概略を説明し、第2節から第5節で時期別にどんな事件で人びとが裁かれたかを、第6節では講和条約発効後も継続した占領目的違反裁判の結末を追う。なお便宜上、北朝鮮・南朝鮮という語句を使う。

1．軍事占領裁判所と占領目的阻害行為処罰令

（1）マッカーサー三布告と軍事占領裁判所（Military Occupation Courts）

　1945年9月2日、降伏文書調印後、マッカーサーは連合国最高司令官アメリカ合衆国陸軍元帥名で日本に軍政をしくことを宣布する三布告を提示した。布告第二号「犯罪および罪科」は、占領軍の安全をおびやかす者、占領軍の布告や命令にそむく者、公共の安寧秩序を乱す者すべてを軍事占領裁判所で裁き、死刑を含む刑罰に処すと宣布するものだった[5]。日本側の要請で軍政布告は中止されたが、1946年2月19日、マッカーサーは「軍事占領裁判所設置に関する件」[6]という作戦命令を出し各軍政府に「常設」の占領軍事法廷の設置を命じた[7]。最終的には全国約30ヶ所の軍事占領裁判所が開設された[8]（表1参照）。裁判は犯罪の軽重により、軍事委員会（Military Commissions 懲役10年以上罰金5000\$以上）、一般憲兵裁判所（General Provost Courts 懲役10年以下罰金5000\$以下）、特別憲兵裁判所（Special Provost Courts 懲役1年以下罰金1500\$以下）の三段階があった[9]。軍事委員

5）江藤淳『占領史録1　降伏文書調印経緯』講談社、1981年、262-276頁。
6）註2、最高裁判所事務局刑事部編、116-121頁。
7）『読売新聞』1946年2月20日付朝刊。なお軍事占領裁判所の構想と設立までの経緯は註3、出口（351-385頁）に詳しい。
8）註2、最高裁判所事務局刑事部編、110頁。但し、沖縄の軍事占領裁判所は含まれていない。
9）ただし裁判所の構成及び科料は変遷した。特別憲兵裁判所は1948年3月に発足した（前掲註4『外国人の取り扱い』106頁）。この頃の科料は註2、最高裁判所事務局刑事部編、112-115頁にある。1950年10月18日に改定された軍事占領裁判所の全規定を英語原文と対照して読めるのは最高裁判所事務総局渉外課編『渉外資料 第10号　裁判権の拡張』（最高裁判所事務局渉外課、1951年）97-120頁。科料は本文と同じである。前者も後者も軍事委員会は科料の目安はあっても制限はない。

268　第Ⅱ部　解説編

表1　1946年4月22日までに設立された軍事占領裁判所（憲兵裁判所）所在地

	都道府県	所在地	場所	設立日	備考
1	北海道	札幌	11th AB Hq	1946.3.30	
2		小樽	M.P. Hq.	1946.3.30	
3	岩手県	盛岡	Hq 511 Para Inf.	1946.3.30	
4	山形県	山形	Hq 472 Glider FA	1946.3.30	
5	宮城県	仙台	East of Town in Hq 188 Glider Inf.	1946.3.30	
6	〃	〃	Sendai at Corps. Hq	1946.3.30	宮城福島県とあり
7	新潟県	新潟		1946.4.4	場所記載なし
8	栃木県	宇都宮		1946.3.25	〃
9	茨城県	水戸		1946.3.30	〃
10	群馬県	前橋		1946.3.25	〃
11	埼玉県	浦和		1946.3.25	〃
12	千葉県	千葉		1946.3.25	〃
13	東京都		Hq 32 Mil Govt Co. American Club Bldg	1946.3.19	
14	〃		Ueno Police Station	1946.3.25	
15	〃		Camp Drake	1946.3.25	
16	神奈川県	横浜		1946.3.18	場所記載なし
17	山梨県	甲府		1946.3.25	〃
18	長野県	長野		1946.3.25	〃
19	京都府	京都	Hq I Corps, Kaikan Building	1946.3.18	
20	大阪府	大阪	Gosho Building	1946.4.4	
21	兵庫県	神戸	Dowaa Building	1946.4.10	
22	〃	姫路		1946.3.30	場所記載なし
23	岡山県	岡山		1946.3.30	〃
24	高知県	高知		1946.3.30	〃

国立国会図書館憲政資料室所蔵日本占領関係資料「List of Provost Courts. 22 April 1946」（請求記号：LS 24288）より作成。

本解説註16、朝鮮大学校所蔵布施辰治関係資料（中国人受刑者救援調査票）によれば、青森県八戸市・埼玉県朝霞市・広島県呉市・大分県別府市・福岡県小倉市・熊本県熊本市にも裁判所があったことが分かる。同註2、最高裁判所事務局刑事部編、110頁によると横須賀にも憲兵裁判所が設置され、国内に約30の憲兵裁判所が常設されているとある。裁判所所在地は変遷があったようである。例えば大阪では、遅くとも1949年には中之島の江商ビルから旧東区伏見町4丁目（建物名不明）に移転した。

会、一般憲兵裁判所は 3 人以上の裁判官で構成され、連合国人[10]を裁く場合のみ、1 人は同一国籍でなければならなかった。特別憲兵裁判所は最小限 1 人の裁判官で構成された。被告には官選弁護人と通訳がつけられた。検事から裁判官、弁護人、通訳にいたるまでほぼ軍人で構成され、審理はすべて英語で行われた。私選弁護士も依頼できたが、通訳を介しての短く一方的な審理に満足な弁護はできなかった[11]。労農救援会『救援新聞』「軍事裁判についての心構え」によると、公開裁判は通常一度きりで、再審は書面審査のみ、控訴は認められず、取り調べの供述書が証拠とされることがあると注意を喚起している[12]。軍事占領裁判所の手続きが簡便で上訴ができないのは、裁判が司法権にもとづくのではなく、軍政下の行政権にもとづくためである[13]。

（2）軍事占領裁判による受刑者数の推移

軍事占領裁判所設置命令とともに「刑事裁判権行使に関する覚書」[14]が日本側に示され、日本の裁判権行使の人的排除と物的排除が定められた。日本人及び非連合国人の場合は、占領軍の安全や利益を害する行為、占領目的に反する特定行為について、日本の裁判所の管轄権を排除した。つまり軍事占領裁判所が裁判権を行使することとなった。連合国人の場合は、日本の裁判管轄権行使を認めなかったため、占領軍と関わりがない刑事事件であってもすべて軍事占領裁判所で

---

10) ここでいう「連合国人」は、連合国軍軍人、連合国軍に所属し又は随伴する者で軍務にある者、公務に従事する者、以上の者に随伴する近親者及び被扶養者をのぞく。以下拙稿中の「連合国人」も同じ。

11) 審理が短く一方的であったことは、自由法曹団弁護士だけではなく、日記筆者以外の政治犯手記等にもある。大西兼治「軍事裁判」（『文藝春秋』No.93、1965年、254-263頁）、井津元久美夫『私の中の朝鮮人学校教育事件』（総合企画舎ウイル、2009年、52-54頁）、金日花「わたしの「心の勲章」」（小熊英二・姜尚中『在日一世の記憶』集英社、2008年、628頁）、浅井茂人『占領下の弾圧事件——現存するただ一つの知られざる軍事裁判記録』（日本国民救援会石川県本部、1993年、19-24頁）など。裁判前の取り調べすらろくに行われなかったことは、筆者らがインタビューした西田清・正木通夫・加藤敦美らの証言とも一致する。

12) 『救援新聞』No.35（1948年12月1日号）法政大学大原社会問題研究所所蔵。以下の註の『救援新聞』はすべて同所所蔵。

13) 註 2、松元、66頁。

14) SCAPIN756。『日本管理法令研究』1巻8号45-48頁。

270 第Ⅱ部 解説編

裁くこととなった。

　はたして毎年どれくらいの民間人が裁かれたのだろうか。『GHQ日本占領史』は「日本の裁判所に裁判管轄権を幅広く付与していった結果、軍事裁判所の扱った事件は1948年には16700件であったものが、1949年8月20日までには1700件まで減少した」[15]と記すのみである。司法省や法務府発行の『行刑統計年報』から、1947年以降、毎年、軍事占領裁判所で実刑判決を受け日本の刑務所に服役した新規受刑者の人数や「種族」（原本表記ママ）が分かる。

表 2 - 1　軍事占領裁判所による新受刑者数の推移

	1947	1948	1949	1950	1951	1952	計
男	5985	1161	791	1029	342	12	9320
女	538	399	413	159	17	0	1626
計	6523	1560	1204	1188	359	12	10946

表 2 - 2　上記新受刑者の「種族別」人数の推移

	1947	1948	1949	1950	1951	1952
内地人	6081	—	1166	838	282	—
朝鮮人	394	—	34	124	65	—
中華民国人	34	—	1	223	10	—
その他の外国人	2	—	2	3	2	—
計	6511	1560	1203	1188	359	12

司法省・法務庁・法務府発行の『行刑統計年報』より。1948、52年は『行刑統計年報』に「種族別」データがない。47、49年は種族別総数が新受刑者総数と一致しない。

　朝鮮戦争が勃発した1950年、男性受刑者が前年比30％増え、朝鮮人の割合が高まっている。同年、中華民国人が激増しているのは、連合国人の裁判管轄権を日本に与え、それまで巣鴨プリズンに収監されていた囚人を日本の刑務所に移管したためと思われる[16]。数字には、死刑、無罪、罰金刑、執行猶予つき保釈、逮捕前あるいは仮釈放中に逃亡、判決後ただちに強制送還された等の人数は含まれない。統計のない1945年、46年も含めると、講和条約発効までに民間人で軍事裁判を受けた者は数万人になるだろう。軍事裁判による新受刑者は、1947年以来一見減少している。このからくりは『GHQ日本占領史』がいう「日本の裁判所に

----

15) 註4『占領管理の体制』107頁。

裁判管轄権を幅広く付与していった結果」である。

（3）勅令第311号と政令第325号──日本の裁判所、軍事占領裁判所の「下請け」に

　前述の「刑事裁判権行使に関する覚書」を法令化したのが、勅令第311号（1946年6月12日公布7月15日施行）である。第一条で、日本の裁判所の管轄を排除し軍事裁判で裁く行為を規定した。連合国軍要員の安全に有害な行為、暴行や殺人という直接的行為だけでなく、連合軍に捜索されている人の逮捕を妨げ逃亡を助ける行為、情報提供を拒絶し口頭または文書で虚偽または誤解を招くよう申述する行為、連合国最高司令官により解散され非合法と宣言された団体のためにしこれを支援する行為、有害行為を共謀、教唆、幇助する行為など、間接的行為までを軍事占領裁判所の管轄とした。第二条で、前条以外の「占領目的に有害な行為」は日本の裁判所が公訴を行わなければならず（強制起訴）、軍事占領裁判所に移管された場合のみ公訴を取り消すことができるとした。「占領目的に有害な行為」については、「連合国最高司令官の日本帝国政府に対する指令の趣旨に反する行為、その指令を施行するために連合国占領軍の軍、軍団又は師団の各司令官の発する命令の趣旨に反する行為及びその指令を履行するために日本帝国政府の発する法令に違反する行為」と定義した[17]。勅令第311号は、連合国最高司令官の指令がいかなるものであっても、それに反すると見なせば日本側で必ず処罰せよというポツダム命令[18]であり、天皇勅令であった（次頁の写真参照）。

　勅令第311号が施行された頃、日本ではまだ占領当局と共産党の軋轢は生じて

---

16)　1950年10月18日に出されたSCAPIN2127「民事及び刑事裁判権の行使」による。朝鮮大学校所蔵「布施辰治関係資料」にある中国人受刑者164名から窮状を訴える請願書によると、この指令により全員の身柄が巣鴨プリズンから横浜刑務所横須賀支所に移管されたという（マイクロフィルムR-0022「中国人受刑者救援調査票/横須賀蘇正泰の手紙」）。なお、1950年以前にも若干の中華民国人受刑者がいるが、これは1947年2月から始まった中華民国の国籍登録をしなかった者と思われる。国籍登録をしなかった者は非連合国人として扱われた。

17)　司法省刑事局経済課編纂『日本占領法令集』第3巻、日本図書センター、1995年、32-34頁

18)　いわゆる「ポツダム命令」とは、1945年9月20日に公布即日発効した緊急勅令第542号「ポツダム宣言の受諾に伴い発する命令に関する件」に基づき発せられた一連の勅令および政令をいう。占領下、この勅令第542号に基づき、連合国最高司令官の要求事項について政府は国会承認などの立法手続きなしに命令をだし罰則を定めた。その中には新憲法と矛盾し基本的人権を侵害するものも多くあったが、占領軍の指令が最優先された。

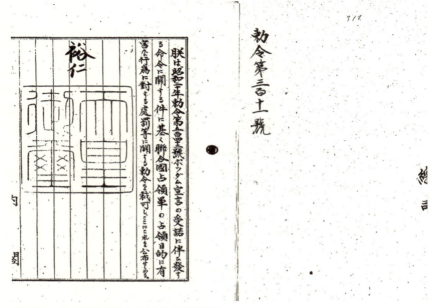

勅令第311号の御署名原本（国立公文書館所蔵）

いなかった。しかし、南朝鮮では米軍軍政への不満が高まり、統一朝鮮の独立をめぐり、1946年1月に朝鮮共産党など左派が信託統治案[19]賛成に転じ、反対の右派を支援していた米軍政府との軋轢が高まっていた。米軍政府は左派統制をねらい2月に政党登録制を実施、5月には精版社偽札事件を発表して朝鮮共産党および左派政党の本格的な弾圧にのりだしていた。日本でも、高揚する労働組合運動や生活擁護運動の中で共産党の影響力が増大していた。軍事裁判で裁く行為を前述のような間接的行為まで拡大したのは、戦犯の捜索も残されていたとはいえ、高揚する左翼運動の弾圧を視野に入れていたのではないか[20]。

---

19) 1945年12月27日モスクワ三国外相会議で採択されたモスクワ協定により、朝鮮を最大5年間米英ソの信託統治下におき、民主主義政府樹立を協議する米ソ共同委員会を設置することが定められた。協定発表後、南朝鮮では即時独立をもとめ左右を問わず激しい反対運動がおこった。

20) 勅令第311号は米国及びマッカーサーの反共主義に基づき、その指示により制定されたという（註3、荻野、32-37頁）。

もうひとつの軍事法廷——「占領目的に有害な行為」で裁かれた政治犯たち　**273**

　日本の裁判所が軍事占領裁判所の一部「下請け」をするようになった結果、軍事占領裁判所の扱う事件は徐々に減少し、全国約30ヶ所にあった裁判所は、1950年には大都市10ヶ所まで縮小された[21]。ところが朝鮮戦争が勃発し、反戦・反米運動が高まり、軍事裁判が急増した。そこで勅令第311号を改正し、1950年10月31日に公布、翌日施行したのが、政令第325号「占領目的阻害行為処罰令」である（次頁参照）。政令第325号は罰金の金額を大幅に引き上げた以外、実質的内容は勅令第311号と変わらない。だが、勅令第311号では第二条であった「占領目的に有害な行為」の定義を第一条に持ってくるなど、日本の裁判管轄をより強調した条文構成となった。事実、政令第325号施行以来、占領目的違反事件の大部分が日本の裁判所で裁かれるようになった。1951年10月11日には、日本の裁判管轄を制限する第三条第1項の文言が削除された。『刑事統計年報』および『検察庁統計年報』によれば、勅令第311号および政令第325号違反で受理された人数は表3の通りである。

表3　勅令第311号および政令第325号違反の検察受理人数

	1946. 7. 15〜	1947	1948	1949	1950	1951	1952	合計
勅令第311号	318	1621	2771	1192	3310	789	174	10175
政令第325号	—	—	—	—	197	4583	1619	6399
合計	318	1621	2771	1192	3507	5372	1793	16574

『刑事統計年報』第76号および『検察庁統計年報』第78号の「罪名別被疑者の処理状況」による。

　朝鮮が南北分断国家となった1948年にひとつの山があり、翌年減少に転じるも朝鮮戦争が勃発した1950年、51年と激増する。1952年は5月7日で政令が失効したのを考慮すれば、月割ペースは1950年を凌駕する。表2で軍事裁判による新受刑者が1951年に激減するのとは対照的である。

　「占領目的に有害な行為」について、日本の検察官は事前に現地軍政部に連絡し起訴か不起訴か指示を仰いでその意向に沿って処理し、毎月裁判記録を現地軍政部を経て本司令部に提出しなければならなかった[22]。自由法曹団弁護士によ

21）註4『占領管理の体制』106頁。
22）同前、107頁。占領軍法務官室が報告をもとに裁判を軍事裁判か日本の裁判かに振り分け、かつ日本の裁判内容も吟味した。

政令第325号「占領目的阻害行為処罰令」（昭和25年10月31日付官報による）

占領目的阻害行為処罰令をここに公布する。

御名 御璽

昭和二十五年十月三十一日
内閣総理大臣　吉田　茂

政令第三百二十五号
占領目的阻害行為処罰令
　内閣は、ポツダム宣言の受諾に伴い発する命令に関する件（昭和二十年勅令第五百四十二号）に基き、昭和二十年勅令第五百四十二号ポツダム宣言の受諾に伴い発する命令に関する件に基く連合国占領軍の占領目的に有害な行為に対する処罰等に関する勅令（昭和二十一年勅令第三百十一号）を改正するこの政令を制定する。
（定義）
第一条　この政令において「占領目的に有害な行為」とは、連合国最高司令官の日本国政府に対する指令の趣旨に反する行為、その指令を施行するために連合国占領軍の軍、軍団又は師団の各司令官の発する命令の趣旨に反する行為及びその指令を履行するために日本国政府の発する法令に違反する行為をいう。
（処罰）
第二条　占領目的に有害な行為をした者は、十年以下の懲役若しくは二十万円以下の罰金又は拘留若しくは科料に処する。
2　前項の者には、情状により、懲役及び罰金を併科することができる。
3　前二項の規定は、連合国最高司令官の指令又はその指令を履行するために日本国政府の発する法令に特別の定がある場合には、適用しない。
（公訴の特例）
第三条　連合国人に対する刑事事件等特別措置例（昭和二十五年政令第三百二十四号）第一条第二号から第七号までの各号に規定する行為を除く外、占領目的に有害な行為からなる罪に係る事件については、公訴は、行わなければならない。
2　前項の事件についての公訴は、その事件の裁判管轄が連合国軍事占領裁判所に移された場合においては、刑事訴訟法（昭和二十三年法律第百三十一号）第二百五十七条の規定にかかわらず、いつでも、取り消すことができる。
3　前項の場合を除く外、第一項の事件については、公訴は、取り消すことができない。
附　則
1　この政令は、昭和二十五年十一月一日から施行する。
2　昭和二十年勅令第五百四十二号ポツダム宣言の受諾に伴い発する命令に関する件に基く刑事裁判権等の特例に関する勅令（昭和二十一年勅令第二百七十四号）は、廃止する。
3　この政令の施行前にした行為に対する罰則の適用については、なお従前の例による。
法　務　総　裁　　大橋　武夫
内閣総理大臣　　吉田　　茂

※1951年10月11日政令第330号による改正前の条文である。なお、この政令は、「ポツダム宣言の受諾に伴い発する命令に関する件に基く法務府関係諸命令の措置に関する法律」（昭和27年法律第137号）により、1952年5月7日をもって廃止された。

もうひとつの軍事法廷——「占領目的に有害な行為」で裁かれた政治犯たち　**275**

れば、日本の裁判所において占領軍指令を解釈する権限はなく、立証抜きの検察官の主張を鵜呑みにした判決が下されるため弁護が成り立たず、むしろ時として軍事占領裁判所の方がわずかな余裕があったという[23]。占領軍の指示があれば公訴を取消し軍事裁判所に回付したこと[24]、控訴をほとんど棄却したことを思えば、「占領目的に有害な行為」を裁く法廷は、日本の裁判所であっても、実質的には軍事占領裁判所の「下請け」であった。

　なお勅令第311号も政令第325号も、科料に制限があり、制限以上の求刑をする場合は適用されず、被告はその都度開かれる軍事委員会で裁かれた[25]。

　以下時期別に「占領目的阻害行為」事件の具体例を見ていこう。

2．占領初期（1946〜47）の軍事裁判

（1）勅令第311号施行（1946. 7. 15）以前

　1946年初頭から民間人の軍事裁判報道が散見される。札幌では基地内に窃盗に入り歩哨兵1人を殺した少年達が軍事委員会にかけられ、1人が絞首刑、2人が重労働30年の判決を受けた[26]。軍事占領裁判所の正式発足以前の軍事裁判は、マッカーサー布告第二号が実質的に適用された形である[27]。東京都内では武器携帯により軍事裁判にかけられる者があまりにも多いため警視庁が取締りにのりだした[28]。「煙草を買っても軍事裁判」という記事は、占領軍兵士から煙草缶詰その他の物品を譲り受けたり盗んだりする行為はすべて軍事裁判で裁かれると司

23）註2、上田、138-139頁、註2、自由法曹団、102-103、109、113-114頁など。

24）1951年4月5日、選挙応援中の東大生16人が政令第325号違反で逮捕、東京地裁における公判が紛糾した後、軍事裁判に回付された飯田橋事件はその典型である。事件とその経過は東大学生救援会編『吾が友に告げん——軍裁に問われた東大十六学生の記録』（東京大学学生救援会、1951年）に詳しい。

25）註2、最高裁判所事務局刑事部編、110頁。なお、阪神教育事件の神戸のA級裁判を占領後初めてで唯一の軍事委員会裁判とする見解があるが、暴行殺人放火を含め、憲兵裁判所で裁ける科料以上の求刑をする場合はすべて軍事委員会裁判で裁かれた。

26）『読売新聞』1946年1月14日付朝刊。同1月24日付朝刊。

27）但し、米軍が占領地域に軍事委員会および憲兵裁判所を設置するのは陸軍省のマニュアル第38条で定められていた（註3、出口、380頁）。マッカーサーの布告第2号もこのマニュアルに則したものである。米軍政下の南朝鮮でも軍事委員会および憲兵裁判所が設置された。

28）『読売新聞』1946年4月13日付朝刊。

法省が注意を喚起する内容である[29]。初期の軍事裁判の大部分が、これら武器携行所持と占領軍物資を収受・所持・売買する行為だったと推測される[30]。

民間人に対する軍事裁判として最初に注目を集めたのは、1946年4月28日、東京蒲田の自警団による米兵暴行事件である[31]。「戦争法規律違反」と「進駐軍の安全を妨害した」という罪状で、副町内会長に終身刑、年輩の町内会員3名に重労働20年という厳刑判決が下された。「この種の犯罪は一般市民といえどもすべて戦争犯罪として厳罰にすべき」という検察の主張は、占領期が準戦時下である実態を明らかにする。米兵による強姦や強盗が多発していた蒲田では、同月中旬にも同様の事件で町内会長が軍事裁判にかけられ重労働3年の判決を受けていた。蒲田事件は集団行為において指導的地位の人間を重罪に問うた最初の例だろう。

（2）勅令第311号施行直後

1946年5月19日、深刻な食糧不足のなか開催された食糧メーデーで、政府の無策ぶりが批判されると、保守系議員たちはその責任を「戦勝国民のごとく」振る舞う在日台湾人・朝鮮人の闇商売に転嫁する言説を繰り返していた。それと呼応するかのように、勅令第311号施行直後、大々的に報道された軍事裁判は在日台湾人・朝鮮人の事件であった。政府は両事件を格好の口実に占領当局に「第三国人」に対する取締強化や強制送還の権利を求めていった[32]。

〈渋谷事件〉

1946年7月19日、闇市で日本人ヤクザと衝突していた台僑の一団が渋谷署前を通りかかった時、銃撃戦がおこり日本人警官1名と台湾人7名が死亡、34名の重軽傷者がでた。殺人の容疑者不詳のまま41名の台湾人が逮捕された。当時、台湾人の法的地位は日本人に準じていたため、事件は国内法で対処されるはずであった[33]。だが、一週間後に占領軍が検挙者の身柄を引きとり「占領目的違反」事

---

29)『朝日新聞』1946年3月9日付朝刊。

30) そのためか、武器の携行所持については1946年6月15日施行の勅令第300号（銃砲等所持禁止令）により日本に裁判管轄権が移譲された。占領軍物資の収受・所持・売買については1947年8月25日施行の政令第165号「連合国占領軍、その将兵又は連合国占領軍に附属し若しくは随伴する者の財産の収受及び所持の禁止に関する政令」により勅令第311号から分離されて日本に裁判管轄権がほぼ移譲された。

31) 事件については、註3、佃（347-349頁）に詳しい。

32) 註3、金太基、272-285頁。

もうひとつの軍事法廷——「占領目的に有害な行為」で裁かれた政治犯たち　**277**

件として軍事委員会にかけることとなった[34]。全員に懲役25年が求刑されたが、12月10日、2名に無罪、39名に2年から3年の禁錮刑と刑期終了後の本国送還の判決が下された[35]。

〈朝鮮人官邸デモ事件〉

1946年12月20日、在日本朝鮮人連盟（以下朝連）主催の全国生活擁護人民大会が皇居前で開かれ、1万人の参加者が首相官邸へとデモ行進を行った。代表委員10名が中に入り請願書を手渡している間に、警察とデモ隊の小競り合いが起き、双方が官邸広場へなだれこみ玄関のガラス数枚が割れた。「住居不法侵入と大衆の威を借りた暴力行為」で逮捕されたのは、その場にいなかった代表委員10名だった。26日占領軍が「占領目的に有害な行為」として起訴、即日全員に重労働5年と罰金7万5千円が言い渡された。のち重労働1年と罰金免除に減刑されたものの、朝連傘下の在日朝鮮人団体や日本の労農運動団体、南朝鮮の革新系団体にまで非難の声が高まると、翌年3月、占領当局は刑期終了を待たずに全員を南朝鮮に強制送還した[36]。

両事件は占領軍と直接関わりがなく、日本の国内法で対処すべきものを占領軍がひきとり、「占領目的違反」で軍事裁判にかけたものである。『GHQ日本占領史』は「渋谷事件の迅速な軍事裁判は、日本警察に義務を正しく遂行する際は連合国司令官の支持を得られるという勇気を与え、その後の闇市の治安維持に効果があった」と評価する[37]。朝鮮人官邸デモ事件にも同様の意図があったであろう。GHQが旧植民地出身者をいかに差別的にみていたかは、日本国憲法施行直前の1947年5月2日に公布、即日施行された外国人登録令について「やっかい事を起こしかねない外国人の名簿を警察に与えた」[38]という評価に表れている。管見のかぎり、朝鮮人官邸デモ事件の10名が軍事裁判で裁かれた最初の政治犯である。しかし、この頃報道された軍事裁判には、この事件以外、公安事件は見うけ

---

33) 当時の台湾人の法的地位と渋谷事件については楊子震「帝国臣民から在日華僑へ——渋谷事件と戦後初期在日台湾人の法的地位」（『日本台湾学会報』No.14、2012年、70-88頁）に詳しい。

34) 『読売新聞』1946年9月29日付朝刊。

35) 『読売新聞』1946年12月11日付朝刊。

36) 註3、金太基、313-319頁。

37) 註4『外国人の取り扱い』124頁。

38) 同前、125頁。

278　第Ⅱ部　解説編

られない。公安事件の軍事裁判報道が目につくようになるのは1948年からである。

3. 南北朝鮮の分断独立と治安政策の転換（1948〜1949年）

　1948年1月1日、北朝鮮の金日成は年頭の辞で全朝鮮統一選挙による統一政権樹立を訴えた。かねてから南朝鮮の単独選挙を主張していた李承晩は、1月25日国連朝鮮問題小委員会で単独選挙実施を訴えた。2月26日の裁決で、反対するソ連・東欧諸国が棄権する中、賛成多数で南朝鮮の単独選挙が可決された。3月1日、南朝鮮軍政庁長官は単独選挙を発表、5日に5月10日の総選挙実施の布告文を出した。南北が分断国家となることに反対し、済州島の4・3事件をはじめ南朝鮮各地で激しい単独選挙反対運動とゲリラ闘争が展開された。大多数の在日朝鮮人も単独選挙に反対した。この時期にわき起こったのが、日本の公立の学校の一部や使われなくなった施設等を借りて開校していた朝鮮人学校の閉鎖問題であった[39]。

（1）阪神教育事件

　李承晩の国連演説に先立つ1月24日、GHQは文部省に「朝鮮人設立学校の取扱いについて」という通達を各都道府県知事宛に出すよう指示した。その内容は、在日朝鮮人子弟は日本の学校に入るか日本の教育基本法にのっとった私立学校に入らなければならないというもので、現行の朝鮮人学校と民族教育を否定するものだった。3月24日には通達に従わない朝鮮人学校を閉鎖するよう命令が出された。在日朝鮮人たちは反発した。まず、山口・岡山で抗議行動が起こり知事との交渉により学校閉鎖延期を認めさせた。4月、大阪・神戸でも大規模な抗議行動が行われ知事との交渉が試みられた。神戸では4月15日兵庫県庁で知事との面会を要求して座りこみを行った73名が軍政部命令で検挙されたのを始め、25日未明に非常事態宣言が出され、27日までに日本人74名を含む1664名が検挙された。大阪でも4月23日に179名が、24日に14名が、5月2日に15名が検挙された。

　非常事態宣言が出た神戸では、「占領軍の安全と占領目的に対して有害な行

---

39) 朝鮮人学校閉鎖および阪神教育事件については、註3、金太基、380-423頁。金慶海『在日朝鮮人民族教育の原点——4・24阪神教育闘争の記録』（田畑書店、1979年）が詳しい。

為」を犯したとして、軍事委員会で9名、一般憲兵裁判所で12名、神戸地方裁判所で52名が起訴された。軍事委員会では被告全員に重労働25年が求刑されたが、最終的に在日朝鮮人は無罪2名、重労働15年5名、同12年1名、共産党神戸市議1名に同10年の実刑判決が下された。一般憲兵裁判所では5名が重労働2年9ヶ月から4年9ヶ月の判決を、神戸地裁では18名が騒擾罪で2ヶ月から8ヶ月の懲役と執行猶予2〜3年の判決を、34名が罰金刑を受けた。

大阪の事件では「占領目的違反」で18名（うち日本人10名）が一般憲兵裁判所に起訴された。その殆どが5月2日の抗議集会でアピールをした日本人労組員や在日朝鮮人だった。日本人9名が重労働2年から4年、在日朝鮮人7名が同1年から2年の実刑判決を受けた。33名が起訴された大阪地裁では23名が騒擾罪で有罪判決を受けた。軍事裁判で有罪判決を受けた在日朝鮮人のうち6名は翌年4月に南朝鮮に強制送還された。

（2）北朝鮮国旗掲揚事件

南朝鮮単独選挙実施の結果、8月15日、大韓民国が樹立された。北朝鮮でも9月9日、朝鮮民主主義人民共和国が樹立された。これをうけ、朝連中央委員会は共和国樹立を祝う祝賀行事開催を各地方支部に呼びかけた。10月8日に神奈川県支部が大々的な祝賀パレードを計画していたところ、第8軍副司令官が「国旗掲揚禁止令」を無電で通知、GHQと神奈川県警が大会準備委員会に「北朝鮮旗」掲揚禁止命令を出し掲揚を阻止した。ついで日本全国の軍政部と警察にも北朝鮮旗掲揚禁止を徹底するよう指示が出された。以降、各地の祝賀行事に警察や米軍憲兵（以下MP）が介入、国旗掲揚者のみならず国旗が描かれたポスター掲示者や国旗型バッジ着用者までを逮捕した。全国で少なくとも47名が検挙され、23名が3年から10年の重刑と刑期終了後の強制送還などの判決をうけた[40]。

阪神教育事件でなぜ神戸でのみ非常事態宣言が出されたかについて、最初から仕組まれていたという見解がある[41]。しかし、神戸軍政部が非常事態宣言を出し「朝鮮人狩り」といわれた無差別逮捕を強行した要因は、4月24日夕、15日に

---

40) 呉圭祥『ドキュメント　在日本朝鮮人連盟──1945-1949』（岩波書店、2009年、180-186頁）に詳しい。検挙数は朴慶植『解放後在日朝鮮人運動史』（三一書房、1989年）210-212頁、姜徹編著『在日朝鮮人史年表』（雄山閣、1983年）270-276頁などから算出。

280　第Ⅱ部　解説編

軍政部命令で逮捕された73名を実力行使で解放させたことにあったのではないか[42]。日本の裁判権を制限した勅令第311号第一条により、神戸軍政部は逃走者および逃走を教唆共謀し幇助した者すべてを捜索逮捕し軍事裁判で処断しなければならない責務を負う事態に追い込まれたのである。

　一方、朝鮮人学校閉鎖問題はどのような影響をもたらしたか？　南朝鮮の単独選挙実施が発表された3月から5月の選挙日まで、南朝鮮では日本の朝鮮人学校閉鎖問題が連日のように大きく報道され、反米感情より反日感情を高めた。また、朝連傘下の学校が共産主義教育を行っているとか、阪神教育事件は単独選挙攪乱を目論む共産主義の陰謀だという米側の主張が無批判に報じられた[43]。日本では在日朝鮮人団体が企画していた大々的な単独選挙反対運動が軒並み中止に追い込まれた[44]。日本の占領当局および南朝鮮米軍政府は、「暴動」の扇動者として共産党をフレームアップすることで、共産主義＝反社会的暴力集団と喧伝する格好の機会を得て、単独選挙反対の声を押さえることに成功した。さらに、阪神教育事件・北朝鮮国旗事件・朝鮮人官邸デモ事件を理由に、1949年9月8日、朝連・民青（在日本朝鮮民主青年同盟）を強制解散に追い込み、その財産を没収した。団体等規正令（1949年4月4日施行）適用第一号であった[45]。

（3）「占領軍誹謗」「虚偽」「プレスコード違反」（占領軍に対する破壊的批判）

　1948年から、講演・演説・ビラ・壁新聞等の内容が「占領軍誹謗」「虚偽」「プレスコード違反」だとして軍事裁判にかけられる事件が相次いだ。『救援新聞』

---

41) 註39、金慶海、137-146頁。金賛汀『非常事態宣言1948――在日朝鮮人を襲った闇』（岩波書店、2011年）194-200頁など。

42) 「直接介入」に消極的であった神戸軍基地司令官が日本側警察の処置を難詰して、第八軍司令部に指示を仰ぎ、直接警察行動を取ることを決定したのは24日の晩であった（荒敬『日本占領期研究序説』柏書房、1994年、82-85頁）。

43) 註3、金太基、417-420頁。

44) 法政大学大原社会問題研究所所蔵『朝連中央時報』No.37（1948.5.28）「単独選挙反対救国人民大会実施状況」によれば、朝鮮人学校閉鎖問題が紛糾した山口・広島・兵庫・大阪をはじめ在日朝鮮人の多い7府県で軍政部命令で大会が中止され、大阪・兵庫についで児童数の多かった東京都は自粛したのか開催しなかった。

45) 註3、荻野、89-93頁。阪神教育事件の直後にGHQが団体等規正令の内容について指示していたことは重要な指摘である。

もうひとつの軍事法廷──「占領目的に有害な行為」で裁かれた政治犯たち　281

1949年10月1日号は、9月20日現在把握している全国の政治犯58名（うち軍事裁判57名）の受刑者名簿をのせている[46]。うち17名が集会での演説やビラや壁新聞等の文言により有罪判決を受けた者である。共産党新潟市議佐藤治は選挙演説で「日本の米が南朝鮮の総選挙に放出されたほか海外に送られている」と言ったことが「虚偽」とされ重労働4年の判決を受けた[47]。また、東宝の宣伝部長だった田畑正一は、東宝争議に占領軍が戦車を出動させ鎮圧したというAP通信記事を街頭で読み上げたのが「破壊的批判」だとして禁錮5年罰金7万5千円の刑を受けた[48]。200名近くが逮捕され4名が重労働4年から5年の刑を受けた壁新聞事件は、米軍の演習が始まった福井県で強姦事件が頻発している記事を掲載したことが「占領軍誹謗」と見なされた。政党演説会でこの問題を取り上げた共産党落合栄一と社会党山口小太郎も重労働5年の刑を受けた[49]。

　この名簿に日記筆者が敬愛した李在守と朴基鉉（本書160頁）の名もある。事件名は青年大会[50]、重労働5年の刑であった。同囚であった正木通夫は「二人で米軍のジープにくらいついて捕まった」と聞いたという[51]。阪神教育事件以降、大規模な政治集会や労働争議に、MPが出動して日本の警察を指揮し活動家を逮捕させるのが常態となった。政府批判や米軍批判を繰り広げる左翼運動に対し、GHQがそれまでの間接介入から直接介入に舵をきった契機であった。

　とはいえ、この時期の政治犯はまだ三桁に及ばない[52]。政治犯が爆発的に増えるのは1950年からである。

46）『救援新聞』No.52。
47）『読売新聞』1948年10月28日朝刊。
48）『救援新聞』No.35（1948.12.1）。
49）日本共産党編『〈資料〉わが地方の日本共産党史　関西北陸編』日本共産党出版局、1992年、福井県275-276頁。註3、山本、458-489頁。
50）青年大会は9月7日前後日本各地で行われた国際青年デー大会。『アカハタ』1948年9月9日号は、青年共産同盟代表としてアピールした李在守を検束しようと武装警官が押しよせ小競り合いが起きた京都大会を伝える。
51）宇野田尚哉・小野潤子によるインタビュー（2017年3月17日）。
52）『救援新聞』掲載の政治犯リストには北朝鮮国旗事件で和歌山女子刑務所に収容された1名が漏れている。阪神教育事件で刑期途中に強制送還された6名を合わせても、1949年9月20日現在の政治犯は全国67名だった。

282　第Ⅱ部　解説編

4．朝鮮戦争の勃発と勅令第311号の治安法化、政令第325号の発動（1950年〜51年前半）

　1950年1月1日、マッカーサーは年頭の辞で日本国憲法は自衛権を否定せずと、日本の再軍備の可能性を強調した。12日、アチソン国務長官はいわゆるアチソンラインを発表、日本列島、沖縄、フィリピンを共産主義からの防衛ラインと位置づけた。31日、ブラッドレー米統合参謀本部長と陸・海・空の米軍首脳部が来日、マッカーサーと会談を行い、沖縄の無期限基地化方針をうちだす。以降、沖縄の恒久的基地建設が開始され、国会では共産党の非合法化が議論されだした。5月3日、憲法記念日の声明でマッカーサーは「日本共産党は侵略の手先で反日本」と名指しで共産党弾圧姿勢を露わにした[53]。

（1）5.30皇居前広場事件と共産党弾圧

　5月30日、皇居前で行われた東京都公安条例反対デモの記念集会で、警官やMPとの小競り合いで8名が逮捕され軍事裁判にかけられた[54]。起訴理由は占領軍命令違反とMPに対する暴行を「共同かつ共通の意思」で行ったというもので、公判前から検事長が「他への見せしめ」として厳刑を科すと公言し[55]、わずか4日の軍事裁判で全員に5年から10年の実刑判決が下された。事件当日から6月4日参議院選挙の当日まで、連日のように裁判経過と共産党の非合法化議論が大々的に報道された。そのためか、前年1月の衆議院総選挙で35議席を獲得し勢いを見せた共産党は3議席獲得にとどまった[56]。6月6日、マッカーサーは吉田茂首相に書簡をだし、中央委員24名の公職追放を指令した[57]。翌7日には『アカハタ』編集部17名の公職追放を指令した。

---

53)『朝日新聞』1950年5月3日付朝刊など。

54)　この事件については註3、佃、351-368頁、註11、大西に詳しい。

55)『毎日新聞』1950年6月1日付朝刊。占領軍命令違反は、占領軍兵士の尋問に氏名住所を答えなかったことと日本の警察官から奪ったメモの返還命令に従わなかったことが問われた。主犯とされた大西兼治によると留置場で一緒になるまで被告全員と初対面であった。

56)　高倉輝・細川嘉六・須藤五郎が当選したが、高倉は当選が判明した翌6日の共産党中央委員公職追放で当選無効となり、国会議員団長であった細川は1951年9月6日の共産党第二次公職追放で議員資格を剥奪された。

もうひとつの軍事法廷――「占領目的に有害な行為」で裁かれた政治犯たち　　**283**

5.30事件に対する組織的抗議行動が始まるや、6月2日、警視庁は集会禁止令を出して都内の集会やデモを禁止した。さらに16日には全国の集会・デモを禁止した。これに対し、共産党員や労働組合員はマッカーサーの非を問う「公開質問書」をプラカードやポスターで掲示、ビラを撒くなどの抗議行動を展開した。治安当局はこれらを勅令第311号違反として徹底検挙するとともに、全国の共産党事務所、労働組合事務所、大学自治会などを強制捜索しビラ等を押収した。5.30事件以降、朝鮮戦争勃発までに全国で100名前後が検挙され、6月25日朝鮮戦争勃発以降は、反戦ビラや反米的言動までが取り締まられ、7月21日までに250名前後が、7月22日から8月31日までにさらに250名以上が検挙された[58]。

労農救援会東京支部が5.30事件以降10月10日までに把握した東京都の勅令第311号違反逮捕者102名の内訳は、質問書事件が18件35名、反戦ビラが28件53名、プレスコード違反（占領軍に対する破壊的批判）5件10名、その他で、102名中実に98名が政治犯であった。勅令第311号はほぼ治安法化したのである。取調中の9名をのぞき、59名が軍事裁判所で起訴され、内39名が重労働の実刑判決を受けた[59]。ビラ事件の判決はだいたい重労働3年の実刑であったが、宮城県では重労働10年罰金5千ドルの判決も下された[60]。激増する検挙者に対処するためか、9月21日極東委員会で日本の裁判所の管轄権増大を許可するGHQ指令が承認された[61]。11月1日、勅令第311号を改正した政令第325号が施行された。

（2）政令第325号と『アカハタ』後継紙・同類紙の発行禁止

話は少し遡る。朝鮮戦争勃発の翌6月26日、マッカーサーは吉田首相に書簡を送り『アカハタ』の30日間の発行停止を命じた。これをうけ、警視庁は27日朝から『アカハタ』販売者を勅令第311号違反で現行犯逮捕する方針にでた[62]。つい

---

57)　マッカーサーは、共産党の扇動を放置すれば、連合国の政策目的と意図を直接否定し、遂には日本の政治的独立の好機を失わしめ日本民族の破滅を招く危険性があると公職追放の理由を結論づけた（吉田茂・マッカーサー著、袖井林次郎編訳『吉田茂＝マッカーサー往復書翰集――1945-1951』法政大学出版局、2000年、327頁）。

58)　註3、川島、6-8頁。

59)　註2、自由法曹団、93頁。

60)　註3、川島、159頁。

61)　『朝日新聞』1950年9月23日付朝刊。法務府では勅令第311号の裁判権が増大すると期待する。

284　第Ⅱ部　解説編

で 7 月18日、マッカーサーは『アカハタ』のみならず、後継紙ならびに関係誌の発行を無期限に延期するよう指令した。これにより、共産党地方組織の新聞のみならず、小さな細胞機関誌、労働組合機関誌、非党派新聞、個人が発行するガリ版刷りの新聞まで発行禁止となり、逮捕者も編集者や発行者から配布者、所持者まで拡大した[63]。

　政令第325号が威力を発揮したのはこの『アカハタ』と後継紙・同類紙の発行禁止である。「同類紙」は「関係紙」の拡大解釈だった。部数の多い新聞や機関誌は販売網が確立しているため、違反となれば一網打尽の逮捕が可能だった。51年 1 月下旬から『アカハタ』後継紙・同類紙の発行禁止と大規模摘発が相次ぐ。『平和のこえ』東京都事務所と印刷工場が急襲され25名が逮捕されたのをきっかけに、 2 月 4 日、全国の配布拠点737ヶ所が一斉捜査され、「印刷工に至るまで逮捕する」という方針で400余名が逮捕された[64]。 3 月 8 日までに逮捕された者のうち734名が送検され、431名が起訴され日本の裁判所で裁かれた[65]。日記筆者が反戦ビラをまいて逮捕されたのは 2 月22日、政令第325号が猛威を振るい始めた時期である。「政令は大丈夫でせうね？」という質問が喉元までこみ上げた（本書170頁）のも無理はない。

　 3 月27日には『人民新聞』が[66]、 5 月24日には全国労働組合連合の機関紙『労働者』や日本民主婦人協会の『平和婦人新聞』など四紙が発行停止になり、全国千百余ヶ所の一斉捜査で数百名の逮捕者を出した[67]。1951年の政令第325号違反の検察処理人数は4583名、このかなりの割合が『アカハタ』後継紙・同類紙の発行禁止に伴う検挙と考えられる。

　『アカハタ』の発行停止直後に言論界のレッドパージも行われた[68]。朝鮮戦争に介入した国連軍の兵站基地となった日本で、言論は末端の末端まで抑圧されて、いわば戦時言論統制体制に移行したのである。抑圧されたのは反戦や占領軍

---

62)『毎日新聞』1950年 6 月27日付朝刊。

63) 詳細は註 3 、田村、193-197頁。

64)『毎日新聞』1951年 1 月25日付朝刊、 2 月 5 日付朝刊。 2 月 4 日の逮捕者数は新聞により異なる。

65)『毎日新聞』1951年 3 月 9 日付朝刊。

66)『人民新聞』の逮捕者も全国千人以上にのぼった。註 2 、自由法曹団、102頁。

67)『読売新聞』1951年 5 月24日付朝刊。

批判だけではない。自由主義陣営のみならず新生中国を含む共産主義陣営とも講和条約をかわし、東西対立に与せず中立を保つのが真の安全保障であるという全面講和論、再軍備反対論も萎縮せざるを得なかった。すでに、共産党谷口善太郎衆議院議員が『アカハタ』発行停止を受け国会で記者会見を開き「発行停止はポツダム宣言違反」と訴えたことが「反占領軍的言辞」だという理由で、1951年2月に公職追放されたが[69]、3月には川上貫一衆議院議員が議員除名された。国会で「全面講和、再軍備反対」を訴えた演説が「反米的言辞」だという理由であった[70]。議員をまもるべき国会は、マッカーサー書簡はあくまでも憲法に優先するという立場をとった。政府はアメリカ主導の「基地付き」単独講和と再軍備へとつきすすんだ。

5. 講和条約調印と講和恩赦（1951年後半～1952.4.28）

1951年7月末になり外務省は突如、日米安全保障協定の調印予定を明らかにした[71]。政府が、講和条約と同時に安保協定を調印することを正式に認めたのは8月13日、講和団一行が渡米する21日前であった。第11回臨時国会（8月16～18日）は紛糾したが、既定事項としてもはやなすすべはなかった。「協定」は「条約」へ変更され、9月8日、日米安保条約は調印された[72]。これにより、独立後も日本政府の「希望」に基づき米軍基地が存続することとなった[73]。以下、講和条約と恩赦問題をからめながら政令第325号違反事件を見ていく。

---

68) 7月24日、GHQのネピア公職審査課長は有力新聞・通信・放送各社の代表者を呼びだし、マッカーサー書簡の精神を理解して各社が自主判断でレッドパージを行うよう要請した。7月末から年末までに50社約700人が職場から追われた（平田哲夫『レッドパージの史的研究』新日本出版社、2002年、213-225頁）。

69) 『読売新聞』1951年2月5日付朝刊。

70) 『読売新聞』1951年1月28日付、2月5日付、3月30日付朝刊。

71) 日米安全保障条約は当初「協定」と呼ばれ内容はもちろん調印予定も極秘にされていた。7月末になり、外務省は米国政府から、講和条約最終草案を8月10日頃までに完成させたあと安全保障協定案を早急に作成して日本政府に通知、8月15日頃に東京で仮調印をなすと連絡があったと明らかにした（『毎日新聞』1951年7月29日付朝刊）。

72) 佐々木隆爾『占領・復興期の日米関係』山川出版社、2008年、61-62頁。

73) 細谷千博ほか編『日米関係資料集 1945-97』東京大学出版会、1999年、135頁。

（1）日鮮スパイ事件（巣鴨事件）

　サンフランシスコ講和会議の日程や出席国が取りざたされ始めた頃、連日のように報道されたのが「日鮮スパイ事件」の軍事裁判である[74]。被告数と公判回数で戦後最大の軍事占領裁判だった。北朝鮮から密入国してきた岩村吉松こと許吉松が、数十人の日本人と在日朝鮮人のスパイ網をつくって諜報活動を行い、国連軍の仁川上陸作戦（1950.9.15）を事前に探知し北朝鮮に報告していた等の容疑だった。数十人から二百人とも言われた被疑者が令状なしに逮捕連行され、巣鴨刑務所に秘密裏に収監されていたことから「巣鴨事件」とも呼ばれる[75]。公安調査庁の報告によれば84名が検挙され、38名が軍事裁判により実刑判決を受けたという[76]。最初に起訴された18名のうち、1名は証拠不十分で不起訴となり、残る17名に1年から10年の実刑判決が下され、在日朝鮮人3名には刑期終了後の強制送還が決定された。この事件が不審であるのは、起訴内容の重大さから考えれば軍事委員会で裁くべきレベルであるにも関わらず、最初から10年以下の科料しかない政令第325号違反に問い、一般憲兵裁判所で裁いたことである。また、「スパイ網」をつくるのに重要な役割を果たした人物たちが検事側証人として出廷したものの、彼らの軍事裁判とその結果については一切報道されなかった。この事件では、京都大学法学部出身の金圭昇が重労働3年の判決を受けて服役し、日記筆者と同じく講和条約発効の52年4月28日に府中刑務所から釈放され京都大学大学院法学研究科に復学している[77]。また、唯一不起訴になった金寶聖は外国人登録令違反で再逮捕され、南朝鮮に強制送還された後、スパイ容疑で死刑に処された[78]。

---

74) 第一報は『朝日新聞』5月9日のUP特約記事、7月22日の判決まで断続的に報道された。

75) 巣鴨事件の概要は川口祥子「巣鴨事件——戦後の布施辰治と朝鮮人（その2）」（『在日朝鮮人史研究』46号、2016年、95-138頁）に詳しい。検挙者総数・軍事裁判の被告数は媒体により幅があり正確な人数は分からない。大津の共産党地区委員だった西田清によると、滋賀県でも旧朝連幹部8名が拘束され大津地検で取り調べを受けた。12月1日大津の朝鮮人騒擾事件として報じられたのは、この不当逮捕への抗議であったという（2017年2月23日宇野田・小野・西川によるインタビュー）。大阪拘置所でもスパイ容疑で勾留中の「李君」がいた（本書50頁）。こういう例が全国にあったとすれば検挙者数は200名前後となる可能性がある。

76) 坪井豊吉『在日朝鮮人運動の概況』（法務研究所報告書第46集第3号、1957年、71-72頁）。

（2）共産党の実質的非合法化

　講和会議開会前日の1951年9月4日未明、法務府特審局・警視庁は4名の国会議員を含む共産党幹部19名にたいし政令第325号違反による逮捕状を出し8幹部を逮捕した。講和問題をめぐり「平和運動に名をかりた」宣伝ビラや壁新聞等が反占領軍的内容にあたるとし、その責任者として逮捕したのである[79]。6日には全員に公職追放処分が行われた。逮捕された8名のうち、川上貫一は議員除名の理由となった国会演説を雑誌に全文掲載したことが、岩田英一はアメリカの植民地主義を批判する「八・一五、六周年を迎えて」という一文を党公報紙に掲載したことが、反米文書配布と見なされ起訴された[80]。この第二次公職追放処分[81]により共産党は実質的に非合法化された。

（3）日共スパイ事件（柴又事件）

　9月8日講和条約が締結されると、条約発効とともに行われる恩赦が国会で検討されはじめた[82]。政令第325号を含むポツダム命令が失効するとともに、国際法上からも政治犯をまず釈放しなければならないことは明白であった。政府が講和恩赦に政令第325号違反も含まれることを明らかにしたのは1952年2月20日、捜査中、勾留中、裁判中、逃亡中の者は免訴、服役中の者は釈放、刑期終了者は前科が取消される大赦が適用される法務府案を明らかにしたのは3月6日であった[83]。

77）川口祥子「「巣鴨事件」の在日朝鮮人群像——事件への関わりとそれぞれの生」（『在日朝鮮人史研究』47号、2017年、86頁）。大学院では宮内裕教授の下で、米軍政下の南朝鮮の治安立法と司法の実態について資料を蒐集したという（金圭昇『朝鮮民主主義人民共和国の法と司法制度』日本評論社、1985年、7頁）。『「韓国」の治安立法と裁判・検察制度』（社会評論社、1986年）、『日本の植民地法制の研究——在日朝鮮人の人権の歴史的構造』（社会評論社、1987年）などの著作がある。

78）法政大学大原社会問題研究所所蔵『人権民報』第36号（1952.3.25）。

79）『読売新聞』『朝日新聞』1951年9月4日付夕刊。

80）『読売新聞』1951年9月28日付朝刊。

81）この第二次公職追放は政府判断で行われた。共産党幹部の第一次公職追放を指令した1950年6月6日付マッカーサー書簡の拡大解釈であった（法政大学大原社会問題研究所編著『日本労働年鑑第25集』時事通信社、1952年、607-609頁）。

82）1951年9月18日法務委員会　国会会議録検索システム
　http://kokkai.ndl.go.jp/SENTAKU/syugiin/011/0488/01109180488002a.html

288　第Ⅱ部　解説編

　数奇な運命をたどったのが「日共スパイ事件」（柴又事件）である。51年12月2日、東京柴又で会合中に逮捕された飯田七三ら7名は、19日に米軍CIC（対敵諜報部隊）に身柄がひきわたされ325号違反で軍事裁判にかけられた。未だ公表されていない米軍基地の情報を収集し議論して占領軍の安全を脅かしたという容疑だった[84]。1952年2月18日から連日のように軍事裁判が行われ、4月3日、全員に重労働3年から7年の実刑判決が下された[85]。講和条約発効前のかけこみ裁判だった。判決前日、政府は恩赦で釈放される軍裁受刑者のうち一部凶悪犯だけは日本側で再起訴するという方針を発表した[86]。条約が発効した4月28日、7名はいったん釈放されたが、即座に325号違反で再逮捕され、翌日東京地裁に起訴された。52年の軍事裁判による新受刑者はこの7名を入れ12名、講和条約発効を目前に軍事占領裁判所はほとんどその役目を終えていた。

（4）『平和と独立』事件

　講和条約発効にともなうポツダム命令失効が目前になった3月28日、共産党の秘密出版紙『平和と独立』が発行停止となり、全国1866ヶ所が一斉捜査され[87]、講和条約発効までに千名以上が逮捕された。4月18日東京都の第一次検挙者10名が起訴されたのをはじめ[88]、全国各地で講和条約発効前の駆け込み起訴が相次いだ。本来なら彼らも大赦の対象であるはずであった。ところが政府は講和条約発効直前まで政令第325号違反の大赦決定を避けた。4月27日の午後になり、ようやく恩赦三政令（大赦令・減刑令・復権令）が閣議決定されたが、ポツダム政令等の占領管理法違反は大赦が適用されたものの[89]、政令第325号違反のうち大部分をしめる『アカハタ』および関係紙・同類紙の発行違反をはじめ7項目の「覚書又は書簡の趣旨に反する行為からなる罪」が大赦から除外された[90]。

83）『読売新聞』1952年2月21日付朝刊、3月7日付朝刊。
84）『朝日新聞』1951年12月4日付朝刊、12月19日付朝刊。
85）『朝日新聞』1952年4月3日付夕刊。
86）『朝日新聞』1952年4月3日付朝刊。
87）『読売新聞』1952年3月28日付夕刊。
88）『読売新聞』1952年4月18日付夕刊。
89）『毎日新聞』1952年4月28日付朝刊。

（5）講和恩赦

1952年4月28日、講和恩赦の対象者は、大赦・減刑・復権を合わせ128万人以上、当日釈放者は3千人から5千人と報じられた。各地の刑務所は祝賀ムードに包まれた。京都刑務所では、正門脇に紅白幕をはり、釈放者39名に昼食でカレーライスが振る舞われた後、紅白まんじゅうと菓子が配られ、午後1時半頃、刑務官たちの「おめでとう」の拍手とともに送り出された[91]。軍裁受刑者はワシントンで講和条約が発効する午後10時半、全国いっせいに出所した。253名の対象者のうち、前述の「日共スパイ事件」の7名を含む約60名が釈放と同時に再逮捕され出所できなかった[92]。

軍裁以外の日本の裁判所で裁かれた政令第325号違反受刑者や未決勾留者がこの日何人出所できたのか不明である。5月8日、自由法曹団の弁護士で共産党衆議院議員であった梨木作次郎が、議員運営委員会で緊急質問にたち、政令第325号関係の被告受刑者が「全然」恩赦から除外されているのは衆議院の決議を無視して不当であり国会で取り上げるべきだと抗議している[93]。軍裁以外の325号違反受刑者の相当数が釈放されなかったのではないだろうか。4月28日、日記筆者が「気の毒さに言葉さえかけるに忍びなかった」3人（本書206頁）は、軍裁以外の325号違反受刑者だったかもしれない。

6．政令第325号の終焉（1952.4.29〜1955）

（1）政令第325号の廃止と逮捕の継続

政令第325号は講和条約発効と同時に失効しなかった。5月7日に、「廃止前の行為についてはあくまでも刑事責任を追及する」という但し書きつきで廃止された[94]。広島県在住で後に在日朝鮮人被爆者連絡協議会会長を長年つとめた李実

---

90) 官報（号外）第43号（1952.4.28）1頁 http://dl.ndl.go.jp/info:ndljp/pid/2964144/18。『アカハタ』および関係紙・同類紙の発行違反は第4節(2)のマッカーサー書簡の趣旨に反する行為。

91) 『京都新聞』1952年4月29日付朝刊。

92) 『読売新聞』1952年4月28日付夕刊。再逮捕されたのは殺人放火などの重罪犯と残余刑が長い受刑者だった。

93) 1952年5月8日議院運営委員会　国会会議録検索システム http://kokkai.ndl.go.jp/SENTAKU/syugiin/013/0096/01305080096044a.html

290 第Ⅱ部 解説編

根は、1950年8月に反戦ビラをまいて捕まり、勅令第311号違反で軍事裁判所に起訴された。支援者が多額の保釈金を工面して保釈された後、出頭を拒否して逃亡し、1952年5月3日に逮捕された[95]。8月には渡部義通共産党衆議院議員が政令第325号違反で逮捕起訴された。前年10月に行った「朝鮮休戦と講和条約をめぐって」という演説が米軍誹謗にあたるという容疑だった。国会で逮捕状が承認されたのを知り逃亡潜伏していたが、国会開会にともない議員活動を再開したところ、会期終了を待って逮捕されたのである[96]。9月には同じく325号違反で逃亡潜伏していた共産党員足立忠澄が、衆議院選挙に立候補したところ選挙活動中に逮捕された[97]。彼らは、日本独立後失効したはずの占領法規でまさか逮捕起訴されるとは思ってもいなかっただろう。このような事例がどれほどあったのかは不明である。

（2）各地の325号裁判と最高裁判決

　講和条約発効後、『平和と独立』などアカハタ後継紙・同類紙事件が約1000件、ビラや反占領軍的言辞などの言論事犯が約400件、合わせて1400件余りの裁判が継続中あるいは開始まちであった[98]。新聞で「政令325号」の見出しが増えるのは、ぞくぞくとでる325号違反事件の判決をめぐってだった。6月4日、反米ビラ事件にたいし山口県で最初の無罪判決がでた。「平和条約が発効し日本が主権を回復した現在は日本独自の法解釈に従うのが至当である」という判決理由にたいし、検察は「破壊的事犯の取締りの法的根拠を失う」と直ちに控訴し、最高検察庁は「講和発効前の行為は現在も処罰するというのが法務府及び検察庁の一致した見解」だと控訴を支持した[99]。だが、各地の地裁で無罪、免訴、公訴棄却の判決が相次いだ。「言論の自由と相反する325号は違憲」「占領法規は占領が終わった時点で失効」という判決理由に対し、最高検は「ポツダム政令は合

94）註2、自由法曹団、104頁。
95）李実根『プライド──共生への道私とヒロシマ』汐文社、2006年、81-83、89-110頁。
96）『朝日新聞』1951年10月7日付夕刊、10月10日付夕刊、1952年8月4日付朝刊、8月10日付朝刊、『読売新聞』1952年8月4日付朝刊。
97）『毎日新聞』1952年9月26日付朝刊。
98）『毎日新聞』1952年7月13日付朝刊。
99）『毎日新聞』1952年6月13日付朝刊。

もうひとつの軍事法廷――「占領目的に有害な行為」で裁かれた政治犯たち　291

憲」「連合国最高司令官の指令が失効しても政令は同時に失効とならない」と反論し、最高裁まで持ち込んで有罪を主張する構えを示した[100]。地裁判決の混乱に、アカハタ後継紙『平和のこえ』配布事件と反戦ビラ事件など3件が選ばれ12月3日から最高裁で審議を行うこととなった[101]。年内に判決を下す予定だったにも関わらず、最高裁は判決宣告を遅らせた。8ヶ月後の1953年7月22日、ようやく『平和のこえ』配布事件に免訴判決が出た。政令第325号は「違憲」「失効」が多数意見をしめた。この判決を受け、最高検は『アカハタ』等言論出版関係の未決勾留者と受刑者の釈放と、執行猶予付き刑確定者の非常上告を全国の検察庁に指示した[102]。それでもまだ検察は強気だった。8月には、第二次神戸事件[103]の被告113名全員に、政令第325号は有効として1年から4年の実刑を求刑した[104]。12月11日、東京地裁で占領軍誹謗容疑の川上貫一元衆議院議員に免訴判決が下され[105]、かつ16日には前記反戦ビラ事件に最高裁で「違憲」「失効」と免訴判決が出た[106]。それにも関わらず、検察は川上の免訴判決を不服とし控訴した。最高裁で「連合国に対する虚偽または破壊的批判」に免訴判決が出るのは1955年4月27日[107]、講和条約発効から実に3年がすぎていた。これを受け、残された325号裁判も動きだし免訴が確定したと推定される。

---

100)『毎日新聞』1952年7月13日付朝刊。

101)『朝日新聞』1952年11月17日付朝刊、『読売新聞』1952年11月19日付夕刊。反戦ビラ事件は未公表の連合国軍の動静を論議したという容疑だった（法政大学大原社会問題研究所『日本労働年鑑第27集』時事通信社、1954年、719-720頁）。

102)『毎日新聞』1952年7月22日付夕刊、23日付朝刊。「非常上告」とは既に判決が確定していても、その審判が法令に違反した場合、検事長が、最高裁に対してその違法の是正を求める申立てをすることである（刑事訴訟法454条）。

103) 1950年11月27日、在日朝鮮人団体が生活擁護闘争で逮捕された人びとの釈放を求めて長田区役所に向かう途中、米軍と警官隊と衝突、178名の逮捕者を出した事件。事件の顛末や325号免訴となった裁判経過は金慶海・堀内稔『在日朝鮮人・生活擁護の闘い　神戸・1950年「11・27」闘争』（神戸学生青年センター出版部、1991年）に詳しい。

104)『毎日新聞』1953年8月19日付朝刊。

105)『読売新聞』1953年12月12日付朝刊。

106)『朝日新聞』1953年12月16日付夕刊。

107)『朝日新聞』1955年4月27日付夕刊。

7．もうひとつの朝鮮戦争

　以上、占領期に民間人を裁いたもうひとつの軍事法廷、軍事占領裁判所と占領目的阻害行為処罰令の始まりから終焉までを時系列で追った。第1節末で「占領目的に有害な行為」を裁く法廷は、日本の裁判所であっても実質的に軍事占領裁判所の「下請け」だったとしたが、下請け裁判官の苦悩を吐露する、ある325号違反事件公訴棄却判決文の一部を、自由法曹団の東中光雄弁護士が簡潔にまとめている[108]。

　　占領期間中は、裁判権の主体は日本国でなく、連合国であり、日本国はその行使の主体であったのに過ぎない。日本の裁判官は憲法によって設立された国内裁判所の外形をもって裁判していたが、それは偽装であり、占領国たる連合国の裁判権を行使させられるというアルバイトをしていたのである。

　続けて東中は、政令第325号はなんら国内的要請がなく、連合軍の軍事上の必要から出た純然たる戦時国際法上の要請だけを内容とするものだと断じている。占領目的阻害行為処罰令の本質をついて明解だ。平時なら処罰しようのない「行為」までを「犯罪」として処断することを可能にせしめたのだから。

　東中には、ある軍事裁判で、ポツダム宣言に基づく日本占領軍と朝鮮戦争に介入する国連軍はそれぞれ立場が違うため、朝鮮戦争批判を占領目的違反に問うのは不当であると主張して退廷を命じられ、以後、軍事裁判での弁護を一切禁じられた苦い経験がある。裁判長は「君は言ってはならないことを言った」と激怒したという[109]。日本占領が、講和のための準戦時占領から、朝鮮戦争の兵站基地としての戦時占領へ変わっていたことは公然の秘密だったのだろう。「占領目的」も日本の民主化・脱軍事化から、アメリカのアジア戦略にのっとった反共化・再軍備化・軍事同盟（安保条約）締結へと転換していた。後者に反対する言論を封殺するために、簡便な治安法として占領目的阻害行為処罰令が活用され

108）東中光雄「政令第325号の裁判権の存否　注目すべき和歌山地裁田邊支部の公訴棄却判決」（『労働法律旬報』No.107（1952年）21頁。長尾和夫裁判長による判決文全文（1952年9月16日）も掲載されている。
109）註2、自由法曹団、111頁。

た。行政府が、共産党の国会議員や地方議員の正当な活動にまで、検察や特審局の出す逮捕状を容認したのは、戦時占領下だからこそ可能な政治的テロだったといえよう。政令の失効後何年も、人びとを被告席に座らせ続けた検察の罪も重い。

日本の朝鮮戦争協力について、これまで数々の人的協力と犠牲があったことが明らかになっている。が、日記にあるように、京都刑務所の懲役労働にまで米軍服製造がもちこまれていたのは驚くほかない（本書215頁）。連日連夜の過重労働で急死した早稲田大学出身の畑中（本書191頁）や、持病悪化で獄死した小島興（本書96頁）、彼らもまた朝鮮戦争の犠牲者の一人である。「日本は戦争に協力するな」「武器をつくるな」「朝鮮に原爆を落とさせるな」、若者たちは軍裁送りも覚悟のうえで、紙のビラやプラカード、ときには石の礫や火炎瓶を手に、もうひとつの朝鮮戦争を闘った。在日朝鮮人の場合は強制送還も覚悟しなければならなかった。それほど戦争の記憶は生々しく、自由と平和への希求は切実だった。

占領下の政治犯について日米ともに資料は少なくない。力不足のためそのほとんどに手がつけられなかった。だが、当時の元政治犯が全国各地にまだ存命している。証言をとれるタイムリミットは近いという思いから筆をとった。日本本土の占領は、沖縄の占領や南朝鮮の占領とも一体であった。その相関関係は今後明らかにされるべきだろう。戦後日本の、朝鮮半島の、アジアの現代史に暗い影を落とした「反共」と「反革命」。その犠牲者たちを思うとき、「占領」とは、戦争や外国勢力によるものだけとは限らないと感じる。政治が司法を占領する時、再び「占領目的阻害行為処罰令」のような法令や軍事占領裁判所のような「特別法廷」が人びとを見せしめに裁くだろう。新たな「占領期」研究の発展に期待し、現在も不当に拘束され獄中に隔離されている良心の囚人とその家族に思いをよせ筆を擱きたい。

　謝辞　本解説執筆および本書22-23頁「軍事占領裁判所月例報告」の翻刻・対訳表作成にあたっては桐蔭横浜大学の出口雄一教授より多くの有益なご教示を頂いた。感謝する。

あとがき

　我が家にこの獄中日記のあることを私は長らく知らなかった。

　1990年代の末、原爆展や天皇事件に関係した元京大生たちが戦後史を回顧するため、同窓の集まりを持ったとき、夫小野信爾もこの会に参加する機会を得て、日記を読み直したらしい。私が日記の存在を知ったのはこの時ではなかったか。そもそも彼は家のなかで、刑務所時代を話題にすることはなく、記憶にあるのは「刑務所で食ったニシンは、骨までとろとろでうまかった」ということくらいである。また「私の獄中時代など戦前に比べれば、獄中というのもおこがましいほど牧歌的なものだった」と語っていた。

　「日記のころ」に述べているように、日記の整理を始めたとき、彼はすでに脳塞栓で左半身不随、車椅子の老人になっていた。が、幸いなことに記憶力はほとんど失われていなかった。ただパソコンを使ったり、文字を書いたりするのはむずかしい。このため、本来なら著者が整理編集に当たるべきところ、代わりに私と西川祐子さんが数年計画でこれらを書き起こし、点検、付註などの作業に当たることになった。私が１、２頁ずつ日記の書き起こし原稿を西川さんに送ると、西川さんがいろいろなことを質問し、関連する資料を届けて下さる。それに答えて彼に質問するのだが、何しろ数十年も昔のこと、すぐに思い出せないことも多い。それを根気よく聞き出し、図書館で当時の新聞などを探し出して、或いは当時の友人たちに連絡をとって記憶を引き出す。こんな作業を何年も続けてようやくこの書物の原型らしきものができた。もちろん可能な限り傍証をとった。時代を証言する一次史料としての、この日記の特徴はおそらくこの点にあるだろう。

　一般に、日記が公刊されるのは、筆者の死後というのが普通であろうが、この日記の場合、老いたりとはいえ筆者が健在だったことによって、記述の真意を質し、関連することがらを引き出すことができた。文章の上っ面だけを読んでいて、本人に聞きただしてみると全く意味するところが違った、という経験もあった。また登場する人名についても記憶を呼びおこし、わずかな手がかりを求め

て、囚友だった人たちにも証言をしていただけた。それらもまた（〜〜談）という形で脚註に反映されていて、この本の翻刻編は、いわば日記資料とオーラル・ヒストリーが合体したような形になっている。もちろん、せめてもう10年早ければ今は亡き多くの方々からもっと証言が得られたであろうにと、悔やむことしきりだったが。

　しかしこの間に私も西川さんも歳を重ね、図書館に通って重い書物の頁を繰って調べる、という作業がむずかしくなった。そこで、私たちの長女小野潤子に加わってもらい最終的な原稿整理と付註の作業を託することになったが、これによって作業が一気に加速した。日記には同じ政治犯として在日朝鮮人が登場するが、彼女は晩学ながら朝鮮近世史を勉強していて、近現代の在日朝鮮人史にも関心をもっていたからである。

　また見られるように日記後半には、彼が逮捕されるきっかけとなった朝鮮戦争についてはむろんのこと、世界のあちこちで勃発した事件について断片的ながら多くの記載がある。最初に読んだ時、これらは単なる事実の羅列かに見えたが、新聞を繰ってこれに註をつけていくうち、これらの記載が正確で、いうなれば、獄窓から見た同時代史であると感じるようになった。情報源はNHKラジオのニュースしかなかったはずなのに、激動する世界のあちこちで生起する諸事件、或いは占領期の国内政治や社会の動きについて書きとめている。それらの史実をつづりあわせてみると、当時の青年学生がもった歴史認識と未来の世界への希望がはっきり見えてくる。それは、植民地主義の否定と民主主義の実現である。著者の場合、その先にはむろん社会主義が展望されているのだが。

　その後、世界は大きな変貌を遂げて、今日からすれば、時代の制約やイデオロギー的バイアスのかかっていることはやむを得ないが、彼らが、広く世界に目を放ち、国家や社会の行く末に熱い思いを寄せていたことが知られよう。日記は日々の営みやニュースを通して同時代の空気をリアルに伝えている。

　今、この国は、敗戦以来の大きな転換期に直面し、その基礎をつくった占領期についての関心が高まっている。占領期がどんな時代であり、それがどのように今日の政治状況につながっているのか、日本の今日を考える一つの機会ともなれば幸いである。暗雲のたれこめる今日、戦争反対のビラを撒いただけで逮捕され、まともな裁判もなしに刑務所に放り込まれるというような時代の再び来ない

ことを切に願うばかりである。それは著者の次世代に託すメッセージであろう。若い人たちにはぜひ二十歳の著者の生きた時代を読み、今日をつくった歴史を考えるきっかけにしていただきたい。

　この日記の出版には、実に多くの方々のご指導とご援助を仰いだ。

　当初、相談に乗って下さったのは、かつて人文科学研究所で私の同僚だった故松尾尊兊氏で、たくさんの助言をいただいた。軍事裁判の法廷での弁護士山本治雄氏はすでに故人だったが、事務所を継いだ赤澤敬之弁護士が、山本氏および自由法曹団関係の資料を下さった。また著者と同じく占領法規違反で京都刑務所に服役した正木通夫・伊藤清太郎の両氏、奈良少年刑務所で服役した西田清氏らはご高齢にもかかわらず、それぞれ長時間にわたる聞き取りに応じて下さった。李在守氏の娘の明美さんからは父上の生前の話を聞かせていただいた。さらに日記に登場する木村重夫氏、救援の学生大会の議長をつとめた小畑哲雄氏をはじめ当時の京大生たちも種々の証言をして下さった。小野のかつての学生赤司敏紀君はまた大阪の図書館で資料探しに協力してくれた。

　原稿がほぼ完成した段階で、新聞の投稿欄で同じく軍裁受刑者であった加藤敦美さんを知り、証言を得たことは有り難かった。日記筆者が大阪拘置所で出会った二人の政治犯は、なんと氏が椿本チエインにいたころの同志友人であった。不思議なご縁を感じている。

　本書の出版に当たって、京都大学学術出版会へ紹介の労を執って下さったのは、平田昌司・平田由美ご夫妻である。編集部の鈴木哲也さんと福島祐子さんには、単なる編集者にとどまらぬ数々の助言をいただいた。

　西山伸先生には厳格なる校訂をし、註の全体を改訂整理した上、序・解題をいただいた。また京都大学の学生運動の背景について解説論文を寄せていただき、同時期に起こった天皇事件などについて解説して下さった。宇野田尚哉先生は広く世界を見渡し冷戦時代の共産党史を読みといてこの日記の位置づけをしていただいた。小野潤子も専門外にもかかわらず、資料を博捜して軍事占領裁判所と占領目的阻害行為処罰令について論文を寄せた。これらの解説論文を得て、日記は、占領期の大きな歴史的構図のなかにしっかりと位置づけられた。また本書編集の最終段階では、GHQ 文書について、『戦後法制改革と占領管理体制』とい

う大著を上梓されたばかりの出口雄一先生に数々のご教示を賜わることができた。あらためて各位にお礼を申し上げる。

　西川祐子さん、ご多忙のなか解説を書いていただいた上、数年もの長きにわたって一緒にしごとをしていただいて本当にありがとう。500通を越えるメールの交換は、老いた私たちの生活をどれだけ豊かにしてくれたことか。そして大著『古都の占領』（平凡社、2017年）のなかに、この事件を「京都のなかの朝鮮戦争」として加えていただいた。被占領の視点から戦後の京都を再構築しようとする西川さんの熱意がなければ「小野日記」はとうてい日の目をみることはなかった。読者各位にはぜひ合わせ読まれることを希望する。

　最後に、小野信爾の獄中生活を外から支えて下さった三浦鈴子さんは、今年正月、本書の完成を見ることなく逝ってしまわれた。乳呑み児を背負い、刑務官に「おまえの本屋さんが来たぞ」といわれるほど何冊もの本を山科まで運んで下さった氏の救援活動に深甚なる謝意を表して筆を擱きたい。

2017年9月10日

小野和子

索　　引

小野信爾「日記のころ」、西川祐子「閉じられた日記を開いて占領期を読む」、第Ⅰ部翻刻編、第Ⅱ部解説編に登場する人物と事項を索引の対象とした。ただし註の内容については基本的に対象としなかった。朝鮮・中国人名は日本語音読みで配列した。

人　　名

【あ行】
あかし・ごろう　→小畑哲雄
芦田均　94
アチソン，ディーン　86, 282
天野（貞祐）　121, 128, 234
アラゴン，ルイ　24
伊藤清太郎　25, 29, 31, 44, 70, 71, 95, 96, 125, 250
伊藤ツユ子　96
岩田英一　287
上野公（U）　64, 125
S.K　→木村重夫
大橋武夫　95, 107, 143, 274
岡崎勝男　105
オストロフスキー，ニコラーイ　40
小畑哲雄　24, 264

【か行】
加藤敦美　51, 55, 66, 269
河上肇　17, 59, 99, 103, 140, 148, 211, 244
木村重夫（S.K）67, 70, 112, 117, 120, 151, 199
金圭昇　286
金天海　245
金日成　249, 278
グロムイコ　64, 84, 86
ケレンスキー，アレクサンドル　27, 43
高良とみ　202
小島興　96, 97, 250
小林多喜二　53, 65
小松左京　5

【さ行】
佐藤尚武　91
椎野悦朗　77, 79, 81, 83, 93, 249
志賀義雄　244
周恩来　261
シンクレーア，アプトン　132
スターリン　248, 249, 257, 258

【た行】
高橋和巳　5, 10, 241, 260

高山義三　142, 144
滝川幸辰　237
田代秀徳　6, 231, 240
谷口善太郎　285
ダレス，ジョン・フォスター　105, 125, 135, 156
峠三吉　253
徳田球一（徳球）　47, 244
ドッジ（ドッヂ）　89, 105, 113, 128
トルーマン　89, 143, 251

【な行】
中岡哲郎　236
仲川半次郎　9, 49, 66, 71
中屋裕皎　80, 88, 92, 105-107, 122, 138, 166
梨木作次郎　289
那須信孝　40, 151
南原繁　207, 237
西田清　26, 86, 129, 255, 265, 269, 286
蜷川虎三　142, 168
ぬやまひろし　43, 49, 244
ネルー　261
野坂参三　248
能勢克男　5, 174, 184
能勢協（N君）　5, 18, 61, 63, 66, 68, 107, 185

【は行】
服部峻治郎　6, 231, 235
東中光雄　292
布施辰治　198, 271
ブラッドレー，オマール　101, 103, 194, 282
朴基鉉　160, 281

【ま行】
マカレンコ，アントン　120
正木通夫　25, 27, 29-31, 46, 47, 151, 152, 157, 158, 161, 179, 180, 182, 212, 214, 269, 281
松尾尊兊　3, 21
マッカーサー，ダグラス（マック）　91, 122, 201, 244, 245, 267, 282
マルクス，カール　74

三浦鈴子（Mさん、M夫人） 5, 9, 18, 19, 36, 44,
　　54, 57, 70, 80, 81, 93, 100, 106, 108, 110, 112, 114,
　　120, 121, 123, 133, 143, 144, 151, 154, 155, 158,
　　162, 169, 170, 176, 178, 184, 198
御庄博実 255
水口春喜（水田） 169, 170, 177
水田 →水口春喜
宮崎市定 7, 64, 232, 234
宮下美智子 70
ミュレット，ジョン・チャールズ（Father Murrett）
　　4, 6, 35, 36, 47, 63, 88, 105, 166, 167, 177, 211,
　　231
毛沢東 248, 249
師岡佑行 257

【や行・ら行・わ行】
山本治雄 5, 20, 21, 213
吉川幸次郎 10

吉田茂 78, 86, 113, 143, 207, 274
ラム，チャールズ 79, 80, 83
李在守 61, 71, 160, 281
李実根 289
李相台 54, 76, 115, 127, 137
李承晩 278
リッジウェイ（リッヂウェー、リッジウェー） 76,
　　84, 95, 232
李徳全 261
劉少奇 248
リュシエール，コリーヌ 81, 83
廖承志 261
ロイヤル，ケネス 246
ローゼン・シュトック 58, 74
ロラン，ロマン 27, 116, 180
脇田修 109
渡部義通 290

事　項

【あ行】
『アカハタ』およびその後継紙・類似紙の無期限
　　発行停止 250, 284
『アカハタ』の30日間発行停止 250, 283
アチソンライン 282
一国一党主義 245, 261
一般憲兵裁判所 267
「インターナショナル（インター）」 177, 178, 189
インター奉迎事件　→京大天皇事件
インドシナ戦争休戦協定 258
「失われた腕に」 255
MP（占領軍の憲兵） 8, 279, 281
大阪拘置所（大拘） 3, 21, 54, 74
沖縄 14, 151, 258, 265, 282, 293
小野救援会 232, 234
小野信爾救援活動 230-232
　　「小野君に」 24, 264
　　減刑嘆願運動 231
　　退学要求反対の署名運動 232
恩赦（講和恩赦） 25, 285, 287-289
　　恩赦、減刑の申し渡し 206
　　恩赦三政令 288

【か行】
解救（解放救援会） 198
外国人登録令 277
外国帝国主義 29, 31, 184

架空会見記 62
『学園新聞』 231
カチューシャ 100, 124
川端事件 95
『きけわだつみのこえ』 164
北朝鮮国旗掲揚事件 279
『救援新聞』 269, 280
行政協定 159, 168
強制送還 277, 279, 286
京大天皇事件（インター奉迎事件、天皇行幸事
　　件） 121, 134, 234, 238
　　「十一月十二日京都大学行幸に際し生じた混乱
　　　について」 239
　　「十一月十二日京都大学行幸に際し生じた混乱
　　　について（第二次報告）」 240
　　同学会の公開質問状 235, 236
　　同学会の申入書 235
『京大反戦平和詩集』 264
『京大平和の戦士』 231
京都刑務所（山科刑務所、京刑） 3, 7, 41, 154, 213
　　官本 42, 57
　　教誨 52, 74, 120
　　雑居房 51
　　私本閲読許可 8, 187, 214
　　私本取下願 41, 42, 63
　　懲役労働 42, 293
　　懲罰 31, 182

索　引　**301**

昼夜独居拘禁　215
独房　6, 8, 5
特別発信　63, 64, 82, 98, 100, 154, 157
特別面会　75, 83, 185
筆墨許可　187, 189, 214
夜独（夜間独居房）　125
京都大学　227
厚生女学部卒業生不採用問題　228
告示第9号　229, 232
同学会　70, 136, 229, 231, 235, 236
文学部学生大会　6, 232
文学部学友会　232, 234
吉田分校（分校）　4, 228
軍靴　170, 171
軍事委員会　267, 275
軍事裁判（軍裁）　5, 19, 53, 189, 213, 231, 255, 286, 288, 289
起訴状に対する答弁　20
軍裁送り（軍裁廻し）　25, 188, 265, 293
弁護人　20, 65, 174, 269
軍事占領裁判所　5, 21, 265, 267, 268
「軍事占領裁判所月例報告（Monthly Occupation Courts Statistics）」　14, 20
確定事件　20, 23
取調中または公判待機中の勾留者　20, 22
軍事法廷　65, 265
軍需作業　31, 186, 210, 215
軍服（軍衣）　8, 31, 169, 191, 199
警察予備隊（予備隊）　31, 90, 130, 258
「刑事裁判権行使に関する覚書」　269
検察庁　178, 183
原爆　198, 251, 256
『格子なき牢獄』　27, 80, 81, 83
公職追放　249, 282, 287
荒神橋事件　241
講和と恩赦　→恩赦
講和条約　→サンフランシスコ講和条約
国際帝国主義　213
国際派　230, 249
『獄中十八年』　244
『獄中日記』　17
国立学校設置法　228
5．30皇居前広場事件　282
五・四学生運動　83
51年綱領　257, 258
5大改革指令　245
国共内戦　246
コミュニスト　40, 47, 56, 60, 64, 105, 253
コミンフォルム（欧州共産党・労働者党情報局）　230, 248, 257

【さ行】
再軍備　91, 209, 236, 282
済州島4・3事件　246, 278
再審　6, 41, 269
再逮捕　20, 286, 288, 289
在日華僑　261
在日台湾人　276
在日朝鮮人（コリアン）　25, 215, 245, 252, 261, 276, 278, 286
在日本朝鮮人連盟（朝連）　247, 277, 279, 280
裁判管轄権　269, 270, 283
裁判権の主体　292
作業拒否（就労拒否）　30, 180, 182, 186, 189, 215
――の理由　210
"The first play"　79
38度線　251, 252, 258
サンフランシスコ講和条約　9, 205, 207, 258, 259
CIC（対敵諜報部隊）　22, 265, 288
GHQ（連合国軍総司令部）　3, 7, 20, 131, 227, 245, 266
『GHQ日本占領史』　266, 270, 277
自衛隊　258
『詩集 編笠』　244
『自転車泥棒』　196
渋谷事件　276
下鴨警察署（下鴨署）　5, 20, 51, 171
社会党　103, 112, 207, 247
17度線　258
自由党　61, 94, 237, 239
自由法曹団　21, 289, 292
主流派（所感派）　230, 249, 257
信託統治　246
進駐軍　31, 276
人権指令　244
政令第325号（占領目的阻害行為処罰令）　3, 5, 14, 229, 256, 265, 273, 274, 283, 284
政令第325号違反　13, 20, 25, 26, 250, 255, 266, 273, 290, 291
世界経済会議　154, 168, 178, 202
世界青年学生平和祭　93, 256
世界平和評議会　230
ゼネスト　245
全学連　230, 260
全学連事件　229
「一九五〇年の八月六日」　253
前進座事件　229
全面講和　207, 258, 285
占領期　3, 13, 292
占領軍　11, 26, 28, 265, 267
――誹謗　280, 281

占領軍＝解放軍規定　248
占領法規の失効　205, 290
占領目的　28, 246, 292
占領目的違反　276, 279, 292
占領目的に有害な行為　265, 271, 273, 274, 277
騒擾罪　21, 279
ソ連共産党　248

【た行】
大韓民国　246, 279
第三高等学校（三高）　47, 79, 228
団体等規正令　280
単独講和　207, 209, 236, 258
地方公務員法（地公法）　5, 139, 173, 184, 213
中華人民共和国　246
中華民国　246, 270
中国共産党　248
中国残留日本人　261
中ソ友好同盟相互援助条約　247
朝鮮人　→在日朝鮮人
朝鮮人官邸デモ事件　277
「朝鮮人設立学校の取扱いについて」　247, 278
朝鮮戦争　28, 29, 243, 249, 251
　休戦会談（休戦会議）　96, 128, 251
　休戦協定　251, 258
朝鮮特需　252
「朝鮮の虐殺」　28
朝鮮民主主義人民共和国　246, 279
直接統治　14
勅令第311号（連合国占領軍の占領目的に有害な
　　行為に対する処罰等に関する勅令）　14, 25,
　　265, 271, 272, 283
東京都公安条例反対デモ　282
特別憲兵裁判所　267

【な行】
南北分断　273
日米安全保障協定　58, 285
日米安全保障条約　98, 258
日共スパイ事件（柴又事件）　288
日鮮スパイ事件（巣鴨事件）　286
日中友好協会　10
日本共産党　230, 248, 262
　──入党　213, 254
　──の分裂　230

【は行】
敗北主義　53, 112, 120, 213
破壊活動防止法案　9, 203
破壊活動防止法（破防法）制定　257, 260

破壊活動防止法（破防法）反対運動　241
　学生ストライキ　260
　集会やデモ　260
『はるかなる山河に』　149
反植民地　31, 212
阪神教育事件　278
反戦ビラ　151, 283
反日感情　280
反米反戦詩　256
反米反戦ビラ　253, 255, 257
非合法新聞の発行　253
非常事態宣言　278
被占領体験　11, 244, 263
日和見主義者　53, 160
広島　209, 253, 255, 289
プチブル性　54, 110, 214
プレスコード違反　283
米軍基地　255, 258, 285, 288
平和五原則　261
「平和の歌」　236
ベルリン・アピール　230
保釈　7, 50, 188
ポツダム勅令　14
ポツダム命令　271
ボルシェヴィキ　146, 160

【ま行】
マッカーサー三布告　267
マッカーサー書簡　283
「マッチ売りの少女」（漫画）　194
円山事件　95, 113
『魅せられたる魂（L'âme enchantée）』　27, 116, 127
南朝鮮単独選挙　246, 278
ミュレット家寄寓問題　106
『無防備都市』　215
黙秘　184, 213
モスクワ三国外相会議　246

【や・ら行】
闇市　276, 277
『雪割草』　195
『ラッパ』　24, 231, 232
冷戦構造　29, 243
レッドパージ　28, 253, 258, 284
　──反対運動　229
連合国軍（連合軍）　28, 292
連合国人　269
労農救援会（労救）　133, 153, 212, 269
　労救文庫（労救本）　57, 214
六・三・三・四制　227

編者紹介

宇野田　尚哉（うのだ　しょうや）

大阪大学大学院文学研究科教授
研究分野：日本思想史
主な著作：『「サークルの時代」を読む――戦後文化運動研究への招待』（共編著、影書房、2016年）、『「在日」と50年代文化運動――幻の詩誌『ヂンダレ』『カリオン』を読む』（共編著、人文書院、2010年）など

西川　祐子（にしかわ　ゆうこ）

帝塚山学院大学助教授、中部大学教授、京都文教大学教授を経て、現在は京都文教大学客員研究員
研究分野：フランスと日本近・現代文学研究、女性史、ジェンダー史
主な著作：『古都の占領――生活史からみる京都　1945-1952』（平凡社、2017年）、『日記をつづるということ――国民教育装置とその逸脱』（吉川弘文館、2009年）、『借家と持ち家の文学史――「私」のうつわの物語』（三省堂、1998年）など

西山　伸（にしやま　しん）

京都大学大学文書館教授
研究分野：日本近現代史
主な著作：「戦時期における高等教育機関の在学・修業年限短縮について」（『京都大学大学文書館研究紀要』第15号、2017年）、『学校沿革史の研究　大学編 2 』（共著、野間教育研究所、2016年）、『学校沿革史の研究　大学編 1 』（共著、野間教育研究所、2013年）、『学校沿革史の研究　総説』（共著、野間教育研究所、2008年）など

小野　和子（おの　かずこ）

三重大学教授、京都大学人文科学研究所教授を経て、現在は同研究所名誉所員
研究分野：中国近世政治史・中国女性史
主な著作：『明季党社考――東林党と復社』（同朋舎出版、1996年）、『明末清初の社會と文化』（編著、京都大學人文科學研究所、1996年）、『中国女性史――太平天国から現代まで』（平凡社、1978年）、ドロシー・コウ著『纏足の靴――小さな足の文化史』（共訳、平凡社、2005年）など

小野　潤子（おの　じゅんこ）

大阪大学大学院文学研究科文化動態論専攻共生文明論コース修了、現在は同研究科科目履修生
研究分野　中近世日朝交流史
主な著作：「19世紀倭館と日本文化体験――画像資料から読み解く李学逵〈草梁倭館詞〉」（修士論文、2013年）

著者紹介

小野　信爾（おの　しんじ）

1930年大分県竹田市出身
京都大学文学部在学中の1951年2月、朝鮮戦争反対のビラを撒いて逮捕、軍事占領裁判所で重労働3年罰金＄1000（再審で2年罰金なしに減刑）の判決を受け、サンフランシスコ講和条約が発効する1952年4月28日まで、1年2ヶ月あまりを獄中で過ごす。復学後は中国近代史研究にすすみ、1960年3月京都大学大学院文学研究科博士課程満期退学、在学中から日中友好協会の一員として学術交流に力をそそぐ。
花園大学名誉教授
研究分野：中国近代史・中国革命とくに五四運動
主な著作：『青春群像──辛亥革命から五四運動へ』（汲古書院、2012年）、『五四運動在日本』（汲古書院、2003年）、『人民中国への道』（講談社、1977年）、『人民中国への鼓動』（講談社、1977年）、「中国現代研究における安保体制──巧言令色鮮矣仁」（『新しき歴史学のために』第77号、1962年）

京大生・小野君の占領期獄中日記　　©Shinji ONO, et al. 2018

2018年2月2日　初版第一刷発行

著　者	小 野 信 爾	
編　者	宇 野 田 尚 哉	
	西 川 祐 子	
	西 山 　 伸	
	小 野 和 子	
	小 野 潤 子	
発行人	末 原 達 郎	

発行所　京都大学学術出版会

京都市左京区吉田近衛町69番地
京都大学吉田南構内（〒606-8315）
電　話（075）761-6182
ＦＡＸ（075）761-6190
ＵＲＬ　http://www.kyoto-up.or.jp
振　替　01000-8-64677

ISBN978-4-8140-0125-5
Printed in Japan

印刷・製本　亜細亜印刷株式会社
装　幀　鷺草デザイン事務所
定価はカバーに表示してあります

本書のコピー、スキャン、デジタル化等の無断複製は著作権法上での例外を除き禁じられています。本書を代行業者等の第三者に依頼してスキャンやデジタル化することは、たとえ個人や家庭内での利用でも著作権法違反です。